NIKOLA TESLA
MA VIE ET MA RECHERCHE

DISCOVERY PUBLISHER

Titre original: "Nikola Tesla: My Life, My Research"
2014, Discovery Publisher

Pour l'édition française:
©2016, Discovery Publisher
Tous droits réservés.

Auteur : Nikola Tesla
Traducteurs [anglais-français] :
Liliane Roth, Igor Spajic, Adriano Lucca
Responsable d'édition : Adriano Lucca

DISCOVERY PUBLISHER

dp

616 Corporate Way
Valley Cottage, New York, 10989
www.discoverypublisher.com
livres@discoverypublisher.com
facebook.com/DiscoveryPublisher
twitter.com/DiscoveryPB

New York • Tokyo • Paris • Hong Kong

TABLE DES MATIÈRES

NIKOLA TESLA
MA VIE ET MA RECHERCHE

INTRODUCTION

En 1919, Nikola Tesla écrivit les chapitres qui forment ce livre, *Mes Inventions*, pour un magazine new-yorkais. Il avait alors 63 ans ; c'était bien après l'apogée de sa carrière. Toutefois, il bénéficiait toujours d'une grande notoriété publique qui avait de profondes racines : à 31 ans, soit quatre ans après qu'il eut émigré en 1884 d'Europe aux États-Unis, il avait présenté en grandes pompes son système à courant alternatif polyphasé au monde entier ; le système électrique qui aujourd'hui est utilisé universellement*. Le système à courant continu d'Edison, qui lui-même venait à peine d'être inauguré au début des années 1880, fut détrôné au tournant du siècle par le système de Tesla. Les dernières années du XIXe siècle furent pour Tesla sa période la plus féconde. L'inauguration retentissante de l'énorme centrale hydroélectrique polyphasée sur les chutes du Niagara, en 1895, était en soi un gage de célébrité, mais à cette époque déjà il avait entamé ses recherches dans le domaine éblouissant des vibrations électriques et mécaniques de « hautes fréquences ». Tesla étonna ses pairs avec des oscillateurs mécaniques qui vibraient plusieurs milliers de fois par seconde et qui étaient capables de désintégrer de l'acier ; ses oscillateurs électriques, affranchis de l'inertie mécanique, produisaient des courants vibrant encore plus vite (ou alternatifs) qui semblaient pourvus de propriétés magiques. Durant les années 1890, ces courants électriques de hautes fréquences furent très connus sous l'appellation « des courants de Tesla ».

Lorsque Tesla dévoila ce système électrique polyphasé en 1888, il révolutionna la manière dont l'humanité utilisait l'électricité. Cependant, la découverte stupéfiante des ondes radio, annoncée par Heinrich Hertz la même année, fut bien plus éclatante que la célèbre « bataille » entre

---

* Nikola Tesla, « Un nouveau système de moteurs et de transformateurs à courant alternatif », Mémoires de l'Institut Américain des Ingénieurs en Électrotechnique, Vol. 5, pages 308-324, Juillet 1888.

Tesla et Edison autour de leurs systèmes à courant alternatif et continu. Avec Hertz, la communication sans fil entrait dans le domaine du possible ; néanmoins, avant que la radio ne devînt une réalité, d'autres découvertes tout aussi renversantes furent réalisées : les électrons, les rayons X et la radioactivité entrèrent très vite dans le vocabulaire. L'ère moderne des changements époustouflants avait réellement commencé ; elle était le résultat de la progression rapide de la population mondiale et de sa maîtrise toujours plus parfaite de l'électricité en tant que source de lumière artificielle. Sa connaissance des courants de hautes fréquences plaça Tesla en tête dans la recherche sur les rayons X, la diathermie, les décharges lumineuses, la robotique et la radio. Ses conférences sur ces thèmes et d'autres eurent un succès retentissant. Ses travaux atteignirent leur apogée en 1899, lorsqu'il fit la démonstration d'un bateau télécommandé très perfectionné à Chicago, et construisit, la même année, un gigantesque transmetteur expérimental sans fil au Colorado.

Malheureusement, les théories non orthodoxes de Tesla sur la transmission sans fil (qu'il considérait plus comme un phénomène de conduction de courant par l'air ou la terre et non de libre propagation d'ondes dans l'espace) et son obstination à vouloir transmettre de l'électricité sans fil ainsi que des messages, empêchèrent que ses travaux de pionnier dans le domaine du sans-fil fussent reconnus officiellement aux États-Unis pendant de nombreuses années. Ce n'est qu'en 1943 (quelques mois après sa mort) que la Cour Suprême frappa le brevet US sur la radio de Marconi de nullité, en raison des travaux antérieurs de Tesla, Oliver Lodge et John Stone*. Cette annulation tardive d'une décision de justice vieille d'un quart de siècle qui favorisait le brevet de Marconi, est exemplaire ; selon l'expression américaine, c'est une manière de fermer la porte de l'étable, après que les chevaux non seulement se furent échappés depuis longtemps, mais furent morts de vieillesse ; en d'autres termes, elle tire un trait sur une affaire périmée et caduque : tous les brevets en cause avaient expiré et leurs détenteurs étaient morts, quant

---

* Procès verbaux des États-Unis, Jugements de la Cour Suprême, Vo. 320 (Session d'octobre 1942) ; Société américaine Marconi de télégraphie sans fil contre les États-Unis, pages 1-80.

au plaignant, Marconi Wireless Telegraph Company of America, la Société américaine Marconi de télégraphie sans fil, avait été supplantée depuis longtemps par Radio Corporation of America, la Compagnie américaine de Radio, appartenant à l'État (Le défendeur dans ce procès était le gouvernement US qui s'était emparé de toute la technologie radio durant la Première Guerre Mondiale, sans verser ses royalties à la société Marconi). Dans la mesure où elle fut prise en plein milieu de la Seconde Guerre Mondiale, cette décision fut à peine remarquée, et même la Cour Suprême ne réussit pas à détruire le renom de Marconi, vieux de 30 ans.

La belle carrière en radio de Tesla fut voilée par les nombreux succès de la société Marconi avant même le début du XXe siècle : les transmissions transocéaniques de Marconi en 1901 / 1902 furent une aubaine pour les relations publiques. Il ne fait aucun doute que Marconi s'est grandement inspiré des travaux de Tesla et d'autres. Toutefois, son système était moins ambitieux et moins cher que celui de Tesla. Après 1902, Tesla ne réussit plus à rassembler les capitaux nécessaires pour terminer la construction de son transmetteur géant à Long Island qui avait démarré en 1901, et dont l'archétype était son installation expérimentale au Colorado. Sa situation dans le domaine de la radio était précaire, bien qu'il obtînt des brevets potentiellement lucratifs pour sa technique sans fil ; cependant, les investisseurs et associés lui faisant défaut, il ne put défendre efficacement ses brevets. Avant la guerre, Tesla se consacra principalement au développement d'une turbine sans ailettes, simple mais puissante, dont le succès devait lui permettre de faire revivre son système sans fil ; à la veille de la guerre, l'empereur Guillaume, entre autres, avait été séduit par la turbine de Tesla. Toutefois, le prix de son développement était prohibitif, et les intérêts de l'après-guerre ne correspondaient plus aux attentes de l'avant-guerre. La guerre a également brisé le dernier espoir de Tesla dans sa lutte avec Marconi ; il avait fait appel devant les tribunaux français, dans la mesure où certains experts français pensaient pouvoir détrôner la société Marconi de son monopole*.

* Émile Girardeau, « Pourquoi, Nikola Tesla, Créateur de la Radio-Électricité, a-t-

Mes Inventions parut au temps du Traité de Paix de Versailles ; Tesla pensait certainement beaucoup à la Ligue des Nations lorsqu'il rédigea le chapitre VI. Il ne réalisa pas combien ce moment qu'il avait choisi pour publier un bilan de sa carrière d'inventeur était opportun. Cependant, le temps de sa gloire créative était révolu, bien qu'il continuât de travailler en s'inspirant d'une multitude d'idées emmagasinées dans sa mémoire. Son autobiographie aurait sans aucun doute été mieux accueillie deux décennies avant la guerre, lorsqu'il était à l'apogée de sa créativité. D'ailleurs son éditeur, P.F. Collier, un homme riche et ami de Tesla, l'avait encouragé dans ce sens, lui disant que cela permettrait à tous les deux de gagner de l'argent. Toutefois, à cette époque, Tesla était bien trop occupé. Il était convaincu qu'il vivrait très longtemps, et il a toujours refusé de gratifier quiconque de son autobiographie, disant qu'il s'en chargerait lorsqu'il aura 125 ans et terminé ses recherches. Il est bien malheureux qu'à la moitié de cet âge le destin ait mit un terme « précoce » à ses travaux, et le fait qu'il ait employé un peu de son temps pour écrire sur lui-même, n'est qu'une piètre consolation.

En 1919, Hugo Gernsback, éditeur du magazine *Electrical Experimenter* dans lequel fut publié *Mes Inventions*, l'avait imploré, pendant plus de dix ans, d'écrire des articles sur ses travaux ; quelques années plus tard il offrit même un partenariat à Tesla, dans l'espoir de pouvoir faire figurer ce nom célèbre sur la liste des collaborateurs du magazine*. Gernsback était enthousiaste non seulement parce que lui-même était un de ses admirateurs depuis fort longtemps, mais aussi parce qu'il savait que le nom de Tesla faisait partie de ceux qui pouvaient avoir un effet magique : sa réputation très controversée pouvait faire vendre des magazines. Les articles de Tesla publiés dans l'*Electrical Experimenter* devinrent très populaires et laissèrent des impressions tellement durables qu'aujourd'hui encore, beaucoup de gens pensent à Gernsback lorsqu'ils entendent ou lisent le nom de Tesla. Toutefois, l'image qu'a

---

il été longtemps méconnu ? », paru originellement à Belgrade en 1938, réimprimé dans Hommage à Nikola Tesla, Belgrade 1961.

* Lettre du 25 mai 1929 de Hugo Gernsback à Tesla, Musée Tesla, Belgrade. Extrait de la collection de Kenneth Swezey, Institut Smithsonian.

laissée Gernsback est plutôt celle d'un éditeur et auteur de science fiction, et l'association avec Tesla, quoique brève, même si elle fut très remarquée, elle a peut-être mal servi la réputation de l'inventeur dans le milieu scientifique. Durant les deux décennies qui ont suivi la publication de *Mes Inventions*, Tesla passa de plus en plus pour un «inventeur visionnaire sans portefeuille», enclin à faire des déclarations extravagantes à la presse. Cette image publique au crépuscule de sa vie a conduit à déformer gravement la perception que les gens avaient de lui, et c'est pourquoi il est nécessaire de considérer les origines de la réputation de Tesla d'être controversé et de sa relation particulière avec la presse.

Tesla a toujours été un visionnaire, et *Mes Inventions* en atteste clairement. À partir du moment où Tesla eut attiré l'attention du public, il ne manqua pas d'exprimer des prophéties audacieuses et des affirmations ambitieuses ; cependant, comme ses brevets furent très vite considérés comme les plus précieux de l'histoire et qu'il créait de nouvelles inventions à une vitesse phénoménale, ses déclarations, quoique surprenantes, étaient considérées parfaitement crédibles. La vérité était plus étonnante que la fiction dans les années 1890, et Tesla n'était pas le seul à avoir des rêves révolutionnaires. Ce n'est peut-être pas un hasard si les années 1890 furent aussi les années de gloire de la presse à sensation, qui s'en donnait à coeur joie avec les inventeurs en général et avec Tesla en particulier. Ses recherches éblouissantes sur les hautes fréquences et ses démonstrations de magie scientifique devant les millionnaires qu'il fréquentait, ses nombreuses excentricités, son caractère exubérant, sa maîtrise de plusieurs langues et sa connaissance littéraire, sa propension à fantasmer sur les conditions futures avec plus ou moins de complaisance, tout cela lui permit de devenir un favori des éditeurs comme, par exemple, ses amis Hearst et Collier.

Cette préférence était loin de faire l'unanimité parmi ses pairs, d'une part parce qu'il était un solitaire (ce que certains d'entre eux ont appris en lisant les histoires extravagantes dans la presse), et d'autre part parce que sa carrière fut associée à celle des «brevets Tesla», après que la Compagnie Westinghouse en acquit la propriété exclusive. De nombreux inventeurs rivaux devinrent amers lorsqu'ils découvrirent que les avancées dans leurs travaux sur le courant alternatif étaient freinées de tous côtés par les avocats de Westinghouse, bien déterminés à poursuivre — d'aucuns dirent à persécuter — quiconque chercherait à empiéter sur les droits des brevets. La Compagnie Westinghouse fut affaiblie dans les années 1890 par les coûts très lourds du développement du système polyphasé, ainsi que par l'économie qui connaissait des hauts et des bas prononcés à cette époque fiévreuse de l'industrialisation américaine. Ce n'est qu'en jouant son atout — les brevets Tesla — pour obtenir un maximum de résultats, que la compagnie put faire échouer les ambitions monopolisatrices de General Electric. La stratégie de Westinghouse fut couronnée de succès : la solidité apparente des brevets (antérieure à leur examen en justice) amena General Electric à accepter une « licence croisée » des brevets avec Westinghouse. General Electric devint le membre principal de ce partenariat ; toutefois, les deux entreprises furent libres de fabriquer une gamme complète de matériels alors que des compétiteurs plus petits furent neutralisés (cet arrangement est contraire aux lois *antitrusts* de Sherman de 1911, cependant, à cette époque, le duopole qui commande toujours le marché aux États-Unis, s'était bien protégé). Il est difficile de ne pas compatir à la frustration d'inventeurs doués comme William Stanley qui, écrasé au milieu d'une confrontation de sociétés, s'en prit au « cartel des brevets » et injuria le nom de Tesla.

En réalité, Tesla n'avait bien sûr plus grand-chose à voir avec la compagnie Westinghouse après qu'il eut vendu ses brevets. Il travailla alors en tant que conseiller à Pittsburgh pendant un an, et plus tard témoigna devant la cour à sa demande, mais il avait ni le sens des affaires, ni de véritables intérêts pour la commercialisation de ses inventions ; tout ce qu'il cherchait, c'était des subventions illimitées pour pouvoir mener de nouvelles expériences, comme tout inventeur. À une certaine époque, il fallait être assez naïf pour croire que la convention lucrative qui lui allouait des royalties de 2,50 $ par CV , lui apporterait la « fortune de Rockefeller », car en 1896 Tesla devint, tout comme les autres, le jouet du cartel des brevets. General Electric n'en avait que faire d'enrichir des inventeurs indépendants, et posa comme condition préalable à la mise en commun des brevets leur rachat à un prix forfaitaire, ce qui fait que les royalties du système polyphasé, qui valaient des millions sur le papier, furent payées 216 000 $, en une seule fois, lors de la signature. Lorsque, quelques années plus tard, la cour demanda des explications à Tesla sur cette transaction, il répondit qu'il ne savait rien des détails de cette vente, car il s'en remettait toujours à ses associés pour ce type d'affaire*!

Les brevets de poids de Tesla furent source d'une grande animosité. Cependant, Tesla lui-même, un homme qui vivait toujours dans l'abstrait et qui paraissait ne pas savoir gérer son argent, était tout sauf le roi des escrocs.

Toutefois, le public a rarement entrevu l'homme véritable. Selon un ami de Tesla, l'écrivain scientifique Kenneth Swezey, Tesla «ne sortait pratiquement jamais de son monde, de ses pensées et travaux qui l'occupaient.» Il lui arrivait souvent de dessiner des croquis sur les nappes en attendant d'être servi, ou de mettre soudainement fin à une conversation pour retourner à ses expériences mentales pressantes†. Le public savait que Tesla aimait dîner dans des restaurants très chics, mais il ne réalisait pas que son obsession de la nourriture et celle de sauver les apparences, l'emprisonnaient dans des habitudes dont il n'arrivait pas à se défaire, quelle que fût sa situation financière : il était courant qu'il empruntât à Pierre pour payer le dîner de Paul, et il était constamment endetté. Parallèlement, le public savait que Tesla menait une vie sociale prestigieuse — et en effet les attentions des riches contribuèrent au début à faire croire à Tesla qu'il était «arrivé» — toutefois, peu de gens savaient que Tesla était un homme complètement dépendant : il tolérait les occupations futiles des nantis, principalement parce qu'il avait besoin de mécènes pour ses projets ambitieux. En fin de compte, le public lut tellement de compliments hyperboliques sur Tesla au début de sa carrière, que sa perception de Nikola Tesla — voire ses perceptions — était perpétuellement déformée : Tesla devint la victime de son image publique, à l'instar de l'acteur doué transformé en star par

---

* Lettre du 15 avril 1956 de Kenneth Swezey à Royal Lee, Institut.

† Smithsonian.

Hollywood. Les attentes impossibles de l'inventeur, ainsi que celles du public, conduisirent à une « faille de sa crédibilité » lorsque Tesla devint incapable de réduire au silence les critiques avec sa masse coutumière de nouvelles découvertes, et ses rivaux, jadis indignés par ses premiers succès, s'empressèrent d'acclamer la décadence du puissant homme.

Reginald Kapp, dont le père, Gisbert, fut l'ami et pair de Tesla, dit un jour que « Tesla représente un cas intéressant d'un homme à la personnalité susceptible à la fois de lui faire faire des exploits intellectuels et de leur poser des limites* », un paradoxe commun chez les inventeurs. Ses convictions passionnées qui fascinaient les millionnaires, son obstination qui était en dehors de la sagesse conventionnelle et qui fit de Tesla non seulement un bon mais un grand inventeur, et son optimisme implacable qui lui permettait de rebondir dans les situations les plus désespérantes, l'empêchèrent néanmoins de reconnaître ses propres erreurs, et le conduisirent finalement à s'investir précisément dans les entreprises les plus périlleuses et où il était donc le plus condamné à échouer.

Tesla affichait toujours une confiance en soi excessive, exaspérant des inventeurs moins assurés, qui ne se doutaient probablement pas que ce rôle l'obligeait à toujours demander plus de lui-même, à mesure que la chance cessait de lui sourire. Tesla avait un besoin pressant de reconnaissance et *Mes Inventions* nous montre que celui-ci a ses racines dans son enfance. Il était paradoxalement capable de déplorer sa couverture de presse exagérée un jour, pour nourrir les journalistes le lendemain de prédictions renversantes et de promesses. La presse scientifique, bien qu'hésitant à rejeter fermement les affirmations de Tesla à cause de son extraordinaire réputation, lui réclamait de la copie plus concrète. Toutefois, la presse populaire était plus indulgente : Tesla, le visionnaire controversé faisait vendre des journaux et des magazines au même rythme que l'avait permis Tesla, le génie scientifique.

En juin 1900, lorsqu'il publia « Le problème de l'intensification de

---

* Alexander Nenadovic, « Le centenaire de la naissance de Tesla », Politika, Belgrade, 8 juillet 1956, page 680 (traduction du serbo-croate).

l'énergie humaine* », le vent tourna pour Tesla dans ses relations avec la presse. Il retourna à New York en 1900, après qu'il eut épuisé tous ses fonds dans ses recherches en radio au Colorado. Dans l'espoir de s'attirer de nouveaux créanciers pour son « Système mondial » de transmission électrique et de communication sans fil, il s'arrangea pour que Robert Johnson, éditeur du magazine Century, publie un très long article sur ses derniers travaux. Johnson, au cours des années 1890, avait contribué à faire connaître Tesla à de richissimes investisseurs, dont la plupart étaient prédisposés à admirer l'inventeur, parce que les « brevets Tesla » faisaient autorité en technologie du courant alternatif. Avec cet article dans le Century, Tesla venait de décider volontairement de se servir du pouvoir de la presse pour se faire de l'argent. C'est pourquoi il étoffa l'article de photos de décharges électriques spectaculaires qui suscitent toujours l'étonnement, même si l'on sait que ce sont des clichés instantanés, représentant de nombreuses décharges différentes. L'article eut pour Tesla le succès escompté : J. P. Morgan fut impressionné au point d'investir 150 000 \$ dans son système sans fil.

Toutefois, « Le problème de l'intensification de l'énergie humaine » souleva également une vive controverse. Bien que Robert Johnson annonçât qu'il s'agissait d'un « article documentaire et non métaphysique† », Tesla ne donna que très peu de descriptions concrètes de son système radio ; par contre, il fit une large place à son vaste projet de réformer le monde avec des moyens technologiques consommant peu d'énergie. Tesla s'amusait à pousser ses théories mécanistes de la vie à l'extrême de leur logique : non seulement chaque être humain est un automate, mais l'humanité, dans sa globalité, obéit aux lois de la physique, au même titre que les molécules de gaz obéissent aux « lois des gaz » (au début de la Première Guerre Mondiale, Tesla avait prédit avec une précision saisissante la durée de la guerre, par extrapolation des guerres antéri-

---

* Lettre du 2 septembre 1958 de Reginald Kapp à Kenneth Swezey, Institut Smithsonian.

† Nikola Tesla, « Le problème de l'intensification de l'énergie humaine », Magazine Century, Juin 1900, pages 175-211.

eures, à partir de ses théories*). Les efforts de Tesla pour deviner le futur à partir d'une synthèse audacieuse et poétique de l'histoire, de la philosophie et de la science, connurent le même sort que ceux de son quasi-contemporain, l'historien libre penseur Henry Adams (petit-fils de John Quincy Adams†). Les personnes terre-à-terre étiquetèrent les deux hommes au mieux d'excentriques et, au pire, d'infidèles aux règles de leur profession. Pourtant aujourd'hui, le monde vit au rythme des pulsations d'une force et d'une intelligence électriques, « comme un organisme vivant », à peu près de la même manière que Tesla l'avait prédit avec son « Système mondial ». Selon Adams, la technologie va conduire à la destruction, tandis que pour Tesla, elle va permettre de sauver l'humanité ; l'opinion est toujours divisée et se demande laquelle des deux visions est la plus plausible. Toutefois, les tentatives ambitieuses et interdisciplinaires de lire l'avenir ne sont plus dites des comportements d'amateurs : le rythme des développements technologiques et sociaux est devenu tellement rapide, que la pensée futuriste pourrait bien être notre seul espoir de pouvoir le suivre.

Tesla n'est pas entré inconsciemment dans la controverse sur l'« Énergie Humaine » ; sa correspondance montre qu'il s'attendait que ses idées futuristes et son « Système mondial » soient critiqués. L'enjeu était de taille. Comme l'a fait remarquer le biographe de Marconi, Orrin Dunlap, Tesla aurait pu devenir, aux yeux du public, « le père de la radio », à la place de Marconi‡.

Tesla jouait sa réputation, tout comme le fit un jour Edison lorsqu'il clama haut et fort le succès de son système d'éclairage, avant même qu'il l'eût testé dans son laboratoire. Des affirmations exagérées sont souvent nécessaires à l'esprit d'entreprise ; elles attirent des critiques tout comme des investisseurs. Tout comme Edison et Marconi, Tesla

---

* Lettre, sur microfilm, du 6 mars 1900 de Robert Johnson à Nikola Tesla, Bibliothèque du Congrès (l'original est au Musée Tesla).

† Nikola Tesla, « La science et les découvertes sont les deux puissances qui vont conduire à l'extinction des guerres », New York Sun du 20 décembre 1914.

‡ Henry Adams, « Une théorie dynamique de l'histoire » dans The Education of Henry Adams, New York, 1918, et « La Règle des Phases appliquée à l'Histoire » dans The Degradation of the Democratic Dogma, New York, 1919.

avait une confiance totale dans son nouveau système, bien qu'il ne pût pas encore le tester ; toutefois, contrairement à eux, il n'avait pas l'étoffe d'un entrepreneur. Marconi savait qu'il était dans la course pour le perfectionnement de la radio, et il basait chacune de ses actions sur leur valeur publicitaire. Par contraste, Tesla pensait qu'un beau matin il dévoilerait son « Système mondial » complet, et qu'alors il aurait vaincu tous ses adversaires qui seraient forcés de battre en retraite. Le succès de son système polyphasé fut rapide et absolu ; il sut s'attirer facilement du capital-risque de ses relations fortunées, et il savait comment surpasser Marconi. Marconi, bien sûr, fut assez intelligent pour s'entourer de gens talentueux. Cependant, c'est son ambition démesurée qui, finalement, conduisit Tesla à sa perte. Le seul but de Marconi était la communication sans fil, tandis que celui de Tesla (caché à J. P. Morgan qui a dû regarder les photos de l'article dans le Century sans lire le texte) était d'électrifier la terre entière sans fil, permettant immédiatement au hameau le plus isolé de la planète de profiter de tous les avantages de l'ère de l'électricité et de s'en servir gratuitement. Tesla était tellement absorbé par son but utopique, qu'il ne fit pas grand chose pour faire connaître au public son bateau télécommandé qui, en 1898, était de loin en avance sur tous les appareils de ses concurrents en radio et robotique.

Quoi que l'on pense de la faisabilité du projet de Tesla de 'perturber rythmiquement l'état électrique' de la terre pour que l'électricité soit disponible en tout point du globe, il est dommage qu'il ne pût pas le tester intégralement, alors qu'il était arrivé à deux doigts d'achever la construction de son énorme transmetteur à Long Island. Tesla ne s'est jamais entièrement remis d'avoir dû voir son « enfant » préféré, souffrir de longues privations financières. Très déprimé dans un premier temps, il se remit en affichant son positivisme d'antan et reprit ses inventions ; toutefois, il n'a jamais abandonné l'espoir de faire revivre son plus grand projet. Étant donné que Tesla a ses racines au milieu du XIXe siècle, sa fixation sur les occasions manquées dans le passé, qui l'ont tant empêché d'accepter et d'être reconnu par la science du XXe siècle, n'est pas tellement surprenante ; peu de gens sont avant-gardistes d'un siècle à l'autre. *Mes Inventions* montre que Tesla était toujours prêt, à

63 ans, de rire de ses ambitions pompeuses. Cependant, à la fin de sa vie, ses prédilections au rêve, son faible pour la presse et son ardent désir de reconstruire des triomphes passés, avaient laminé cette perspective. Pendant les dernières années de sa vie, Tesla fit des annonces fracassantes de moteurs à mouvement perpétuel, d'armes idéales qui, apparemment, existaient seulement dans son imagination et dont il est par conséquent difficile de juger la maniabilité. Peut-être pensait-il pouvoir se servir de la presse pour galvaniser le public comme il l'avait déjà fait avec le magazine Century. Toutefois, n'ayant jamais compris que les publicitaires amateurs courent des dangers en essayant de jouer avec la presse, il ne réussit qu'à faire de son image une curiosité de la presse, un vestige original du XIXe siècle déjà révolu. Finalement, il s'instaura entre Tesla et la presse une sorte de rituel annuel familier, où l'inventeur invitait des journalistes à un dîner d'anniversaire plantureux, qu'il pouvait difficilement se permettre, avant de les régaler de projets encore plus visionnaires que ceux de l'année précédente. Tesla a survécu à la plupart de ses contemporains et tout comme ce fut le cas pour d'autres grands inventeurs, la vieillesse amplifia son obstination qui, dans sa jeunesse, lui avait permis de résister au scepticisme universel et de rejeter sa sagesse conventionnelle.

Il faut rechercher les origines de la créativité de Tesla dans sa jeunesse, bien que ses admirateurs les plus ardents tout comme ses détracteurs les plus féroces, aient tendance à se concentrer sur les débordements de son imagination dans sa vieillesse (ses détracteurs les prennent pour les fantaisies d'un rêveur désespéré, tandis que ses admirateurs les considèrent comme autant d'inspirations d'un prophète infaillible). Heureusement, Tesla, dans *Mes Inventions*, met un accent tout particulier sur ses expériences de jeunesse, et souligne qu'elles furent déterminantes pour toutes celles qui allaient suivre ; son témoignage unique et fascinant a été une source importante pour tous les biographes de Tesla. Toutefois, dans *Mes Inventions*, il concentre surtout son attention sur sa vie intérieure, et les lecteurs doivent connaître quelque peu le contexte historique et géographique dans lequel a grandi Tesla. Il est né en Croatie de parents serbes, fit ses études dans des écoles croates, autrichiennes et tchèques,

et trouva son premier poste d'ingénieur en Hongrie. Plusieurs pays ont
fortement revendiqué ses origines. Licko, sa province natale en Croatie,
fit longtemps partie de la Frontière militaire de l'Empire autrichien,
une zone militarisée qui s'étendait sur plusieurs milliers de kilomètres
le long de la frontière avec l'empire turc (ottoman) vers le sud et l'est.
La majorité des résidents de cette zone étaient des Slaves du sud — des
Serbes, des Croates, des Slovènes — et pratiquement tous les hommes
étaient des soldats professionnels, susceptibles d'être envoyés se battre
dans des guerres lointaines. La Frontière était censée être autonome ;
néanmoins, du fait que les hommes avaient de nombreuses obligations
militaires même en temps de paix, l'agriculture et l'élevage étaient du
ressort des femmes et des enfants. Licko, une région montagneuse et
stérile où la famine rôdait chaque jour, (elle est encore de nos jours une
des parties les plus pauvres de la Croatie) comptait quelques uns des
hommes et des femmes les plus solides et les plus ingénieux de toute
la Frontière.

Lorsque Tesla était jeune, l'Austro-Hongrie contrôlait la Croatie et
les régions au nord du fleuve Sava, tandis que la Turquie contrôlait la
Bosnie et les régions du sud. Une large bande de la Croatie était in-
cluse dans la Frontière militaire autrichienne, qui commençait au sud
de Gospic sur la côte montagneuse de l'Adriatique et qui montait vers le
nord puis vers l'est, le long de la frontière entre la Croatie et la Bosnie.

À la naissance de Tesla, la Frontière existait depuis quelques siècles,
mais le développement dans l'art de mener la guerre, ainsi que le déclin
de la puissance turque, finirent par la rendre caduque. La zone fut rendue
à l'administration civile lorsque Tesla eut l'âge de faire son service ; par
conséquent, les obligations militaires de Tesla (dont il ne parle jamais
dans *Mes Inventions*) passèrent de 6 ans à tout juste 3 ans. Toutefois,
il échappa à tout service militaire en s'inscrivant dans une école technique. Tesla avait aussi de la chance par d'autres côtés : son père était
un pasteur orthodoxe serbe et un homme érudit (les deux n'allaient pas
forcément de pair à l'époque), sa mère était issue d'une famille noble du
clergé (orthodoxe serbe) et de nombreux membres de la famille étaient
des prêtres ou des officiers militaires influents. En outre, la Frontière,

qui longtemps ne fut qu'une zone militaire autrichienne, avait vu son horizon s'élargir amplement par la brève occupation de Napoléon du temps du grand-père de Tesla. L'Europe s'était épanouie au fil des siècles après la fin des invasions turques. Toutefois, la Frontière, piégée entre l'est et l'ouest, était restée l'otage du passé jusqu'à l'arrivée de l'armée et des idées modernes de la France napoléonienne.

Bien que Tesla lui-même naquît à une période de répression faisant suite aux grandes révolutions européennes du milieu du siècle, la vague des changements était irrépressible et Tesla en profita pour s'enfuir dans un monde plus moderne.

Dans *Mes Inventions*, Tesla fit à peine allusion aux anciennes traditions qu'il avait laissées si loin derrière lui. Il s'était imprégné de la littérature orale héroïque, utilisée par les Slaves du sud pour commémorer leurs éternelles batailles contre les invasions islamistes ; il grandit dans une atmosphère géopolitique des plus complexes du monde, due à des milliers d'années de guerre, de migrations, d'édits impériaux, influant sur une multitude de cultures, races et religions différentes. Beaucoup de ces tensions existent encore actuellement, qu'elles soient catholiques, orthodoxes ou musulmanes, allemandes, hongroises ou slaves, serbes, croates ou albanaises : chaque groupe doit coexister avec les autres, mais il est freiné par la mémoire des conflits anciens et par son besoin de conserver son identité culturelle. Comme toujours, les Balkans sont perchés entre des empires rivaux (bien que leurs noms aient changé) et l'islam, une fois de plus, projette une grande ombre sur l'Europe. Ces influences qui n'épargnèrent pas Tesla — bien qu'il les ignore dans *Mes Inventions* — sont malheureusement beaucoup trop complexes pour être développées ici ; toutefois, elles mériteraient d'être analysées par ceux qui désirent mieux comprendre le monde de Tesla.

Finalement, le lecteur doit être prévenu qu'il aura une image incomplète, non seulement de l'environnement de Tesla, mais aussi de ses expériences de jeunesse, qu'il reconnaît avoir été si importantes, du fait que Tesla porte plus d'attention à sa vie intérieure.

Carte moderne du pays natal de Tesla.

Dans leurs autobiographies, les auteurs omettent de parler des quelques moments les plus importants de leur vie—c'est à croire qu'ils se sont donné le mot—, des expériences dont ils ne se souviennent pas ou qu'il préfèrent tout simplement oublier. Ceux qui veulent sérieusement étud-

ier la vie de Tesla doivent impérativement lire *Mes Inventions* avec beaucoup d'attention, et s'ils pensent qu'il y a des oublis ou des incohérences,
ils devront se mettre à la recherche d'autres sources d'information. Des
auteurs européens ont fait un travail de détective perspicace en ce qui
concerne la jeunesse de Tesla, contrairement aux biographes américains
qui ont été plus fascinés par sa période américaine prestigieuse que par
ses années de formation difficiles, et qui se sont tous contentés de faire
des résumés de *Mes Inventions* manquant d'imagination. Le point de
vue personnel sur la jeunesse de Tesla de l'auteur de sa biographie *And
In Creating Live*, ne va pas être analysé ici. Tesla mérite de raconter sa
propre histoire et aux lecteurs revient le droit de se forger leur propre
opinion, avant de se lancer dans des interprétations.

Malheureusement, il est difficile, voire impossible, pour les lecteurs
qui connaissent déjà soit la biographie de Tesla écrite en 1944 par John
O'Neill, *Prodigal Genius*, soit d'autres récits biographiques ultérieurs
inspirés de celui-ci, d'aborder l'autobiographie de Tesla sans idées pré-
conçues. O'Neill était un admirateur de Tesla et il avait l'avantage de
disposer de bonnes sources (dont le neveu de Tesla, Sava Kosanovith).
Toutefois, son livre est en grande partie responsable du mythe qui entoure aujourd'hui le nom de Tesla. *Prodigal Genius* est un mélange de
vérité et de fiction, avec peu de notes en bas de page, et sans bibliog-
raphie pour aider le lecteur à distinguer le vrai du faux. Tout livre ou
article qui cite O'Neill comme référence doit être abordé avec le plus
grand discernement. Par ailleurs, le lecteur de *Mes Inventions* devra
accorder une attention toute particulière aux passages qui pourraient
paraître troublants ou surprenants par rapport à ce qu'il savait déjà. La
version des faits d'O'Neill qui est tellement imprégnée de ce que les gens
pensent savoir de Tesla, pourrait être qualifiée d'ingérence spontanée.

Un excellent exemple d'un mythe qui, une fois généré se perpétue à
l'infini, est l'histoire de la « prédiction » de Tesla de la mort de sa mère,
qui est racontée dans *Prodigal Genius* et qui a été reprise dans toutes
les biographies américaines qui allaient suivre*. O'Neill était un fervent

---

* Orrin E. Dunlap Jr., Marconi, l'Homme et son Système radio, New York, 1937,
page 33.

spiritualiste qui était convaincu que Tesla avait des pouvoirs psychiques, bien que ce dernier ait lui-même écrit dans *Mes Inventions* qu'il n'a eu qu'une seule expérience qu'il a crue pendant un certain temps relever du « surnaturel ». Il eut, à l'époque de sa mort, la vision de sa mère sur un nuage entourée de nombreuses figures angéliques. Tesla était alors lui-même cloué au lit (non loin de sa mère), terrassé par la pression de ses conférences en Europe et son retour précipité « sans une heure de repos ». Finalement, il resta auprès de sa mère pendant les dernières semaines de sa vie. Quelque temps après sa mort, après avoir retrouvé son équilibre, Tesla s'expliqua cette vision rationnellement, mais apparemment O'Neill n'a jamais accepté cette explication. Après la mort de Tesla, lorsque celui-ci ne pouvait plus se défendre, O'Neill inventa un autre épisode surnaturel — *l'histoire de la « prédiction »* — et en fit l'élément central pour expliquer les dons psychiques de Tesla.

De nombreuses erreurs dans *Prodigal Genius* sont imputables à la précipitation d'O'Neill à imprimer son livre — sa santé était défaillante et pourtant il était déterminé à publier la première biographie américaine sur Tesla. Toutefois, pour cette histoire de « prédiction », il réécrit un extrait de *Mes Inventions* pour faire croire que Tesla avait prédit la mort de sa mère et les événements s'y rapportant. Tesla, en fait, avait seulement décrit une « vision ultérieure », qu'il eut au climax d'une amnésie, quelque temps après la mort de sa mère, en 1892 (il dit, dans un premier temps, que cet incident est arrivé suite à des problèmes rencontrés avec son transmetteur relié à la terre, alors que plus loin il dit n'avoir commencé ses recherches en radio qu'en 1893). Le récit de Tesla est très clair pour celui qui n'a pas déjà lu la version d'O'Neill : Tesla explique qu'il a tout oublié de son existence, sauf sa prime jeunesse, et que peu à peu, il a retrouvé la mémoire. Finalement, le climax de la singulière dépression nerveuse de Tesla fut le même que le premier : Tesla ressentit « une douleur et un désarroi immenses » en revivant la mort de sa mère pour la seconde fois ! O'Neill reprend mot à mot la description du traumatisme de Tesla, mais dissimule ses références et supprime la seule phrase qui situe la mort de sa mère dans le passé, et non dans le futur : « Je me souviens de mon long voyage du retour, sans pouvoir prendre une seule heure de repos, et de sa mort après des semaines d'agonie!» (O'Neill a résumé poétiquement, en une seule soirée, les six semaines entre le retour de Tesla en février, et la mort de sa mère en avril*!) Tant d'écrivains ont aujourd'hui repris la version d'O'Neill et d'autres versions de cette histoire de «prédiction», que le récit fascinant et révélateur de l'amnésie de Tesla a été complètement noyé dans un océan de spéculation mystique.

Dans *Mes Inventions*, Tesla fait part de son exaspération d'avoir été rallié à la cause des passionnés du surnaturel. Il se montrait en général très sceptique par rapport aux phénomènes psychiques, bien qu'il fût exposé dans son enfance à la superstition endémique à Licko, et qu'il admirât, une fois adulte, le chimiste et physicien anglais, William Crookes, qui faisait parallèlement des recherches en métapsychologie. Toutes les mésaventures de Tesla avec les journalistes (et avec ses biographes après sa mort) et le malheureux fait de l'associer avec le surnaturel avaient terni la réputation de Tesla vers la moitié du XXe siècle. Heureusement que, par ailleurs, les efforts inlassables de feu Kenneth Swezey et d'autres admirateurs de Tesla, ont réussi à attribuer à son nom le respect qu'il inspirait jadis†. En 1956, l'année du centenaire de la naissance de Tesla, l'unité de densité du flux magnétique dans le Système de Mesures International (mètre / kilogramme / seconde) fut nommée en son honneur. L'institution américaine des ingénieurs le compte aujourd'hui parmi ses plus brillants anciens élèves, un honneur considérable pour un homme qui n'est pas né sur le sol américain. Il est à espérer que cette réédition de l'autobiographie de Tesla pourra, en ces temps qui marquent un nouvel intérêt pour sa carrière, aider à dissiper certaines idées fausses qui subsistent toujours et qui font qu'aujourd'hui encore Tesla est un sujet pour la presse à sensation et un objet d'adoration. Tesla et son public méritent, tous les deux, mieux que cela.

---

* John O'Neill, Prodigal Genius, New York, 1944, pages 264-265.
† Id. page 101.

MES INVENTIONS

CHAPITRE I
MON ENFANCE

Le développement progressif de l'humanité dépend largement de ses inventions qui sont les produits par excellence de son esprit créateur. Son but ultime est la maîtrise totale du monde matériel, l'exploitation des forces de la nature pour les besoins de l'homme. C'est en cela que réside la tâche difficile de l'inventeur qui est souvent incompris et mal récompensé. Toutefois, il trouve d'amples compensations dans le plaisir d'exercer ses pouvoirs et dans le fait de savoir qu'il appartient à une classe exceptionnellement privilégiée, sans laquelle la race aurait péri depuis longtemps dans une lutte pénible contre les éléments impitoyables.

Pour ma part, j'ai déjà pu jouir plus que je ne le demandais de ce plaisir exquis, tant et si bien que pendant plusieurs années, je vécus de manière quasi permanente dans l'extase. J'ai la réputation d'être un travailleur acharné; cela peut être juste, à condition que l'activité mentale soit synonyme de travail, car c'est à elle que j'ai pratiquement consacré toutes mes heures de veille. Par contre, si on définit le travail comme étant une performance définie, à réaliser en un temps donné et selon des règles strictes, alors, je dois être le pire des paresseux. Chaque effort entrepris sous la contrainte demande le sacrifice d'un peu d'énergie vitale. Je n'ai jamais payé ce prix-là; au contraire, je me suis toujours épanoui dans mes pensées. Afin de rendre compte de mes activités de manière honnête et cohérente, dans cet ensemble d'articles publiés en collaboration avec les éditeurs de l'*Electrical Experimenter*, qui sont surtout destinés à nos jeunes lecteurs, il me faut revenir sur les impressions de ma jeunesse, bien que ce soit à contrecoeur, et de rappeler les circonstances et les événements qui ont joué un rôle décisif et déterminant dans ma carrière.

Maison natale de Nikola Tesla, à Smiljan en Licko, un comté de Croatie. (À droite, les ruines de l'église de son père). À sa naissance, cette région était un district militaire de l'Austro-Hongrie. (Institut Smithsonian)

Nos premières tentatives sont purement instinctives; elles nous sont suggérées par une imagination vive et indisciplinée. À mesure que nous grandissons, la raison s'impose et nous devenons de plus en plus ordonnés et méthodiques. Toutefois, ces impulsions de la prime enfance, bien que n'ayant aucune productivité immédiate, sont de la plus haute importance, et peuvent modeler notre destin. En effet, je pense aujourd'hui que si je les avais comprises et entretenues au lieu de chercher à m'en défaire, mon legs à l'humanité en aurait été considérablement enrichi. Car c'est seulement lorsque j'atteignis l'âge adulte, que je pris conscience d'être un inventeur.

Cela était dû à un certain nombre de causes. Premièrement, j'avais un frère extraordinairement doué; il était un esprit rare, un de ces phénomènes de l'intelligence que toutes les investigations biologiques n'ont pas su expliquer. Sa mort prématurée laissa mes parents inconsolables. Nous avions un cheval qui nous avait été offert par un ami de la famille. C'était un animal magnifique, de race arabe, qui avait une intelligence presque humaine; toute la famille en prenait grand soin et le chouchoutait car il avait, un jour, sauvé la vie de mon père en des circonstances étonnantes. C'était l'hiver, et une nuit, mon père fut appelé pour une urgence ; alors qu'il traversait une montagne envahie par les loups, le cheval prit peur et s'enfuit, après avoir jeté mon père violemment à terre. Il revint à la maison épuisé et ensanglanté, mais lorsque la cloche se mit à sonner l'alarme, le cheval repartit en flèche à l'endroit de l'accident ; l'équipe de recherche n'eût même pas le temps de les rejoindre, mais en route, elle rencontra mon père qui était sorti de son inconscience et était remonté sur son cheval, ne réalisant pas qu'il avait passé plusieurs heures étendu dans la neige. Ce cheval était aussi responsable des blessures de mon frère qui lui furent fatales. Je fus témoin de la scène, et bien que 56 années se soient écoulées depuis, mon impression visuelle n'a rien perdu de sa force.

Tous les efforts que je pouvais faire semblaient nuls, en comparaison des résultats que mon frère avait obtenus. Tout ce que je faisais de valable ne faisait qu'intensifier le sentiment de perte de mes parents. C'est pourquoi je grandis avec peu de confiance en moi. Cependant, j'étais loin d'être considéré comme un gamin stupide à en juger par un incident dont je me souviens fort bien. Un jour, les conseillers municipaux passèrent dans la rue où je jouais avec d'autres garçons. Le plus âgé de ces hommes vénérables — un citoyen fortuné — s'arrêta pour nous donner à chacun une pièce en argent. S'approchant de moi, il s'arrêta net et me dit : « Regarde-moi dans les yeux ». Mon regard rencontra le sien, et je tendis ma main pour recevoir la pièce de valeur ; à ma grande consternation, il me dit : « Non ! Toi, tu n'auras rien, tu es trop intelligent ! » Une histoire amusante circulait sur mon compte. J'avais deux vieilles tantes au visage très ridé, et l'une d'elles avait deux dents en saillie, comme les défenses d'un éléphant, qu'elle enfonçait dans mes joues chaque fois qu'elle m'embrassait. Rien ne me faisait plus peur que l'idée d'être enlacé par ces parentes aussi affectueuses que repoussantes. Un jour, alors que ma mère me portait dans ses bras, on m'a demandé laquelle je préférais des deux. Après que j'eus examiné attentivement leurs visages, je dis d'un air dégagé en montrant l'une du doigt : « Celle-ci est moins laide que l'autre. »

Par ailleurs, j'étais destiné, depuis ma naissance, à devenir un ecclésiastique et cette idée m'accablait continuellement. J'avais envie de devenir ingénieur, mais mon père était inflexible. Il était le fils d'un officier ayant servi dans l'armée du Grand Napoléon et il avait reçu une éducation militaire, tout comme son frère, qui était professeur de mathématiques dans une institution très importante. Curieusement, il rejoignit plus tard le clergé où il accéda à une position éminente. C'était un homme très instruit, un véritable philosophe naturaliste, un poète et un écrivain et on disait que ses sermons étaient aussi éloquents que ceux d'Abraham à Santa Clara. Il avait une mémoire exceptionnelle, et récitait souvent de longs extraits d'ouvrages en plusieurs langues. Il poussait souvent la plaisanterie en disant que si des textes classiques venaient à disparaître, il saurait les réécrire. Son style était très apprécié, il maniait la satire mieux que personne et ses phrases étaient courtes mais concises. Ses remarques empreintes d'humour étaient toujours originales et carac-téristiques. Je peux en donner un ou deux exemples, pour illustrer le sujet. Il y avait, parmi les ouvriers qui aidaient aux travaux de la ferme, un homme qui louchait, appelé Mane. Un jour, alors qu'il fendait du bois, la hache manqua de lui échapper dans son élan et mon père, qui se tenait près de lui ne fut pas très rassuré; il l'invita à la prudence en ces termes:» Pour l'amour de Dieu, Mane, ne confondez pas ce que vous regardez avec ce que vous voulez cogner!» Un autre jour, il em-mena un ami en promenade qui, négligemment, laissait pendre un pan de son manteau de fourrure contre une roue de la voiture. Mon père le lui fit remarquer en disant: «Relève ton manteau, tu abîmes mon pneu.» Il avait en outre une curieuse manie de se parler à lui-même et il menait souvent des conversations animées, où il donnait libre cours à un raisonnement pétulant, en changeant le ton de sa voix. Un auditeur non averti aurait pu jurer qu'il y avait plusieurs personnes dans la pièce.

Bien que je doive toute ma créativité à l'influence de ma mère, l'éducation que mon père m'a donnée m'a certainement été salutaire. Elle comprenait toutes sortes d'exercices, comme celui de deviner les pensées l'un de l'autre, de découvrir les imperfections des locutions, de répéter de très longues phrases et du calcul mental. Ces leçons jour-nalières devaient fortifier ma mémoire et mon raisonnement, et surtout développer mon sens critique; il ne fait aucun doute qu'elles m'ont été très profitables.

Ma mère descendait d'une des plus anciennes familles du pays et d'une lignée d'inventeurs. Son père et son grand-père inventèrent de nombreux appareils ménagers, ou à usage agricole et autres. C'était véritablement une femme remarquable, dont les dons, le courage et la force morale étaient rares, qui s'était battue contre les aléas de la vie et qui eut affaire à plus d'une expérience éprouvante. Lorsqu'elle avait seize ans, une peste virulente balaya le pays. Son père était sorti pour administrer les derniers sacrements aux mourants, et pendant son absence, elle alla assister une famille voisine touchée par la maladie fatale. Tous les cinq membres de la famille moururent l'un après l'autre. Elle baigna les corps, les habilla et les étendit, les entourant de fleurs selon les coutumes du pays ; au retour de mon père, tout était prêt pour la célébration d'un enterrement chrétien. Ma mère était un inventeur de premier ordre et je pense qu'elle aurait pu faire de grandes choses, si elle n'avait pas été si éloignée de la vie moderne et des nombreuses opportunités qu'elle offrait. Elle inventa et construisit toutes sortes d'instruments et d'appareils, et tissait les plus beaux dessins avec des fils qu'elle avait elle-même préparés. Elle semait même les graines, faisait pousser les plantes et séparait elle-même les fibres. Elle travaillait infatigablement du lever du soleil jusque tard dans la nuit, et la plupart de nos vêtements et de nos tissus d'ameublement étaient le produit de ses mains. À plus de soixante ans, ses doigts étaient toujours suffisamment souples pour pouvoir faire trois noeuds en un clin d'oeil.

Toutefois, il y avait une autre raison très importante, pour laquelle mon pouvoir d'invention se développa si tardivement. Lorsque j'étais un garçonnet, je souffrais d'un handicap très particulier dû à l'apparence d'images, accompagnées souvent de puissants flashes de lumière, qui troublaient ma perception des objets réels et interféraient avec mes pensées et mes actions. C'étaient des images de choses et de scènes que j'avais réellement vues et jamais de celles que j'avais imaginées. Lorsqu'on me disait un mot, l'image de l'objet qu'il désignait se présentait rapidement à ma vue, et parfois je fus incapable de dire si ce que je voyais était réel ou non. Cela me gênait et m'angoissait beaucoup. Aucun des étudiants en psychologie ou en physiologie que j'ai consultés ne pouvait donner une explication satisfaisante à ce phénomène. Il semblerait que mon cas fut unique, bien que je dusse certainement être prédisposé à ce type d'expériences, car je savais que mon frère avait vécu la même chose. Selon ma théorie personnelle, les images étaient le résultat d'une action réflexe du cerveau sur la rétine dans des situations de grande excitation. Ce n'étaient certainement pas des hallucinations comme celles qui apparaissent dans des cerveaux malades et angoissés, car à d'autres égards j'étais tout à fait normal et calme. Pour vous donner une idée de mon malaise, imaginez, par exemple, que j'aie assisté à un enterrement ou à un autre spectacle éprouvant dans la journée ; dans le silence de la nuit suivante, une image très vivante de la scène surgissait immanquablement devant mes yeux sans que je puisse rien faire pour la supprimer. Parfois, elle restait toujours en place, bien que je pusse la traverser avec ma main. Si mon explication est juste, il devrait être possible de projeter sur un écran n'importe quelle visualisation et de la rendre perceptible. Une telle avancée serait une véritable révolution dans les relations humaines. Je suis convaincu que ce prodige peut et va être réalisé dans un futur plus ou moins proche. Je peux même ajouter que j'ai beaucoup réfléchi à ce problème pour essayer de trouver une solution.

Pour me débarrasser de ces images traumatisantes, j'ai tenté de concentrer mon esprit sur l'image d'une perception antérieure, ce qui m'a souvent permis d'obtenir un soulagement temporaire ; mais pour cela, il fallait que je fabrique continuellement de nouvelles images. Cependant, j'eus tôt fait de m'apercevoir que j'étais arrivé à l'épuisement de mon stock d'images, au bout de mon « film », parce que je ne connaissais pas encore grand chose de ce monde — seulement les éléments familiers et mon environnement immédiat. Alors que je pratiquai ce type d'exercice mental pour la seconde ou troisième fois, afin de chasser ces images de mon esprit, je m'aperçus qu'il m'apportait de moins en moins de soulagement. J'ai alors décidé instinctivement de faire des excursions au-delà des limites de mon monde familier mais restreint, et je vis de nouvelles scènes. Au début, elles étaient brouillées et vagues et elles s'évanouissaient lorsque j'essayais de me concentrer sur elles. Toutefois, avec le temps, elles devinrent de plus en plus nettes et distinctes, jusqu'à prendre l'apparence de choses concrètes. Je réalisai bientôt que j'étais au mieux de ma forme lorsque je forçais mon imagination à aller de plus en plus loin, pour obtenir continuellement de nouvelles impressions; c'est ainsi que je me mis à voyager, mentalement, évidemment. Toutes les nuits, et parfois même pendant le jour, lorsque j'étais seul, j'allais voyager et je découvrais des endroits, des villes et des pays nouveaux. Je vivais là-bas, je rencontrais des gens, je me liais d'amitié avec certaines personnes et aussi incroyable que cela puisse paraître, elles étaient tout aussi aimables et tout aussi expressives que celles dans ma vraie vie.

Je continuais de pratiquer ces exercices jusqu'à 17 ans, lorsque mon esprit se tourna sérieusement vers les inventions. Je m'aperçus, à ma grande joie, que je possédais un immense pouvoir de visualisation. Je n'avais pas besoin de modèles, de dessins ou de faire des expérimentations. Je les imaginais et ils étaient réels dans mon mental. J'ai donc été conduit inconsciemment à créer ce que j'appelle une nouvelle méthode de matérialisation de concepts et d'idées créateurs, qui est en parfaite opposition avec la méthode purement expérimentale et qui est, à mon avis, beaucoup plus rapide et plus efficace. Lorsque quelqu'un commence à construire un appareil pour concrétiser une idée grossière, il est absorbé par tous les détails et imperfections du dispositif. À mesure qu'il le perfectionne et le reconstruit, sa force de concentration diminue et il perd de vue le principe de base. Il peut bien sûr arriver à des résultats de cette manière, mais c'est toujours au détriment de la qualité.

Ma méthode est différente. Je ne me précipite pas dans les travaux pratiques. Lorsque j'ai une idée, je commence tout de suite à l'élaborer dans mon imagination. Je modifie sa construction, je lui apporte des améliorations et je fais marcher l'appareil dans ma tête. Peu importe que je fasse marcher ma turbine dans mon mental ou que je la teste dans mon laboratoire. Je peux même savoir quand elle ne fonctionne plus correctement. Cela ne fait aucune différence pour moi; les résultats sont les mêmes. C'est ainsi que je peux développer et perfectionner rapidement un concept sans toucher à la matière. Lorsque je suis arrivé au point où j'ai intégré dans mon invention tous les perfectionnements que je puisse imaginer et que je n'y vois plus rien qui ne soit parfait, je passe à la concrétisation de ce produit final élaboré dans mon cerveau. Invariablement l'appareil fonctionne tel que je l'avais imaginé et les expérimentations se passent exactement comme je les avais prévues. Cela fait vingt ans que je fonctionne comme cela, sans qu'il n'y eut jamais d'erreur. Et pourquoi en serait-il autrement ? La construction mécanique et l'électrotechnique conduisent systématiquement aux résultats voulus. Il n'existe pratiquement rien qui ne puisse être calculé ou étudié à l'avance, à partir des théories existantes et des données pratiques. La mise en application d'une idée originale grossière, telle qu'elle se fait habituellement n'est, pour moi, rien d'autre qu'une perte d'énergie, de temps et d'argent.

Toutefois, les revers de mon enfance m'ont encore apporté une autre compensation. Mes exercices mentaux ininterrompus ont développé mes capacités d'observation et m'ont permis de découvrir une vérité de première importance. J'avais remarqué que l'apparence des images était toujours précédée de véritables visions de scènes, dans des conditions particulières et généralement exceptionnelles, et j'étais forcé, à chaque fois, de déterminer l'impulsion originelle. Après quelque temps, cela devint presque automatique, et il me fut de plus en plus facile de faire la connexion entre les effets et leurs causes. À ma grande surprise, je pris bientôt conscience que chacune de mes pensées avait été conditionnée par une impression extérieure et qu'en outre toutes mes actions étaient commandées de la même manière. Au fil du temps, il m'était devenu évident que j'étais un simple automate dont les mouvements s'effectuaient en réaction à des stimuli de mes organes sensoriels, et qui pensait et agissait en conséquence. Dans la pratique, cela rejoint la science des téléautomates (nous dirions aujourd'hui la robotique) qui, pour le moment, est encore balbutiante. Mais ses possibilités latentes vont finir par apparaître au grand jour. Cela fait des années que je projette de construire des automates autonomes et je suis sûr que l'on peut concevoir des mécanismes qui vont fonctionner comme s'ils possédaient un certain degré d'intelligence et qui vont révolutionner le commerce et l'industrie.

C'est vers 12 ans que j'ai réussi pour la première fois, après de gros efforts, à effacer volontairement une vision, mais je n'ai jamais réussi à contrôler les flashes de lumière dont je parlais plus haut. C'était peut-être mon expérience la plus étrange et la plus inexplicable. Ils apparaissaient lorsque j'étais dans une situation dangereuse ou pénible ou lorsque j'exultais. À certaines occasions, j'ai vu des langues de feu partout autour de moi. Au lieu de diminuer, leur intensité n'a fait que croître avec le temps, jusqu'à atteindre leur maximum quand j'eus environ 25 ans. En 1883, alors que j'étais à Paris, un grand industriel français m'envoya une invitation à une partie de chasse que j'acceptai. J'avais passé beaucoup de temps à l'usine et le grand air me revigora. Lorsque je retournai en ville ce soir-là, j'eus la vive impression que ma tête était en feu. Je vis une lumière comme si un petit soleil se trouvait dans mon cerveau, et je passai la nuit à appliquer des compresses froides sur ma tête martyrisée. Finalement, les flashes diminuèrent dans leur fréquence et leur intensité, mais il a fallu plus de trois semaines pour qu'ils cessent complètement. Lorsqu'arriva la seconde invitation, j'ai refusé catégoriquement !

Ces phénomènes lumineux continuent de se manifester de temps en temps, comme lorsque j'ai une nouvelle idée pour faire progresser mes travaux, mais ils ne sont plus aussi déchirants car leur intensité est relativement faible. Lorsque je ferme les yeux, je vois toujours d'abord un fond d'un bleu uniformément sombre, comme le ciel par une nuit claire mais sans étoiles. En l'espace de quelques secondes, ce champ s'anime d'innombrables petites étincelles vertes, disposées en plusieurs couches, qui avancent vers moi. Puis apparaissent sur ma droite deux paires de belles lignes parallèles très étroites qui forment un angle droit, et qui ont toutes les couleurs, mais où le jaune, le vert et l'or prédominent. Ensuite les lignes deviennent de plus en plus éclatantes et l'ensemble est parsemé de taches de lumière scintillante très serrées. Cette image traverse lentement tout le champ de ma vision, et au bout de dix secondes, disparaît sur ma gauche, en laissant un fond d'un gris inerte et déplaisant, qui devient très vite une mer de nuages, cherchant manifestement à se transformer en formes vivantes. Il est étrange que je ne puisse projeter aucune image dans cette mer grise avant la seconde phase. Chaque fois avant de m'endormir, je vois passer des images de personnes ou d'objets. Quand elles apparaissent, je sais que je suis sur le point de sombrer dans le sommeil, mais si elles ne viennent pas, je sais que je vais passer une nuit blanche.

Je vais décrire une autre expérience étrange pour montrer que mon imagination joua un très grand rôle dans mon enfance. Comme la plupart des enfants, j'adorais sauter et j'avais de plus en plus envie de flotter dans les airs. Occasionnellement, un vent très violent et richement chargé d'oxygène se mettait à souffler depuis la montagne; il rendait mon corps aussi léger que le liège, et alors je sautais et flottais dans les airs pendant un bon moment. C'était une sensation délicieuse et ma déception fut grande, lorsque, plus tard, je perdis mes illusions.

C'est durant cette période que je contractai beaucoup de penchants, d'aversions et d'habitudes dont certains sont imputables à des impressions extérieures, alors que d'autres sont inexplicables. J'avais une profonde aversion pour les boucles d'oreilles des femmes; toutefois, d'autres bijoux, comme les bracelets, me plaisaient plus ou moins selon leur forme. J'étais au bord de la crise à la seule vue d'une perle, mais le scintillement des cristaux ou d'autres objets aux bords acérés et aux surfaces planes me fascinait. J'aurais été incapable de toucher les cheveux d'une autre personne, sauf, peut-être, sous la menace d'une arme. Je faisais une poussée de fièvre à la seule vue d'une pêche et s'il y avait dans la maison le plus petit morceau de camphre, j'éprouvais un profond malaise. Aujourd'hui encore, il m'arrive d'avoir quelques-uns de ces comportements compulsifs bouleversants. Lorsque je fais tomber des petits bouts de papier dans une coupelle remplie d'eau, je ressens dans ma bouche un goût bizarre et détestable. Je comptais le nombre de pas que je faisais en marchant, et je calculais le volume des assiettes à soupe, des tasses de café et des aliments, car si je ne le faisais pas je n'avais aucune envie de manger. Toutes mes opérations, ou tout ce que je faisais de manière répétitive, devaient être divisibles par trois et si ce n'était pas le cas, je me sentais dans l'obligation de tout recommencer à zéro, même si cela me demandait des heures.

Jusqu'à l'âge de huit ans, j'avais un caractère faible et inconstant. Je n'avais ni le courage, ni la force de prendre une décision ferme. Mes émotions arrivaient par impulsions et ne cessaient de passer d'un extrême à l'autre. Mes désirs avaient une force brûlante et ils se multipliaient, comme la tête des hydres. J'étais opprimé par des pensées de souffrance liées à la vie et la mort, et une peur religieuse. J'étais gouverné par des superstitions et angoissé par l'esprit du diable, de fantômes et d'ogres, et autres monstres terribles des ténèbres. Et puis, tout à coup, les choses ont changé du tout au tout et le cours de toute ma vie en fut altéré.

Ce que j'aimais par-dessus tout, c'était les livres. Mon père avait une grande bibliothèque et dès que je le pouvais, j'essayais d'apaiser ma soif de lecture. Toutefois, il me l'interdisait et il rageait lorsqu'il me prenait en flagrant délit. Il cacha les bougies lorsqu'il découvrit que je lisais en cachette. Il ne voulait pas que je m'abîme les yeux. Néanmoins, je réussis à me procurer du suif, et je me suis fabriqué une mèche, j'ai coulé des bougies dans des formes en étain, et chaque nuit, je bouchais le trou de la serrure et les fentes dans la porte ; c'est ainsi que je pouvais lire toute la nuit pendant que les autres dormaient, jusqu'à l'heure où ma mère reprenait ses tâches ménagères pénibles. Un soir, je tombai sur une histoire intitulée « Abafi » (le fils d'Aba), une traduction serbe de l'auteur hongrois bien connu, Josika. Cet ouvrage réussit à réveiller mon pouvoir de volonté latent, et je commençai à pratiquer le self-control. Au début, mes résolutions fondirent comme neige au soleil, mais après quelque temps, je réussis à maîtriser ma faiblesse et ressentis une jouissance inconnue jusque là : celle de pouvoir faire exactement ce que je voulais. Au fil du temps, ces exercices mentaux rigoureux devinrent ma seconde nature. Au début, je dus maîtriser mes désirs, mais progressivement mes aspirations et ma volonté ne firent plus qu'un. Des années de discipline m'ont permis d'atteindre à une parfaite maîtrise de moi-même et je m'adonnais à des passions qui, même pour les hommes les plus forts, auraient pu être mortelles. À une époque donnée, je fus pris par la manie du jeu, ce qui inquiéta beaucoup mes parents. Toutefois, jouer aux cartes était pour moi la quintessence du plaisir. Mon père menait une vie exemplaire, et il ne pouvait pas me pardonner ce gaspillage irraisonné de temps et d'argent. J'étais très fort dans mes résolutions, mais ma philosophie ne valait rien. Je dis à mon père : « Je peux m'arrêter quand je veux, mais faut-il que j'abandonne quelque chose que je ne voudrais échanger contre toutes les joies du paradis ? » Il donnait souvent libre cours à sa colère et son mépris, mais ma mère réagissait différemment. Elle comprenait le caractère des hommes et elle savait que leur propre salut ne pouvait être atteint qu'au prix d'efforts personnels. Je me rappelle qu'un après-midi, alors que j'avais tout perdu au jeu et que je réclamais de l'argent pour un dernier jeu, elle s'avança vers moi avec une liasse de billets et me dit : « Va et amuse-toi. Plus vite tu auras perdu tout ce que nous possédons, mieux ce sera. Je sais que cela te passera. » Elle avait raison. C'est à ce moment précis que je domptai ma passion, et la seule chose que je regrette, c'est qu'elle ne fût pas cent fois plus forte. Je l'ai non seulement vaincue, mais je l'ai arrachée de mon coeur, au point qu'il ne resta pas une seule trace de désir. Depuis ce jour-là, je me moque des jeux comme de ma première chemise.

À une autre époque, je fumais énormément, tant et si bien que ma santé fut menacée. Là encore, ma volonté s'imposa et j'ai non seulement arrêté de fumer, mais j'ai tué tout ce qui entretenait ce mauvais penchant. Il y a longtemps, je souffrais du coeur, jusqu'à ce que je découvrisse que la cause en était la tasse de café innocente que j'avalais tous les matins. Je me suis arrêté net, bien que, je l'avoue, ce ne fut pas chose facile. C'est de cette même manière que j'ai vérifié et mis un frein à d'autres habitudes et passions, et j'ai non seulement sauvé ma vie, mais j'ai aussi éprouvé une

énorme satisfaction de ce que la plupart des hommes appelleraient privation et sacrifice.

À la fin de mes études à l'Institut Polytechnique et à l'Université, je tombai dans une grave dépression nerveuse, et pendant tout le temps de ma maladie, je vécus de nombreux phénomènes bizarres et incroyables

CHAPITRE II
MES PREMIÈRES DÉCOUVERTES

J'aimerais revenir brièvement sur ces expériences extraordinaires, en raison de l'intérêt qu'elles pourraient avoir pour des étudiants en psychologie et physiologie, et aussi parce que cette période de souffrance fut d'une importance majeure pour mon développement mental et mes travaux ultérieurs. Il me faut tout d'abord préciser les circonstances et les conditions qui les ont précédées, car elles pourraient en fournir une explication, ne serait-ce que partiellement.

Je fus obligé, dès mon enfance, à concentrer toute mon attention sur moi-même et j'en ai beaucoup souffert. Toutefois, je pense aujourd'hui que ce fut une sorte de bénédiction, car cela m'a appris à estimer la valeur inestimable de l'introspection dans la préservation de la vie et la réalisation de mes objectifs. Le stress permanent qu'engendre cette introspection et le flot incessant des impressions qui arrivent à notre conscience à travers toutes nos expériences, font que l'existence moderne devient périlleuse à plusieurs égards. La plupart des personnes sont tellement absorbées par le monde extérieur qu'elles sont complètement inconscientes de ce qui se passe en leur for intérieur. La mort prématurée de millions de gens a sa cause première dans ce fait. Même ceux qui sont plus respectueux d'eux-mêmes font souvent l'erreur de fuir leur imagination et ignorent les vrais dangers. Ce qui est vrai pour un individu l'est aussi, plus ou moins, pour l'humanité en tant que tout. Prenons, par exemple, le mouvement actuel de la prohibition. On est en train de prendre, dans ce pays, des mesures drastiques, voire anticonstitutionnelles, pour interdire la consommation d'alcool, alors que d'un autre côté, il est un fait prouvé que le café, le thé, le tabac, le chewing-gum et autres excitants que consomment souvent même les très jeunes, sont beaucoup plus dangereux, à en juger par le nombre des dépendants à ces

produits. Par exemple, lorsque j'étais étudiant, j'ai constaté en consul-
tant chaque année la nécrologie de Vienne, capitale des buveurs de café,
que les décès dus à des problèmes cardiaques pouvaient atteindre 67%
du chiffre global. On observera probablement la même chose dans des
villes où la consommation de thé est excessive. Ces délicieux breuvages
conduisent à un état de surexcitation et épuisent graduellement les vais-
seaux ténus du cerveau. Ils interfèrent par ailleurs sérieusement sur la
circulation artérielle et devraient donc être consommés avec d'autant
plus de modération que leurs effets délétères sont lents et imperceptibles.
Le tabac, quant à lui, incite à penser librement et sans stress et diminue
la force de concentration nécessaire à tout effort intellectuel soutenu.
Le chewing-gum n'est que d'un piètre secours, car il épuise très vite
le système glandulaire et inflige des dégâts irréversibles, sans parler du
phénomène de révulsion qu'il entraîne. L'alcool consommé avec modération est un excellent tonique, mais il devient toxique à plus grande
dose, qu'il soit ingéré sous forme de whisky ou qu'il soit produit à partir
du sucre dans l'estomac. Néanmoins, il ne faudrait pas oublier que tous
ces produits sont de puissants facteurs de sélection de la Nature, obé-
issant à sa loi sévère mais juste, en vertu de laquelle seuls les plus forts
survivent. Par ailleurs, les réformateurs zélés devraient tenir compte
de l'éternelle perversité de l'homme, qui préfère de loin le laissez faire
dans l'indifférence aux restrictions forcées. En d'autres termes, nous
avons besoin de stimulants pour réussir au mieux dans les conditions
de vie actuelles et nous devons agir avec modération et maîtriser nos
appétits et penchants quels qu'ils soient. C'est ce que j'ai fait des années
durant, et c'est pourquoi j'ai pu rester jeune de corps et d'esprit. Vivre
dans l'abstinence n'était pas ce qui me plaisait le plus ; toutefois, je suis
largement récompensé par la satisfaction que m'apportent mes expériences actuelles. Je vais citer quelques unes d'entre elles, dans l'espoir
que certains adopteront mes préceptes et ma philosophie.

Il y a quelque temps, par une nuit d'un froid glacial, je retournai à
mon hôtel. Le sol était glissant et aucun taxi en vue. Un homme me
suivait à une vingtaine de mètres et il était tout aussi pressé que moi de
rentrer au chaud. Tout d'un coup, mes jambes partirent en l'air, et au

même moment, j'eus un flash dans ma tête. Mes nerfs réagirent et mes muscles se tendirent; je virevoltai et atterris sur mes mains. Je repris ma marche comme si de rien n'était. L'autre homme m'avait alors rattrapé et me dit: «Quel âge avez-vous?», en m'observant d'un oeil critique. «Pas loin de 59 ans», lui répondis-je, «pourquoi?» Il dit, «Eh bien, j'ai déjà vu des chats se comporter comme cela, mais un homme, jamais!» Il y a environ un mois, je voulais m'acheter de nouvelles lunettes, et me rendis donc chez l'oculiste, pour passer les tests d'usage. Il me regarda d'un air incrédule pendant que je lisais facilement les caractères même les plus petits à une distance considérable. Lorsque je lui annonçai que j'avais plus de 60 ans, il resta bouche bée. Mes amis me font souvent remarquer que mes costumes me vont comme un gant, mais ce qu'ils ignorent, c'est que je les fais tailler sur mesures; elles ont été prises il y a 35 ans et n'ont pas changé depuis; mon poids non plus du reste.

À ce sujet, j'ai une histoire plutôt amusante à vous raconter. Un soir de l'hiver 1885, M. Edison, Edward H. Johnson, président de l'Edison Illuminating Company, M. Bachellor, directeur des usines et moi-même entrâmes dans un lieu en face du numéro 65 de la 5e Avenue, où se trouvaient les bureaux de la société. Quelqu'un proposa de deviner le poids de l'autre, et on me demanda de monter sur une balance. Edison m'inspecta à tâtons et dit: «Tesla pèse 69 kgs à 30 grammes près.» C'était tout à fait exact. Tout nu, je pesai 69 kgs et depuis mon poids n'a pas bougé. Je chuchotai à M. Johnson, «Comment se fait-il qu'Edison ait pu deviner mon poids de manière aussi précise?» Il me dit à voix basse «Eh bien, ce que je vais vous dire est confidentiel et il ne faudra pas le répéter: il a travaillé pendant longtemps dans les abattoirs de Chicago où il pesait des milliers de porcs tous les jours. Voilà pourquoi.» Mon ami, l'honorable Chauncey M. Depew, raconte qu'un Anglais, surpris par une des ses anecdotes, resta perplexe, et que c'est seulement un an plus tard qu'il en éclata de rire. Moi, il faut que je le confesse, j'ai mis plus d'un an pour comprendre la blague de Johnson.

Mon bien-être vient tout simplement du fait que je fais preuve de modération et de prudence dans ma vie et le plus surprenant de tout cela, c'est que trois fois durant ma jeunesse la maladie avait fait de moi` une épave devant laquelle tous les médecins avaient baissé les bras. En outre, mon ignorance et mon insouciance m'ont fait courir toutes sortes de risques, de dangers et tomber dans des pièges dont je me suis sorti comme par enchantement. J'ai failli me noyer une dizaine de fois, me faire ébouillanté et être brûlé vif. J'ai été enfermé, oublié et j'ai manqué mourir de froid. Il s'en est fallu d'un cheveu que je me fasse attraper par des chiens enragés, des cochons et d'autres animaux sauvages. J'ai survécu à des maladies horribles et dû faire face à bien des mésaventures ; le fait que je sois aujourd'hui entier et en vie me paraît relever du miracle. Toutefois, en me rappelant tous ces incidents, je suis convaincu que si j'en ai été protégé, ce n'est pas du tout par hasard.

Le but d'un inventeur est de trouver des solutions pour préserver la vie. Que ce soit en mettant certaines énergies au service de l'humanité, en perfectionnant les appareils, ou en inventant des dispositifs qui rendent la vie plus confortable, il contribue à améliorer la sécurité de notre existence. Par ailleurs, il est plus à même de se protéger en cas de danger que l'homme moyen, parce qu'il est vigilant et prévoyant. S'il n'existait aucune autre preuve que je possédais ces qualités-là, mes expériences personnelles suffiraient à le démontrer. Le lecteur pourra en juger à la lecture de ces quelques exemples.

Alors que j'avais environ 14 ans, je voulus un jour effrayer quelques amis qui se baignaient avec moi. J'avais l'intention de plonger sous une longue structure flottante et de refaire tranquillement surface à l'autre bout. Je savais nager et plonger aussi naturellement qu'un canard et j'étais confiant dans mon succès. Je plongeai donc dans l'eau et lorsque je fus hors de vue, je me retournai et nageai très vite en direction opposée. Je pensai que j'avais largement dépassé la structure et je remontai à la surface, lorsqu'à ma grande consternation, ma tête heurta une poutre. Je replongeai très vite et me remis à nager très vite jusqu'à ce que l'air commençât à me manquer. Je remontai alors pour la deuxième fois, et ma tête toucha une nouvelle fois une poutre. Je commençai à désespérer. Toutefois, je rassemblai toute mon énergie et entrepris frénétiquement une troisième tentative, mais le résultat fut le même. Je ne pouvais plus respirer et la douleur devint insupportable ; la tête me tournait et je commençais à sombrer. C'est à ce moment-là, alors que la situation semblait désespérée, que j'ai eu un de ces flashes de lumière dans lequel la structure m'apparut en vision au-dessus de moi. Ai-je vu ou deviné qu'il y avait un petit espace entre la surface de l'eau et les planches qui reposaient sur les poutres, toujours est-il que, bien qu'au bord de l'évanouissement, je remontai et vins presser ma bouche près des planches ; je réussis à inhaler un peu d'air, mais malheureusement il était mélangé avec des gouttes d'eau qui ont failli me faire étouffer. J'ai répété cette procédure plusieurs fois comme en transe, jusqu'à ce que mon coeur, qui battait la chamade, revint à la normale et que je retrouvai mes esprits. Ensuite, je fis un certain nombre d'autres tentatives pour remonter à l'air libre, mais j'avais complètement perdu le sens de l'orientation, et j'échouai toujours. Finalement, je réussis malgré tout à sortir de mon piège, tandis que mes amis me croyaient déjà mort et s'étaient mis à la recherche de mon corps.

Cette imprudence mit fin aux baignades cet été-là ; toutefois, j'oubliai bientôt la leçon, et ce n'est que deux ans plus tard que je devais retomber dans une situation encore plus fâcheuse. Près de la ville où je faisais mes études à l'époque, il y avait une grande minoterie et un barrage qui traversait le fleuve. En règle générale, l'eau ne montait pas à plus de 5 à 8 cm au-dessus du barrage, et nager jusqu'à lui était un sport pas très dangereux auquel je m'adonnais souvent. Un jour, je me rendis seul au fleuve pour m'amuser comme d'habitude. Toutefois, lorsque je fus à une courte distance du mur, je réalisai avec effroi que l'eau avait monté et qu'elle m'emportait rapidement. J'essayai de revenir en arrière, mais il était trop tard. Heureusement, je réussis à m'agripper au mur avec les deux mains et donc à éviter d'être emporté par-dessus. La pression sur ma poitrine était très forte, et j'avais du mal à garder la tête hors de l'eau. Il n'y avait âme qui vive tout alentour et mes cris furent étouffés par le grondement de la cascade. Je m'épuisai petit à petit et eus de plus en plus de mal à résister à la pression. J'étais sur le point de lâcher prise et d'être précipité sur les rochers au bas de la cascade, lorsque je vis dans un éclair de lumière le diagramme familier illustrant le principe hydraulique qui veut que la pression d'un liquide en mouvement soit proportionnelle à la surface exposée, et automatiquement je me tournai sur mon flanc gauche. La pression fut réduite comme par magie et il me fut relativement plus facile de résister à la force du courant dans cette position. Cependant le danger était toujours là. Je savais que tôt ou tard je serais emporté dans les chutes d'eau, car il était impossible que des secours arrivent à temps, même si j'avais dû attirer l'attention de quelqu'un. Je suis ambidextre aujourd'hui, mais à l'époque j'étais gaucher et j'avais relativement peu de force dans mon bras droit. C'est pourquoi je n'osai pas me retourner pour me reposer sur l'autre côté, et il ne me restait donc plus rien d'autre à faire que de pousser mon corps le long du barrage. Il fallait que je m'éloigne du moulin auquel je faisais face, car le courant y était plus rapide et plus profond. Ce fut une entreprise longue et douloureuse et je fus près d'échouer à la fin, car je sentis une dépression dans le mur. Le peu de force qu'il me restait m'a quand même permis de la franchir, et je m'évanouis en atteignant la rive; c'est là que l'on m'a trouvé. Ma chair était à vif sur tout mon côté gauche, et il a fallu des semaines avant que la fièvre ne tombe et que je sois guéri. Ce ne sont que deux de mes nombreux accidents, mais ils suffisent à révéler que si je n'avais pas eu cet instinct d'inventeur, je ne serais pas là aujourd'hui pour en parler.

Les gens me demandent souvent comment et quand j'ai commencé mes inventions. Pour autant qu'il me souvienne, la première tentative fut assez ambitieuse, car elle impliquait à la fois l'invention d'un appareil et d'une méthode. Pour la première j'avais déjà un prédécesseur, mais je fus le fondateur de la deuxième. Voici comment cela s'est passé. Un de mes camarades de jeu avait reçu une ligne et tout le matériel de pêche, ce qui fut un événement dans le village; le lendemain, ils allèrent tous pêcher des grenouilles. J'étais resté seul parce que je m'étais justement disputé avec ce copain-là. Je n'avais jamais vu un vrai hameçon; je pensais qu'il s'agissait de quelque chose d'extraordinaire, doté de qualités particulières, et je regrettais vraiment de ne pas être de la partie. Poussé par cette frustration, je me procurai un morceau de fil de fer, martelai un bout en pointe acérée entre deux pierres, le recourbai et l'attachai à une ficelle solide. Ensuite, je coupai une baguette, réunis quelques appâts et descendis jusqu'au ruisseau où il y avait des grenouilles en abondance. Toutefois, je n'ai pas pu en pêcher une seule, et je commençai à perdre courage lorsque j'eus l'idée de lancer l'hameçon tout nu devant une grenouille assise sur une souche. Au début elle se tassa, puis, petit à petit, ses yeux sortirent de l'orbite et furent injectés de sang; elle enfla jusqu'à doubler de volume et happa rageusement l'hameçon. J'ai immédiatement tiré sur la ficelle. Je répétai inlassablement cette manoeuvre, et elle se montra infaillible. Lorsque mes camarades me rejoignirent, ils devinrent verts de jalousie parce qu'ils n'avaient rien attrapé du tout, malgré leur attirail sophistiqué. J'ai gardé le secret pendant très longtemps et je savourais mon monopole; toutefois, dans l'ambiance des fêtes de Noël, je leur ai vendu la mèche. Chacun alors fut capable de faire comme moi, et l'été suivant il y eut une hécatombe parmi les grenouilles.

Dans mon expérience suivante, il semblerait que ce fut la première fois que j'aie agi sous une impulsion instinctive; ces impulsions allaient me dominer ultérieurement et me pousser à mettre les énergies de la nature au service de l'humanité. En l'occurrence, j'ai utilisé des hannetons qui sont une véritable calamité dans ce pays, car parfois ils sont capables de casser les branches des arbres par le seul poids de leurs corps. Les buissons étaient noirs de hannetons. J'ai attaché quatre de ces bestioles sur des copeaux disposés en croix qui tournaient sur un pivot très mince et qui transmettaient leur mouvement à un disque plus grand, ce qui m'a permis d'obtenir une «puissance» considérable. Ces créatures étaient très performantes; une fois qu'elles avaient commencé à tournoyer, rien ne pouvait plus les arrêter; cela durait des heures, et plus il faisait chaud, plus elles travaillaient. Tout allait pour le mieux, lorsqu'un gamin bizarre entra en scène. C'était le fils d'un officier de l'armée autrichienne à la retraite. Ce galopin mangeait les hannetons vivants et en jouissait comme s'il dégustait les meilleures huîtres. Ce spectacle dégoûtant mit un terme à mes efforts dans ce domaine très prometteur et depuis, il m'est devenu impossible de toucher un hanneton ou un autre insecte.

Il me semble que c'est alors que j'ai commencé à démonter et à remonter les pendules de mon grand-père. J'ai toujours réussi la première opération, mais j'ai souvent échoué dans la deuxième. C'est pourquoi il mit un terme à mes activités d'une manière un peu brutale, et j'ai mis trente ans avant de reprendre une montre en mains. Peu de temps après cela, je me mis à fabriquer une espèce de fusil à bouchon, constitué d'un tuyau, d'un piston et de deux bouchons de chanvre. Pour tirer, il fallait presser le piston contre son ventre et pousser très vite le tube en arrière avec les deux mains. L'air entre les bouchons était alors comprimé et montait à une température élevée, jusqu'à ce que l'un des bouchons soit expulsé à grand bruit. L'astuce consistait à savoir sélectionner, parmi toutes les tiges creuses qui traînaient dans le jardin, celle qui avait un creux conique adapté,. Mon arme fonctionnait à merveille, mais mes activités entrèrent malheureusement en conflit avec les carreaux des fenêtres de notre maison, et je subis un découragement douloureux.

Si mes souvenirs sont exacts, j'ai ensuite commencé à tailler des épées dans des meubles mis à ma disposition. À cette époque, j'étais sous le charme de la poésie nationale serbe et plein d'admiration pour les actes de ses héros. Je passais des heures à abattre mes ennemis, représentés par les tiges de maïs, ce qui abîmait évidemment les récoltes, et me valut quelques fessées de ma mère, qu'elle ne me donna pas pour la forme mais avec le plus grand sérieux.

Tout cela, et bien d'autres choses encore, s'est passé avant que j'aie six ans et que je ne fréquente le cours préparatoire à l'école du village de Smiljan où je suis né. À la fin de cette année scolaire, nous déménageâmes à Gospic, une petite ville tout proche. Ce changement de résidence fut catastrophique pour moi. Cela m'a presque fendu le coeur de devoir me séparer de nos pigeons, de nos poules et de nos moutons, et de notre merveilleux troupeau d'oies qui s'envolaient dans les nuages le matin et qui revenaient gavées au crépuscule dans une formation de combat à faire pâlir de honte un escadron de nos meilleurs aviateurs actuels. Dans notre nouvelle maison, je me sentais comme un prisonnier regardant passer des étrangers dans la rue derrière ses stores. Ma timidité était telle que j'aurais préféré faire face à un lion rugissant qu'à un de ces types de la ville qui déambulaient sous les fenêtres. Toutefois, l'épreuve la plus dure fut celle du dimanche, lorsque je devais m'habiller et aller à la messe. Là il se passa un incident dont la seule pensée allait continuer de glacer mon sang comme du lait caillé pendant des années. C'était ma deuxième aventure dans une église, car peu de temps auparavant, j'avais été enfermé dans une vieille chapelle sur une montagne difficile d'accès, qui n'était fréquentée qu'une fois par an. Ce fut une expérience horrible, mais celle-ci était pire. Il y avait une dame très riche en ville, une femme gentille mais emplie de suffisance, qui venait toujours à la messe maquillée à outrance, vêtue d'une robe avec une énorme traîne, et accompagnée de sa suite. Un dimanche, je venais de faire sonner les cloches dans le beffroi et je me précipitais au bas des escaliers ; tandis que cette grande dame sortait d'un air majestueux, je sautai sur sa traîne. Elle se déchira dans un bruit formidable comme si une recrue inexpérimentée venait de tirer un feu de salve. Mon père était blanc de rage. Il me donna un léger soufflet sur la joue — le seul châtiment corporel que mon père m'ait jamais donné, mais je le ressens encore comme s'il datait d'hier. L'embarras de cette situation et la confusion qui a suivi sont inénarrables. Je fus quasiment mis au ban de la société jusqu'à ce quelque chose se passât qui me racheta dans l'estime de la communauté. Un jeune marchand très entreprenant avait fondé une caserne de pompiers.

La maison familiale des Tesla à Gospic. Le lycée où il fit ses études est partiellement visible sur la droite. L'homme en soutane, à droite, est l'oncle de Tesla, Petar, évêque orthodoxe serbe en Bosnie.

On avait acheté une nouvelle voiture de pompiers et des uniformes, et les hommes furent entraînés à des exercices de sauvetage, et à défiler. La voiture était en fait une pompe à incendie peinte en rouge et noir, que devaient faire marcher 16 hommes. Un après-midi, tout était fin prêt pour l'inauguration officielle, et le camion fut descendu à la rivière. Toute la population était là pour assister à ce grand spectacle. À la fin des discours et des cérémonies, l'ordre fut donné de pomper, mais il ne sortit pas une goutte d'eau du tuyau. Les professeurs et les experts essayèrent vainement de localiser la panne. C'était le fiasco total lorsque j'arrivai sur les lieux. Mes connaissances du mécanisme étaient nulles et je ne savais pratiquement rien en pneumatique, mais j'allai instinctivement inspecter le tuyau d'aspiration de l'eau dans la rivière, et je constatai qu'il était replié. Je m'avançai alors dans l'eau pour le déplier ; l'eau s'engouffra dans le tuyau et beaucoup d'habits du dimanche furent souillés. Lorsqu'Archimède courut tout nu dans la ville de Syracuse en hurlant « Eurêka ! », il n'a pas pu faire une plus grosse impression que moi ce jour-là. On me porta sur les épaules et j'étais le héros du jour.

Après notre installation dans cette ville, je commençai une formation de quatre ans à ce qu'on appelait l'école élémentaire secondaire, en préparation de mes études au lycée ou Real-Gymnasium. Durant toute cette période, mes efforts, mes exploits et mes ennuis allaient continuer. Je fus désigné, entre autres, champion national des pièges à corneilles. Ma manière de procéder était extrêmement simple. J'allais dans la forêt, je me cachais dans les fourrés et j'imitais le cri des oiseaux. D'habitude plusieurs me répondaient et un peu plus tard, une corneille descendait dans les buissons à côté de moi. Après quoi, il ne me restait plus qu'à lancer un bout de carton pour déjouer son attention, et de courir l'attraper avant qu'elle ait le temps de se dépatouiller des broussailles. C'est comme cela que j'en attrapais autant que je voulais. Toutefois, un jour, il se passa quelque chose qui me força à les respecter. J'avais attrapé un joli couple d'oiseaux et m'apprêtais à rentrer à la maison avec un ami. Lorsque nous quittâmes la forêt, des milliers de corneilles s'étaient rassemblées et faisaient un boucan effrayant. Elles nous prirent en chasse en quelques minutes et nous fûmes encerclés par les oiseaux. Soudain, je reçus un coup à l'arrière de ma tête qui m'a envoyé par terre. Les oiseaux alors m'attaquèrent de tous côtés ; je fus obligé de lâcher les deux oiseaux, et c'est avec soulagement que je pus rejoindre mon ami qui s'était réfugié dans une grotte.

Dans la salle de classe, il y avait quelques modèles mécaniques qui piquèrent ma curiosité et qui sont à l'origine de mon intérêt pour les turbines à eau. J'en construisis toute une série et je m'amusai beaucoup à les faire fonctionner. Je vais vous raconter un incident pour illustrer combien ma vie était extraordinaire. Mon oncle n'avait aucune estime pour ce genre de passe-temps et il me réprimandait souvent. J'avais pris connaissance d'une description fascinante des chutes du Niagara et j'avais imaginé qu'une énorme roue tournait grâce à ces chutes. Je dis à mon oncle qu'un jour, j'irai en Amérique pour réaliser ce rêve. Trente ans plus tard, mon projet sur les chutes du Niagara devint réalité, et je m'émerveillais du mystère insondable de l'esprit humain.

J'ai construit toutes sortes d'autres d'appareils et d'engins, mais les meilleurs que j'aie jamais réalisés étaient mes arbalètes. Quand je tirais mes flèches, elles disparaissaient de la vue et, à courte distance, elles pouvaient traverser une planche de pin de 2,5 cm d'épaisseur. Comme je me suis énormément exercé à tendre mes arcs, j'ai fini par avoir de la corne sur mon ventre, qui ressemble à une peau de crocodile, et je me demande souvent si c'est à cause de ces exercices que je suis, encore aujourd'hui, capable de digérer des petits cailloux ! Il faut que je vous dise aussi mes performances avec ma fronde qui m'auraient certaine-ment permis d'obtenir un succès fou à l'Hippodrome. Laissez-moi vous raconter un de mes exploits que j'ai réalisé avec cet ancien dispositif de guerre, qui va mettre à l'épreuve la crédulité des lecteurs. Je jouais avec ma fronde pendant que je marchais avec mon oncle le long de la rivière. Les truites s'amusaient à la nuit tombante et, de temps en temps, il y en avait une qui sautait hors de l'eau ; son corps brillant se reflétait net-tement sur un rocher émergé à l'arrière-plan. Évidemment, n'importe quel garçon aurait pu toucher un poisson dans des conditions aussi fa-vorables, mais j'élaborai un plan beaucoup plus difficile ; je décrivis à mon oncle ce que je voulais faire, dans les moindres détails. Je comp-

tais tirer une pierre qui devait toucher le poisson, l'envoyer contre le
rocher et le couper en deux. Aussitôt dit, aussitôt fait. Mon oncle me
regarda et cria, en proie à une peur bleue *Vade retro Satanas!* Il a fallu
que j'attende quelques jours avant qu'il ne m'adressât de nouveau la
parole. Je ne parlerai pas des autres exploits, quoique superbes; j'ai le
sentiment, cependant, que je pourrais tranquillement me reposer sur
mes lauriers pendant mille ans.

CHAPITRE III
MES TRAVAUX ULTÉRIEURS

La découverte du champ magnétique en rotation

À l'âge de dix ans, j'entrai au lycée, un bâtiment tout neuf et relativement bien équipé. Dans la salle de physique, il y avait plusieurs modèles d'appareils scientifiques classiques, des appareils électriques et mécaniques. Les enseignants nous faisaient de temps en temps des démonstrations et des expériences qui me fascinaient et qui furent un puissant aiguillon pour mes inventions. Par ailleurs, j'adorais les mathématiques et le professeur me félicitait souvent pour mes résultats en calcul mental. Je les devais à mon aptitude à visualiser facilement les nombres et à faire les opérations, non de la manière automatique classique, mais comme si les nombres existaient vraiment. Jusqu'à un certain degré de complexité, il importait peu que j'écrivisse les symboles sur le tableau ou que je les visualisasse mentalement. Néanmoins, mon emploi du temps comprenait plusieurs heures de dessin libre, une discipline qui m'ennuyait et que j'avais du mal à supporter. C'était d'autant plus étonnant que la majeure partie de ma famille excellait dans ce type d'activité. Peut-être mon aversion venait-elle tout simplement du fait que je ne voulais pas me perturber l'esprit. S'il n'y avait pas eu quelques garçons particulièrement stupides qui étaient incapables de quoi que ce soit, j'aurais eu les plus mauvaises notes de la classe. Toutefois, c'était un handicap sérieux car, dans le système éducatif d'alors, le dessin était obligatoire ; mon inaptitude représentait une menace pour toute ma carrière et mon père avait tout le mal du monde à me faire passer d'une classe à l'autre.

Lors de ma seconde année de formation dans ce lycée, je devins obsédé par l'idée de produire un mouvement continu en maintenant la pression de l'air. L'incident de la pompe, dont j'ai parlé plus haut, avait enflammé mon imagination d'enfant et j'étais impressionné par les multiples possibilités qu'offrait le vide. Mon désir d'exploiter cette énergie inépuisable grandit avec moi ; j'avançai cependant dans l'obscurité pendant plusieurs années. Finalement, mes efforts prirent forme dans une invention qui allait me permettre de réaliser ce qu'aucun autre mortel n'avait osé faire jusque là. Imaginez un cylindre capable de tourner librement sur deux paliers et partiellement entouré d'une cuve rectangulaire parfaitement ajustée. Le côté ouvert de la cuve est fermé par une cloison, de manière que le segment cylindrique à l'intérieur de la cuve divise le cylindre en deux compartiments, séparés par des joints coulissants hermétiques. Si un de ces compartiments est scellé et vidé de son air et si l'autre reste ouvert, il en résulte une rotation perpétuelle du cylindre. C'est du moins ce que je pensais.

Je me mis à construire un modèle en bois et l'assemblai avec d'infinies précautions ; je branchai la pompe sur un des côtés et je remarquai qu'effectivement le cylindre avait tendance à se mettre à tourner : j'étais fou de joie ! Je voulais arriver à faire des vols mécaniques, malgré un douloureux souvenir d'une chute que j'avais faite en sautant d'un toit avec un parapluie. Je voyageais mentalement tous les jours dans les airs et j'allais dans des régions très éloignées, mais je ne savais pas comment m'y prendre pour que ces rêves deviennent réalité. Et voilà que j'avais obtenu quelque chose de concret, une machine volante constituée d'un simple arbre rotatif, d'ailes battantes ... et d'un vide de puissance illimitée ! À partir de ce jour, je fis mes excursions journalières dans les airs, à bord d'un véhicule confortable et luxueux, digne du Roi Salomon. J'ai mis des années pour comprendre que la pression atmosphérique s'exerçait à angle droit sur la surface du cylindre et que le léger effet de rotation que j'avais remarqué était dû à une fuite ! Bien que j'en aie pris conscience étape par étape, j'allais éprouver un choc pénible.

Je venais à peine de finir ma formation au lycée, lorsque je fus atteint d'une maladie très grave, ou plutôt de toute une flopée de maladies, et mon état physique devint tellement désespérant que tout le corps médical déclara forfait. À cette époque, j'avais le droit de lire des livres non répertoriés par la Bibliothèque Municipale ; elle me les confiait pour que je classe ces ouvrages, afin de les intégrer dans ses catalogues. Un jour, on me remit quelques volumes d'un genre littéraire tout à fait nouveau qui m'était totalement étranger ; ils furent tellement captivants que j'en oubliais complètement mon état désespéré. C'étaient les premiers ouvrages de Mark Twain, et je crois que je leur dois mon rétablissement miraculeux qui s'ensuivit. Vingt-cinq ans plus tard, je racontai cette expérience à M. Clemens avec lequel je m'étais lié d'amitié, et je fus très surpris de voir ce grand auteur de satires amusantes se mettre à pleurer.

Je continuai mes études au lycée supérieur de Carlstadt en Croatie, où habitait une de mes tantes. C'était une femme distinguée, l'épouse d'un Colonel, un vétéran qui avait participé à plusieurs batailles. Je n'oublierai jamais les trois années que j'ai passées chez eux. La discipline qui y régnait était plus sévère que celle d'une forteresse en état de siège. J'étais nourri comme un canari. Tous les repas étaient d'excellente qualité et délicieux, mais la quantité aurait pu être multipliée par dix. Ma tante découpait le jambon en tranches pas plus épaisses que du papier de soie. Et lorsque le Colonel voulait me servir de manière plus substantielle, elle l'en empêchait en disant d'un ton énervé : « Fais donc attention, Niko est très fragile ! » J'avais un appétit d'ogre et je souffrais comme Tantale. Toutefois, je vivais dans une atmosphère de raffinement et de bon goût, ce qui était plutôt exceptionnel vu l'époque et les circonstances. Les terres étaient basses et marécageuses, et je fus victime du paludisme pendant toute la durée de mon séjour, malgré les nombreux médicaments que je prenais. À certaines périodes, le niveau du fleuve montait et déversait toute une armée de rats qui se précipitaient dans les maisons pour tout dévorer, jusqu'aux bottes de piments. Ce fléau fut pour moi un divertissement bienvenu. Je décimai les rats par toutes sortes de moyens, ce qui m'a valu la distinction peu enviable de meilleur chasseur de rats de toute la commune. Finalement, ma formation toucha à sa fin, la misère cessa, et j'obtins mon baccalauréat qui me conduisit à la croisée des chemins.

Durant toutes ces années, mes parents n'ont jamais faibli dans leur décision de me voir embrasser une carrière dans le clergé ; cette seule idée me remplissait de terreur. J'étais devenu très intéressé par l'électricité sous l'influence stimulante de mon professeur de physique qui était un vrai génie, et qui nous démontrait les principes avec des dispositifs qu'il avait lui-même inventés. Je me souviens de l'un d'eux : c'était un appareil qui ressemblait à une ampoule susceptible de tourner librement, recouverte d'une feuille d'étain, qui commençait à tourner rapidement quand il le connectait avec une machine statique. Il m'est impossible de vous donner une idée précise de l'intensité de mes émotions lorsque je le vis obtenir ces phénomènes mystérieux. Chaque observation résonnait des milliers de fois dans ma tête. Je voulais en savoir plus sur cette force merveilleuse. Je n'avais qu'une envie, c'était faire moi-même des expériences et des recherches, et c'est le coeur gros que je me pliai à l'inévitable.

Alors que je me préparais au long voyage du retour à la maison, on me dit que mon père voulait que je participe à une expédition de chasse. Cette demande m'a paru bien étrange, parce que jusque là, mon père s'était toujours violemment opposé à ce type de sport. Mais quelques jours plus tard, j'appris que le choléra faisait rage dans son district, et profitant d'une opportunité, je rentrai à Gospic sans tenir compte du voeu de mes parents. Il est inouï à quel point les gens étaient ignorants des véritables causes de cette terreur qui frappait le pays tous les 15 à 20 ans. Ils pensaient que les agents mortels étaient véhiculés par l'air et ils vaporisaient des parfums irritants dans les pièces et les enfumaient. Pendant ce temps, ils buvaient de l'eau infectée et mouraient en masse. J'ai attrapé cette maladie le jour même de mon arrivée, et bien qu'ayant surmonté la crise, je dus garder le lit pendant neuf mois durant lesquels je pus à peine bouger. Mon énergie était totalement épuisée, et je me retrouvais, pour la seconde fois, à l'article de la mort. Lors d'une de ces crises, dont tout le monde pensait qu'elle allait m'emporter, mon père fit irruption dans la pièce. Je me souviens encore de son visage blême alors qu'il tentait de me réconforter, mais le ton de sa voix trahissait son manque d'assurance. Je lui dis : « Peut-être que je vais me rétablir si tu me laisses faire mes études d'ingénieur. » Il me répondit d'un ton solennel : « Tu iras dans le meilleur institut technologique du monde », et je savais qu'il était sincère. Il venait d'enlever un poids énorme de mes épaules. Toutefois, le soulagement serait arrivé trop tard pour permettre que je me rétablisse, si je n'avais pas déjà suivi une cure fabuleuse d'une décoction amère d'un type particulier de graine. Je me relevai, tel Lazare d'entre les morts, au grand étonnement de tous. Mon père insista pour que je passe une année à faire des exercices physiques au grand air, ce que j'acceptai à contrecoeur. Je passai la plupart de ce temps à me promener en montagne, vêtu d'une tenue de chasse et quelques livres en poche ; ce contact avec la nature me revigora physiquement et mentalement. J'inventai beaucoup de choses et je fis des plans, mais en règle générale, ils étaient loin de la réalité. Mon imagination était assez bonne mais ma connaissance des principes très limitée. Avec l'une de mes inventions, je voulais faire des envois transocéaniques de lettres et de colis à travers un tuyau sous-marin, dans des conteneurs sphériques capables de résister à la pression hydraulique. J'avais soigneusement conçu et dessiné la station de pompage qui devait envoyer l'eau dans le tuyau, et tous les autres détails étaient très bien étudiés. Il n'y eut qu'un détail insignifiant que j'ai traité à la légère. J'avais supposé une vitesse arbitraire de l'eau et, qui plus est, je m'amusais à l'augmenter encore, ce qui me permettait d'arriver à des résultats stupéfiants corroborés par mes calculs sans fautes. Toutefois, mes études ultérieures sur la résistance des tuyaux aux fluides, me décidèrent de laisser à d'autres le soin de perfectionner cette invention.

Un autre de mes projets était la construction d'un anneau autour de l'équateur, capable de flotter librement et qui pouvait être arrêté dans son mouvement de rotation par des forces contraires, ce qui permettrait de voyager à raison de 1600 kilomètres par heure, une vitesse impensable en train. Le lecteur doit sourire. Je veux bien admettre que le plan était difficilement réalisable, mais moins que celui de ce professeur new-yorkais qui voulait pomper l'air des régions chaudes vers les régions plus froides, ignorant complètement que le Seigneur avait déjà créé un mécanisme géant dans ce même but.

Un autre plan encore, beaucoup plus important et passionnant, était de puiser l'énergie du mouvement rotatif des corps terrestres. J'avais découvert que les objets, à la surface de la Terre, grâce à la rotation journalière du globe, sont emportés par lui alternativement vers et contre la direction du mouvement de translation. Cela entraîne un grand changement dans le moment, qui pourrait être utilisé de la manière la plus simple pour fournir une force motrice dans toute région habitée du globe. Je ne peux pas trouver les mots pour dire combien j'ai été déçu, lorsque je découvris plus tard que j'étais dans la même situation fâcheuse qu'Archimède qui avait vainement cherché un point fixe dans l'univers.

À la fin de mes vacances, je fus envoyé à l'École Polytechnique de Graz, en Styrie, que mon père considérait comme une des plus anciennes et des meilleures institutions. Ce fut un moment très attendu et j'entamai mes études sous de bons auspices, fermement décidé à réussir. Ma formation antérieure était au-dessus de la moyenne grâce à l'enseignement de mon père et à des opportunités qui m'avaient été offertes. J'avais appris un certain nombre de langues et potassé les livres de plusieurs bibliothèques, glanant des informations plus ou moins utiles. C'est alors que, pour la première fois, je pus choisir les disciplines que j'aimais, et le dessin à main levée ne devait plus m'ennuyer. J'avais décidé de faire une surprise à mes parents, et durant la première année, je commençais à étudier régulièrement à trois heures du matin pour finir vers onze heures le soir, les dimanches et les vacances inclus. Comme la plupart de mes camarades étudiants prenaient les choses à la légère, j'ai toujours obtenu facilement les meilleurs résultats. Au cours de cette année, je réussis neuf examens, et mes professeurs estimaient que je méritais plus que les meilleures notes. Armé de mes certificats très flatteurs, je rentrai à la maison pour un bref repos ; je m'attendais à un accueil triomphal et je fus vexé à mort lorsque mon père dévalua ces honneurs que j'avais eu tant de mal à obtenir. Toute mon ambition en fut presque anéantie. Toutefois, quelque temps après sa mort, j'ai été peiné de trouver toute une pile de lettres que mes professeurs lui avaient écrites pour le prévenir que s'il ne me retirait pas de l'Institut, j'allais mourir de surmenage. Je me suis alors consacré entièrement aux études de la physique, de la mécanique et des mathématiques, en passant tout mon temps libre dans les bibliothèques. Finir ce que j'avais commencé tournait à la manie, et m'a souvent créé bien des problèmes.

Un jour, j'avais commencé à lire les oeuvres de Voltaire, lorsque j'appris, à ma grande consternation, que ce monstre avait rédigé pas moins de cent gros volumes imprimés en petits caractères, en buvant journellement 72 tasses de café noir. Il fallait que je les lise tous, mais lorsque je reposai le dernier livre, je fus très heureux et me dis : « Plus jamais ça ! »

Mes performances de la première année m'avaient valu l'estime et l'amitié de plusieurs professeurs. Parmi eux, il y avait le professeur Rogner qui enseignait l'arithmétique et la géométrie, le professeur Poeschl, qui tenait la chaire en physique théorique et expérimentale, et le Docteur Allé qui enseignait le calcul intégral et qui était spécialisé dans les équations différentielles. Ce scientifique fut le conférencier le plus brillant que j'aie jamais entendu. Il s'intéressa particulièrement à mes progrès et resta souvent une heure ou deux avec moi dans la salle de conférences pour me soumettre des problèmes que je résolvais à la perfection. C'est à lui que j'expliquai une de mes inventions de machine volante ; ce n'était pas une invention illusoire, mais basée sur des principes scientifiques intelligents ; elle est devenue réalisable grâce à ma turbine et fera bientôt son entrée dans le monde. Les professeurs Rogner et Poeschl étaient bizarres tous les deux. Le premier avait un tic dans sa façon de s'exprimer, dont les élèves se moquaient bruyamment à chaque fois ; suivait alors un silence long et embarrassant. Professeur Poeschl était un homme méthodique et typiquement allemand. Il avait des mains et des pieds énormes, comme les pattes d'un ours ; néanmoins, il menait ses expériences avec beaucoup d'adresse et une précision d'horloger, sans jamais faire la moindre erreur.

C'est au cours de ma deuxième année à l'Institut que nous reçûmes une dynamo Gramme de Paris, qui avait un aimant inducteur laminé en forme de fer à cheval, et une armature entourée de fils avec un commutateur. Elle fut branchée et le Professeur Poeschl nous montra des effets variés du courant. Tandis qu'il faisait les démonstrations, la machine fonctionnant comme un moteur, les balais posèrent problème en lançant des étincelles ; je fis alors remarquer que l'on pouvait faire fonctionner un moteur sans ces dispositifs. Là-dessus, il déclara que j'avais tort, et il nous gratifia d'un cours particulier sur le sujet, à la fin duquel il observa :

« M. Tesla est peut-être capable de faire de grandes choses, mais il lui est impossible de réussir sur ce point. Cela reviendrait à convertir une force d'attraction constante, comme celle de la gravité, en mouvement de rotation, en d'autres termes en mouvement perpétuel, ce qui est inconcevable. » Toutefois, l'intuition est quelque chose qui transcende la connaissance. Nous possédons sans doute certains nerfs plus fins qui nous permettent de percevoir la vérité lorsque la déduction logique, ou tout autre effort volontaire du cerveau, est infructueuse. J'en fus troublé pendant quelque temps, impressionné par l'autorité du professeur, mais je fus bientôt convaincu que j'avais raison, et je me mis au travail avec toute l'ardeur et la confiance sans bornes de la jeunesse.

Je commençai à imaginer une machine à courant continu, à visualiser son fonctionnement et je suivis le flux changeant du courant électrique dans l'armature. Ensuite, j'imaginai une machine à courant alternatif (un alternateur) et je suivis son processus de fonctionnement de la même manière. Pour finir, je visualisai des systèmes comprenant des moteurs et des générateurs qui fonctionneraient de différentes manières. Les images que je voyais étaient parfaitement claires et tangibles. Tout le temps que je devais encore passer à Graz fut consacré à des efforts intenses mais stériles dans ce sens, et je commençais à baisser les bras, pensant que le problème était insoluble.

En 1880, je me rendis à Prague, en Bohême, pour répondre au voeu de mon père de compléter mon éducation dans cette université. C'est dans cette ville que je fis une avancée certaine : je détachai le commutateur de la machine et étudiai le phénomène sous ce nouvel angle ; toutefois, les résultats n'étaient toujours pas concluants. L'année suivante, ma philosophie de la vie se modifia brusquement. Je réalisai que mes parents faisaient trop de sacrifices pour moi, et je décidai de les décharger de ce fardeau. La vague du téléphone américain venait de déferler en Europe et le système devait être installé à Budapest, en Hongrie. Cela me parut une opportunité idéale, d'autant plus qu'un ami de la famille se trouvait à la tête de l'entreprise. Ce fut alors que je fis ma plus grave dépression nerveuse, dont j'ai déjà parlé plus haut. Ce que j'ai dû endurer durant ma maladie dépasse toute imagination. Ma vue et mon ouïe ont toujours été exceptionnelles. Je pouvais clairement discerner des objets à une distance où les autres ne voyaient rien du tout. Dans mon enfance, j'ai souvent empêché que les maisons de nos voisins prennent feu, en appelant les secours dès que j'entendais les légers craquements et grésillements annonciateurs d'un incendie ; ces signes leur étaient inaudibles et ne perturbaient pas leur sommeil.

Un des premiers moteurs à induction polyphasé de Tesla, présenté pour la première fois en 1888 devant l'Institut américain des ingénieurs en électrotechnique. Le champ magnétique en rotation obtenu dans ce moteur par des courants alternatifs « déphasés » dans les bobines stationnaires, fait tourner le rotor en induisant des courants secondaires dans le rotor : le champ magnétique secondaire créé par ces courants amène le rotor à rattraper le champ magnétique primaire en rotation; bien que s'en approchant, il ne le rattrape jamais. Ce moteur est celui des moteurs existants qui a le moins de problèmes : son rotor, dépourvu de collecteurs créateurs d'étincelles, de bagues et autres connexions électriques, est la seule partie du moteur en mouvement, et de ce fait, seuls les roulements du rotor sont susceptibles de s'user.

En 1899, lorsque, à plus de 40 ans, je menais mes expériences au Colorado, je pouvais entendre très nettement des coups de tonnerre à près de 900 km de là. Mes assistants plus jeunes avaient une ouïe qui ne dépassait guère les 250 km. Mon oreille avait donc une sensibilité treize fois supérieure. Pourtant, à cette époque, j'étais, pour ainsi dire, sourd comme un pot, en comparaison avec l'acuité auditive durant ma dépression nerveuse. À Budapest, je pouvais entendre le tic-tac d'une pendule qui se trouvait trois pièces plus loin. Une mouche venant se poser sur la table dans la pièce créait un bruit sourd dans mon oreille. Une voiture roulant à plusieurs kilomètres de moi faisait trembler tout mon corps. Le sifflement d'une locomotive, passant entre 30 et 50 km plus loin, faisait vibrer le banc ou la chaise sur lequel j'étais assis à un point tel que la douleur devenait insoutenable. Le sol sous mes pieds n'arrêtait pas de trembler. Si je voulais dormir tant soit peu, il fallait que je pose des coussinets en caoutchouc sous les pieds de mon lit. J'avais souvent l'impression que des grondements proches ou lointains devenaient des paroles qui auraient pu m'effrayer si je n'avais pas été en mesure d'en analyser les composants insignifiants. Lorsque j'interceptais périodiquement les rayons du soleil, je ressentais dans ma tête des coups d'une telle violence qu'ils m'étourdissaient. Il me fallait rassembler tout mon courage pour passer sous un pont ou toute autre structure, car j'avais alors l'impression qu'on enfonçait mon crâne. Dans l'obscurité, j'avais la sensibilité d'une chauve-souris, et un fourmillement bien spécifique sur mon front me permettait de détecter la présence d'objets à une distance de plus de 3,5 m. Mon coeur pouvait monter à plus de 260 pulsations par minute, mais le plus difficile à supporter, c'était les tremblements et les contractions nerveuses très douloureuses de tous les tissus de mon corps. Un médecin très réputé qui m'administrait journalièrement de fortes doses de bromure de potassium, déclara que j'étais atteint d'une maladie unique et incurable. Je regretterai toujours de ne pas avoir été, à cette époque, examiné par des spécialistes en physiologie et en psychologie. Je m'accrochais désespérément à la vie, mais je ne m'attendais pas à guérir. Peut-on imaginer qu'une telle épave physique se transformerait en un homme d'une ténacité et d'une force étonnantes, capable de travailler pendant trente huit ans sans pratiquement s'arrêter un seul jour, et toujours se sentir jeune et fort dans son corps comme dans son esprit? Tel est mon cas. Un puissant désir de vivre et de continuer de travailler, associé à l'aide d'un ami et athlète dévoué, permirent ce miracle. Ma santé revint et avec elle la force mentale. Lorsque je réattaquai le problème, je regrettai presque que la bataille fût sur le point de se terminer. Il me restait tellement d'énergie. Lorsque je m'attelai à la tâche, ce n'était pas avec le type de résolution que les hommes prennent généralement; pour moi, il s'agissait d'un voeu sacré, c'était une question de vie ou de mort. Si je devais échouer, je savais que je périrais. Maintenant, j'avais l'impression que j'avais gagné la bataille. La solution se trouvait dans les recoins les plus profonds de mon esprit, mais je ne pouvais pas encore lui permettre de s'exprimer librement. Je me souviendrai toujours de cet après-midi où je me promenai avec un ami dans les jardins publics en récitant de la poésie. À cet âge-là, je connaissais plusieurs livres par coeur et étais capable de les réciter mot pour mot. L'un d'eux était le Faust de Goethe. Le soleil était en train de se coucher quand je me remémorai ce passage grandiose:

°*Et le soleil descend dans le jour accompli; Il fuit pour engendrer mille formes nouvelles.*
Ah! pour l'accompagner que n'ai-je donc des ailes
Qui m'enlèvent bien loin de ce sol avili!

Beau rêve dont déjà s'éteignent les accords.
Pourquoi faut-il que ne réponde
À l'aile de l'esprit aucune aile du corps!"*

*Extrait de FAUST de Goethe, Flammarion,
Paris, 1984. Traduction de Jean Malaplate

Lorsque je prononçai ces mots évocateurs, une idée me vint comme le flash d'un éclair et la vérité me fut instantanément révélée. Avec un bâton, je dessinai dans le sable les diagrammes que mon compagnon comprit sur-le-champ ; je devais les présenter six ans plus tard à l'Institut américain des ingénieurs en électrotechnique. Les images que je voyais étaient claires et nettes et avaient la solidité du métal et de la pierre, si bien que je lui dis : « Vois ce moteur, et regarde comment je vais l'inverser. » Je ne peux pas vous décrire mes émotions. Pygmalion, lorsqu'il vit sa statue se mettre à bouger ne pouvait pas avoir été plus ému que moi. J'aurais donné mille secrets de la nature que j'avais découverts accidentellement pour celui que je venais de lui extorquer contre toute attente, et au péril de ma vie.

Nikola Tesla, âgé de 39 ans,
à l'apogée de sa renommée.

CHAPITRE IV
LA DÉCOUVERTE DE LA BOBINE ET DU TRANSFORMATEUR-TESLA

J'allai me consacrer entièrement, et avec un immense plaisir, à imaginer des moteurs et à développer de nouveaux types. J'étais mentalement dans une félicité que je n'avais jamais connue auparavant. Les idées affluaient de manière ininterrompue, et mon seul problème était de les retenir. Les pièces des appareils que je concevais étaient pour moi parfaitement réelles et tangibles, jusque dans leurs moindres détails et je pouvais même relever leurs tout premiers signes d'usure. J'aimais imaginer les moteurs en fonctionnement perpétuel, car c'était un spectacle plus fascinant. Lorsqu'un penchant naturel se transforme en désir passionné, on avance vers son but chaussé de bottes de sept lieues. J'ai conçu, en l'espace de deux mois, pratiquement tous les types de moteurs et toutes les modifications des systèmes qui portent aujourd'hui mon nom. Les contingences de la vie ordonnèrent que j'arrête temporairement mes activités mentales stressantes, et je me demande si ce ne fut pas, tout compte fait, une providence. Une nouvelle prématurée, concernant l'administration des téléphones, m'a poussé à venir à Budapest et l'ironie du sort a voulu que j'accepte un poste de designer au Bureau Central des Télégraphes du gouvernement hongrois, pour un salaire dont je tairai le montant, car il serait inconvenant de le dévoiler ! Je sus, par bonheur, gagner la confiance de l'inspecteur en chef, qui me demanda d'effectuer les calculs, les plans et les estimations de nouvelles installations, jusqu'à ce que le réseau téléphonique soit opérationnel ; j'allai alors en prendre la direction. Les connaissances et les expériences pratiques que j'acquis durant cette fonction me furent très précieuses et j'eus beaucoup d'opportunités pour exercer mes talents d'inventeur. J'ai procédé à plusieurs améliorations des dispositifs du système central et j'ai mis au point un amplificateur téléphonique qui n'a jamais été déposé aux brevets et qui ne fut jamais décrit publiquement, mais qui aujourd'hui encore, me reviendrait. En reconnaissance de mes bons services, M. Puskas, l'administrateur de l'entreprise, lorsqu'il céda son affaire à Budapest, m'offrit un poste à Paris que j'acceptai avec joie.

Je n'oublierai jamais la profonde impression que cette ville magique a gravée dans mon esprit. Après mon arrivée, je passai plusieurs jours à errer dans les rues complètement bouleversé par ce nouveau spectacle. Les tentations étaient nombreuses et irrésistibles et, hélas, toute ma paie fut dépensée sitôt que je l'eus empochée. Lorsque M. Puskas vint prendre de mes nouvelles, je lui décrivis la situation très nettement en disant que « ce sont les 29 derniers jours du mois qui sont les plus difficiles ! » Je menai alors une vie très active qui ressemblait à ce qu'on appelle aujourd'hui « la mode Roosevelt ». Quel que fût le temps, j'allais tous les matins de mon lieu de résidence, boulevard St Marcel à une piscine en bordure de la Seine ; je plongeais dans l'eau, en faisais vingt-sept fois le tour, puis je marchais pendant une heure jusqu'à Ivry, où se trouvait l'usine de la société. C'est là que je prenais un petit-déjeuner frugal à sept heures et demie puis, j'attendais impatiemment l'heure du déjeuner ; entre temps, je devais casser des cailloux pour le directeur de l'usine, M. Charles Batchellor, qui était aussi un ami intime et l'assistant d'Edison. Par ailleurs, c'est ici que je fus mis en contact avec quelques Américains qui ont failli tomber amoureux de moi, à cause de mon adresse au... billard ! J'ai expliqué mes inventions à ces hommes, et l'un d'eux, M. D. Cunningham, chef du département mécanique, m'a proposé de fonder une société anonyme. Cette proposition me parut des plus bizarres. Je n'avais pas la moindre idée de ce que cela voulait dire, sauf que c'était une manière de régler les choses à l'américaine. Je n'eus toutefois pas y donner suite, car durant les mois qui ont suivi, je fus souvent en déplacement en France comme en Allemagne, afin de réparer les pannes dans les centrales électriques. De retour à Paris, je soumis à l'un des administrateurs de la société, M. Rau, un projet pour perfectionner leurs dynamos qui fut accepté. Mon succès fut total et les directeurs réjouis m'accordèrent le privilège de développer des régulateurs automatiques qui étaient très attendus. Peu de temps après, il y eut quelques problèmes avec l'installation électrique de la nouvelle gare à Strasbourg, en Alsace. Les câbles étaient défectueux et lors de la cérémonie d'inauguration, en présence du vieil empereur Guillaume Ier, il y eut une explosion suite à un court-circuit, qui arracha une grande partie du mur. Le gouvernement allemand ne voulut rien savoir, et pour la société française c'était une grosse perte. En raison de ma connaissance de l'allemand et de mes expériences passées, on me confia la tâche difficile d'arranger les choses, et c'est dans cette optique que je partis pour Strasbourg, au début de 1883.

Il y eut certains incidents dans cette ville qui m'ont laissé des souvenirs indélébiles. Par une étrange coïncidence, plusieurs hommes qui par la suite allèrent devenir célèbres, vivaient alors dans cette ville. Plus tard je devais dire: «Le virus de la célébrité faisait rage dans cette vieille ville. D'aucuns en ont été infectés, mais je l'ai échappé belle!» Mes travaux sur les lieux, ma correspondance, et les conférences avec des officiels, occupaient mes jours et mes nuits; toutefois, sitôt que je le pus, j'entrepris la construction d'un moteur simple dans un atelier de mécanique en face de la gare; c'est dans ce but que j'avais apporté certains matériaux de Paris. Les expérimentations furent cependant repoussées jusqu'à l'été, et j'eus enfin la satisfaction de voir un effet de rotation obtenu avec des courants alternatifs de différentes phases et sans contacts glissants ou commutateur, exactement comme je l'avais conçu un an auparavant. Ce fut un vif plaisir, qui n'avait cependant rien

à voir avec la joie délirante qui avait suivi ma première vision.

Parmi mes nouveaux amis se trouvait l'ancien maire de la ville, M. Bauzin, auquel j'avais déjà, dans une certaine mesure, fait connaître cette invention et quelques autres, et que je me suis efforcé de rallier à ma cause. Il m'était sincèrement dévoué et il présenta mon projet à plusieurs personnalités très riches; toutefois, à ma grande déception, il ne trouva aucun écho. Il a cherché à m'aider par tous les moyens possibles, et à l'approche de ce 1er juillet 1919, je me souviens avoir reçu une sorte «d'aide» de cet homme charmant, non pas financière mais néanmoins très appréciable. En 1870, lorsque les Allemands envahirent le pays, M. Bauzin avait enterré une grande quantité de vin de Saint-Estèphe de

1801, et il en était arrivé à la conclusion qu'il ne connaissait pas d'autre personne plus méritante que moi, à qui il pourrait offrir ce précieux breuvage. C'est un de ces incidents inoubliables dont je parlais plus haut. Mon ami me pressa de rentrer à Paris au plus vite et d'y chercher des appuis. C'est bien ce qu'il me tardait de faire ; néanmoins, mes travaux et mes négociations prirent plus de temps, à cause de nombreux petits ennuis auxquels je dus faire face et, par moments, la situation semblait désespérée.

Je vais vous raconter une expérience plutôt cocasse, ne serait-ce que pour donner une idée du sens de la perfection et de « l'efficacité » des Allemands. Il fallait placer une lampe à incandescence dans un hall, et après que j'eus choisi le bon endroit, j'appelai un monteur pour qu'il effectue le branchement. Il y travailla pendant un certain temps, lorsqu'il décida qu'il fallait demander son avis à un ingénieur, ce qui fut fait. Ce dernier émit plusieurs objections, et, finalement, admit que la lampe devait être placée à 5 cm de l'endroit que j'avais désigné. Suite à cela, les travaux de branchement reprirent. Mais voilà que l'ingénieur parut préoccupé et il me dit qu'il fallait en avertir l'inspecteur Averdeck. Ce personnage important arriva alors, examina la chose, discuta, et finalement décida que la lampe devait être reculée de 5 cm, soit placée à l'endroit même que j'avais choisi. Toutefois, Averdeck lui-même ne tarda pas à avoir la frousse ; il me signala qu'il en avait informé l'inspecteur en chef Hieronimus et qu'il fallait attendre sa décision. L'inspecteur en chef ne devait pas pouvoir se libérer avant plusieurs jours, ayant d'autres obligations urgentes, et ce fut une chance qu'il ait accepté de se déplacer ; il s'ensuivit un débat de deux heures, au terme duquel il décida de faire déplacer la lampe de 5 cm. J'espérai que nous en étions au dernier acte, quand soudain il se retourna et me dit : « Le haut fonctionnaire Funke est tellement maniaque, que je ne me permettrai pas de donner des ordres pour le placement de cette lampe sans son accord explicite. » Par conséquent on s'attela aux préparatifs de la visite de cet éminent homme. Dès l'aube les travaux de nettoyage et d'astiquage commencèrent. Chacun se donna un coup de brosse, j'enfilai mes gants, et lorsque Funke arriva avec sa suite, il fut reçu en grande pompe. Après deux heures de délibération, il s'exclama soudain : « Il faut que j'y aille », et pointant un endroit au plafond, il m'ordonna de placer la lampe ici même. C'était exactement le point que j'avais choisi initialement.

À quelques variantes près, c'est ce qui se passait chaque jour ; j'étais déterminé toutefois à atteindre coûte que coûte mes objectifs et, finalement, mes efforts furent récompensés. Au printemps 1884, tous les points litigieux étaient réglés, la centrale était agréée, et je retournai à Paris avec une impatience fébrile. Un des administrateurs m'avait promis, en cas de succès, une compensation généreuse ainsi qu'une récompense équitable pour les améliorations que j'avais apportées à leurs dynamos, et j'espérai obtenir une somme importante. Ils étaient trois directeurs que j'appellerai A, B et C, pour des raisons d'ordre pratique. Lorsque j'appelai A, il me dit que B avait le dernier mot. Ce brave homme pensait que seul C pouvait décider, et ce dernier était presque sûr que A seul avait le pouvoir de décision. J'étais tombé dans un cercle vicieux, et je réalisai que ma récompense était un château en Espagne. L'échec total de mes tentatives pour obtenir des capitaux pour le développement de mon invention fut une nouvelle déception, et lorsque M. Batchellor me pressa de retourner en Amérique et de redessiner les plans des machines d'Edison, je décidai de tenter ma chance au pays qui promettait monts et merveilles. Mais j'ai failli rater cette chance. Je liquidai mes modestes biens, me fit prêter quelque argent et me retrouvai sur le quai de la gare lorsque le train avait déjà démarré. C'est alors que j'ai découvert que je n'avais plus ni argent, ni tickets. La question était de savoir comment réagir. Hercule, lui, avait beaucoup de temps pour tergiverser, mais moi, il fallait que je prenne une décision tout en courant à côté du train, la tête envahie par des émotions contraires, ressemblant à des oscillations dans un condensateur. Résolu, et grâce à mon habileté, je gagnai cette course contre la montre, et après avoir subi les expériences classiques, aussi banales que déplaisantes, je réussis à m'embarquer pour New York avec le restant de mes affaires, quelques poèmes et articles que j'avais rédigés, et un certain nombre de calculs se référant à la solution d'une intégrale insoluble et à ma machine volante. Durant le voyage, j'étais assis la plupart du temps à la poupe du bateau, attendant une occasion pour sauver quelqu'un d'une noyade, sans même penser au danger. Plus tard, lorsque j'eus intégré un peu du bon sens des Américains, je frémis à ce souvenir et m'émerveillai de mon ancienne folie.

J'aimerais pouvoir décrire mes premières impressions dans ce pays. Dans les contes arabes, j'avais lu que des génies avaient transporté des gens dans un pays de rêves, pour y vivre des aventures heureuses. Mon cas était juste l'inverse. Les génies m'avaient transporté d'un pays de rêves dans celui de la réalité. Je venais de quitter un monde de beauté et d'arts, fascinant à tous points de vue, pour un monde grossier et repoussant, où tout était gouverné par les machines. Un policier bourru agitait son bâton qui, pour moi, ressemblait plus à un rondin. Je l'abordai poliment, le priant de m'indiquer mon chemin. « Six blocs de maisons plus loin et à gauche », me dit-il, en me fusillant du regard. « C'est cela, l'Amérique ? » me demandai-je, désagréablement surpris. « Elle a un retard de cent ans sur l'Europe, pour ce qui est de sa civilisation. » Mais lorsque je partis pour l'étranger en 1889 — cinq ans après mon arrivée ici — je fus convaincu qu'elle avait plus de cent ans D'AVANCE sur l'Europe et rien jusqu'à ce jour n'a pu me faire changer d'avis.

Ma rencontre avec Edison fut un des événements mémorables de ma vie. J'étais stupéfié par cet homme admirable qui avait accompli tant de choses, sans antécédents fortunés et sans formation scientifique. J'avais appris une douzaine de langues, m'étais plongé dans la littérature et les arts, j'avais passé les plus belles années de ma vie dans des bibliothèques pour lire tous les manuels qui me tombaient entre les mains, des Principes de Newton aux romans de Paul de Kock, et j'eus le sentiment que j'avais gaspillé la majeure partie de mon temps. Toutefois, je ne fus pas long à reconnaître que c'était ce que j'avais eu de mieux à faire. J'ai gagné la confiance d'Edison en quelques semaines, et voilà comment cela s'est produit.

Sur le S.S. Oregon, le paquebot à vapeur le plus rapide à l'époque, les deux dispositifs d'éclairage étaient tombés en panne et son départ avait été ajourné. Comme la coque avait été bâtie après leur installation, il était impossible de les démonter. La situation était sérieuse et

Edison très ennuyé. Le soir venu, je pris les outils nécessaires et montai à bord du bateau, où je devais rester toute la nuit. Les dynamos étaient en très mauvais état, car elles avaient plusieurs courts-circuits et coupures, mais l'équipage aidant, je réussis à les remettre en bon état. À cinq heures du matin, en passant par la 5e Avenue pour aller à l'atelier, je tombai sur Edison accompagné de Batchellor et de quelques autres qui rentraient se coucher. « Voilà notre Parisien à traîner dehors toute la nuit », dit-il. Lorsque je lui dis que je venais de l'Oregon où j'avais réparé les deux machines, il me regarda sans souffler mot et continua son chemin. Lorsqu'il se fut un peu éloigné, je l'entendis dire cependant : « Batchellor, cet homme est sacrément doué », et à partir de là, j'eus les mains libres dans mon travail. Pendant près d'un an, je travaillais tous les jours sans exception de 10:30 H jusqu'au lendemain matin 5 H. Edison me dit : « J'ai eu beaucoup d'assistants très besogneux, mais vous, vous battez tous les records ! » Durant cette période, j'ai conçu 24 types de machines standards avec des noyaux courts, tous construits d'après le même modèle, pour remplacer les anciennes. Le manager m'avait promis 50 000 dollars à l'achèvement de ce travail, mais il s'avéra que ce n'était qu'une plaisanterie. Le coup fut très rude et je démissionnai.

Immédiatement après cela, certaines personnes vinrent me trouver pour me proposer de fonder, à mon nom, une société de lampes à arc. J'acceptai, car j'y voyais une opportunité pour développer mon moteur. Toutefois, lorsque j'abordai ce sujet devant mes nouveaux associés, ils dirent : « Non, nous voulons des lampes à arc ; votre courant alternatif ne nous intéresse pas. » En 1886, mon système à arc était au point et il fut adopté pour l'éclairage des usines et de la ville ; j'étais libre, mais je ne possédais rien d'autre qu'un joli certificat d'investissement en actions de valeur hypothétique. S'ensuivit alors une période de luttes dans un tout autre domaine pour lesquelles je n'étais pas préparé ; je fus finalement récompensé, et en avril 1887 fut fondée la Tesla Electric Company, m'offrant un laboratoire complètement équipé. Les moteurs que j'y ai construits étaient exactement tels que je les avais imaginés. Je ne fis aucune tentative pour améliorer le design, et ne fis que reproduire les images telles qu'elles m'étaient apparues mentalement, et néanmoins le fonctionnement des moteurs répondait toujours à mes attentes.

Au début de 1888, je conclus un arrangement avec la société Westinghouse pour la construction de ces moteurs à grande échelle. Il restait toutefois de nombreux points litigieux à résoudre. Mon système était basé sur l'utilisation de courant de basse fréquence, mais les experts de Westinghouse avaient choisi du courant de 133 Hz en raison de certains avantages lors de la conversion. Ils ne voulaient pas se défaire de leurs appareils de forme standard, et je dus faire le nécessaire pour adapter mon moteur à leurs exigences. Par ailleurs, il devint nécessaire de construire un moteur capable de marcher irréprochablement à cette fréquence avec deux fils, ce qui ne fut pas une mince affaire.

À la fin de 1889, ma présence à Pittsburg n'était plus vraiment nécessaire, et je retournai à New York où je repris mes expérimentations dans un laboratoire dans Grand Street ; je commençai immédiatement à planifier des machines de hautes fréquences. Les problèmes de construction dans ce domaine jusque là inexploré furent nouveaux et plutôt singuliers, et je rencontrai de nombreuses difficultés. J'écartai celles à induction, craignant de ne pas pouvoir produire des ondes sinusoïdales parfaites, qui étaient d'une grande importance pour la résonance. Si cela n'avait pas été nécessaire, j'aurais pu m'épargner beaucoup de travail. Une autre caractéristique décourageante avec cet alternateur de hautes fréquences, semblait être l'inconstance de sa vitesse qui menaçait d'imposer de sérieuses limitations à son utilisation pratique. J'avais déjà remarqué, lors de mes démonstrations devant l'Institut américain des ingénieurs en électrotechnique, qu'il se déréglait, qu'il fallait le réajuster, et je ne pensais pas à cette époque que j'allais trouver le moyen, des années plus tard, de faire fonctionner un tel moteur à vitesse constante, au point que les variations se limiteraient à une petite fraction d'un tour entre les charges extrêmes.

Il devint souhaitable, pour bien d'autres raisons, d'inventer un appareil plus simple pour la production d'oscillations électriques. En 1856, Lord Kelvin avait publié la théorie de la décharge du condensateur, mais personne ne mit jamais cette connaissance importante en application pratique. J'y ai vu des possibilités et ai entrepris le développement d'un appareil à induction basé sur ce principe. Mes progrès furent tellement rapides que je fus en mesure de montrer, lors de ma conférence en 1891, une bobine donnant des étincelles de près de 13 cm. C'est à cette occasion que j'ai franchement avoué aux ingénieurs qu'il y avait un défaut dans la transformation avec ce nouveau procédé, à savoir une perte dans la distance d'éclatement. Des recherches ultérieures ont montré que, quel que fut le milieu utilisé, l'air, l'hydrogène, la vapeur de mercure, l'huile ou un courant d'électrons, le rendement était le même. C'est une loi qui ressemble beaucoup à celle de la conversion de l'énergie mécanique. On peut faire tomber un poids à la verticale depuis une certaine hauteur, ou le transporter à un niveau inférieur par un moyen quelconque, cela ne joue pas sur le travail fourni. Toutefois et heureusement, ce problème n'est pas catastrophique, car si on détermine correctement les mesures des circuits de résonance, on peut obtenir un rendement de 85%. Depuis que j'ai publié sa découverte, cet appareil est entré dans l'usage courant et a révolutionné bien des secteurs d'activité. Cet appareil a encore un grand avenir devant lui. Lorsque j'obtins, en 1900, des décharges puissantes de plus de 30 m, et que je lançai un courant tout autour du globe, je me souvins de la toute petite étincelle qui fusa dans mon laboratoire dans Grand Street, et je frémis de plaisir, comme lorsque je découvris le champ magnétique en rotation.

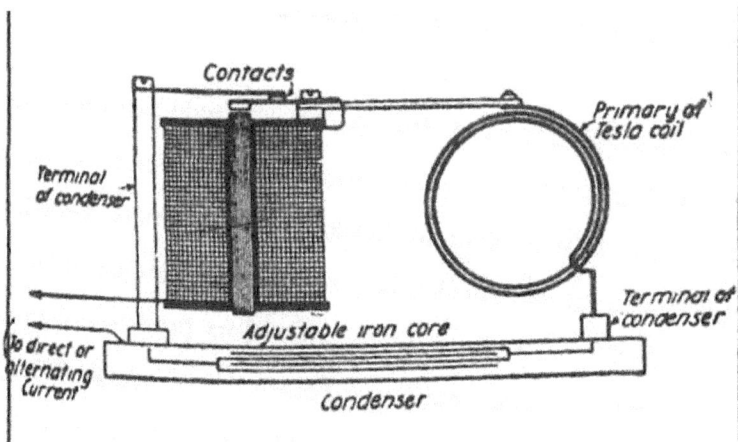

Schéma des connexions en circuit dans le transformateur oscillant. Le circuit secondaire qui se glisse dans le primaire est absent.

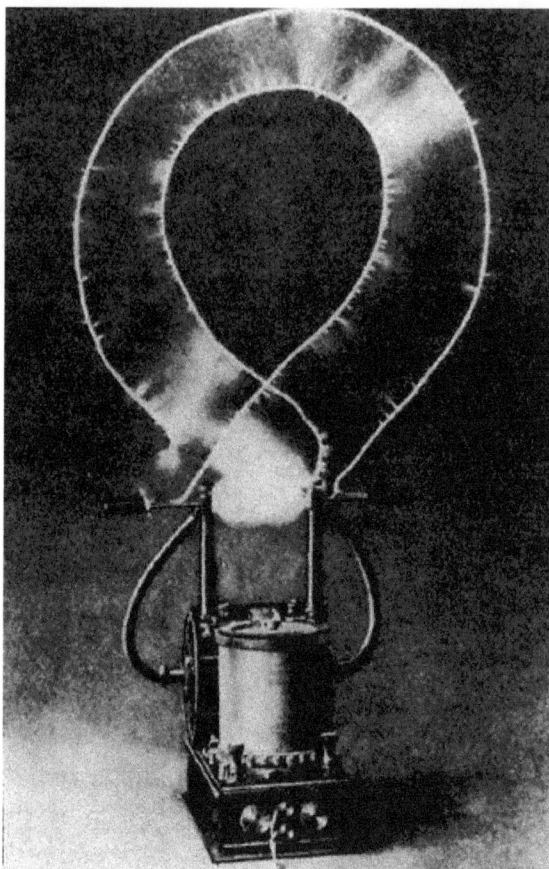

Le transformateur oscillant de Tesla (Bobine Tesla) présenté par Lord Kelvin devant la British Association, en août 1897. Ce petit dispositif compact de 20 cm de haut, donnait des serpentins lumineux de 0,2 m2, en utilisant une puissance de 25 watts du circuit d'alimentation de 110 Volts continu. Il était constitué d'un Tesla primaire et secondaire, d'un condensateur et d'une commande du circuit.

CHAPITRE V
LE TRANSMETTEUR AMPLIFICATEUR

En me remémorant les événements passés, je prends conscience que les influences qui déterminent notre destin sont bien subtiles. Cet incident survenu dans ma jeunesse pourra en justifier. Un jour d'hiver, j'ai escaladé une montagne très raide en compagnie d'autres garçons. Le manteau neigeux était plutôt épais et un doux vent du sud était propice à nos jeux. Nous nous amusions à lancer des boules de neige sur la pente, qui roulaient alors jusqu'à une certaine distance en amassant toujours plus de neige ; c'était à qui réussirait à faire la boule la plus grosse. Soudain, une boule alla plus loin que les autres, grossissant dans des proportions énormes jusqu'à atteindre la taille d'une maison ; elle plongea dans un bruit de tonnerre dans la vallée, avec une telle force que le sol en trembla. J'étais stupéfait et incapable de comprendre ce qui avait bien pu se passer. L'image de cette avalanche devait me poursuivre pendant plusieurs semaines, et je me demandai comment une masse aussi petite pouvait se transformer en quelque chose d'aussi énorme. À partir de ce moment-là, je fus fasciné par l'amplification des actions de faible amplitude, et c'est avec beaucoup d'intérêt que j'entamai mes recherches expérimentales sur la résonance mécanique et électrique, quelques années plus tard. Il est probable que si je n'avais pas vécu cette première impression forte, je n'aurais pas poursuivi mes travaux après avoir obtenu la première petite étincelle avec ma bobine, et je n'aurais jamais développé ma meilleure invention, dont je vais maintenant et pour la première fois, raconter la véritable histoire.

Les « chasseurs de célébrités » m'ont toujours demandé quelle était, selon moi, ma meilleure invention. Cela dépend du point de vue. Un grand nombre de techniciens, des hommes très doués dans leur propre spécialité mais dominés par un esprit pédant et myopes, ont prétendu que mis à part le moteur à induction, je n'aurais rien apporté d'autre qui soit utile à ce monde. C'est une erreur grossière. Il faut se garder de juger une nouvelle idée à ses résultats immédiats. Mon système de transmission de courant alternatif arriva à point nommé et fut accueilli comme une solution longtemps recherchée dans les milieux industriels ; et bien qu'il fallût surmonter certaines résistances féroces et concilier des intérêts opposés, comme d'habitude, son introduction commerciale n'allait pas tarder.

Maintenant, comparez cette situation avec celle dans laquelle je me trouvai avec ma turbine, par exemple. On pourrait penser qu'une invention aussi simple et belle, possédant beaucoup de caractéristiques d'un moteur idéal, serait acceptée sur-le-champ ; cela aurait été effectivement le cas si les conditions l'avaient permis. Toutefois, les applications futures du champ magnétique n'allaient pas discréditer les machines existantes, bien au contraire, elles n'en eurent que plus de valeur. Le système se prêtait tout aussi bien pour les nouvelles initiatives que pour améliorer les anciens appareils. Ma turbine est une avancée d'un caractère tout à fait différent. Elle représente un changement radical, en ce sens que son succès signifierait l'abandon des moteurs vieillis pour lesquels on a dépensé des milliards de dollars. Dans de telles circonstances, les progrès sont nécessairement lents, et peut-être que le plus gros frein est dans les préjugés qu'une force d'opposition organisée a ancrés dans la tête des experts. L'autre jour encore, j'eus une amère déconvenue quand je rencontrai mon ami et ancien assistant, Charles F. Scott, qui est aujourd'hui professeur en ingénierie électrique à l'Université de Yale. Cela faisait longtemps que je ne l'avais pas vu et j'étais heureux de pouvoir bavarder avec lui dans mon bureau. Au cours de notre conversation, nous allions évidemment aborder le sujet de ma turbine, et mon enthousiasme était délirant. Je m'exclamai en pensant à son glorieux futur, « Scott, ma turbine va envoyer tous les autres moteurs thermiques dans le monde à la casse ! » Scott se caressa le menton et détourna son regard, comme s'il était en train de faire un calcul mental. « Cela fera un sacré tas de ferraille », dit-il, et il partit sans ajouter un seul mot !

Toutefois, ces inventions, comme d'autres, n'étaient rien de plus qu'un pas en avant dans certaines directions. En les développant, je ne faisais rien d'autre que de suivre mon instinct inné à améliorer les appareils existants, sans porter un intérêt particulier à nos problèmes plus urgents. Le «Transmetteur Amplificateur» est le fruit de travaux qui ont duré des années, et dont l'objectif principal était de trouver une solution à des problèmes qui sont bien plus importants pour l'humanité que ne l'est le seul développement industriel.

Si mes souvenirs sont exacts, c'est en novembre 1890 que je fis une expérimentation dans mon laboratoire, qui fut l'une des plus extraordinaires et spectaculaires jamais enregistrées dans les annales de la science. En faisant des recherches sur le comportement des courants de hautes fréquences, je fus convaincu que l'on pouvait produire, dans une pièce, un champ électrique d'une intensité suffisante pour allumer des tubes à vide sans électrodes. C'est pourquoi je construisis un transformateur pour tester ma théorie et les premiers essais furent un vrai succès. Il est difficile de se faire une idée de ce que ces phénomènes étranges représentaient à l'époque. On a des envies furieuses de sensations nouvelles, mais on a vite fait d'y devenir indifférent. Les miracles d'hier sont aujourd'hui des choses tout à fait banales. Lorsque j'ai montré mes tubes en public pour la première fois, les gens les regardaient avec un étonnement difficile à décrire. Des invitations pressantes me parvinrent de tous les coins du monde et on m'offrit de nombreuses distinctions honorifiques et autres flatteries que j'ai toutes déclinées.

Toutefois, en 1892 la pression devint tellement forte que je partis pour Londres, où je fis une conférence devant l'Institut des ingénieurs en électrotechnique. J'avais l'intention de repartir immédiatement pour Paris où j'avais des obligations similaires, mais Sir James Dewar insista pour que je me présente à l'Institut Royal. J'étais homme à tenir ses résolutions, mais je cédai facilement devant les arguments de poids de ce grand Écossais. Il me poussa dans un fauteuil et me versa un demi verre d'un joli liquide brun, qui pétillait de toutes sortes de couleurs chatoyantes et avait le goût d'un nectar. «Bien», dit-il, «vous êtes assis sur la chaise de Faraday et vous dégustez le whisky qu'il avait l'habitude de boire.» C'est pour ces deux raisons que ma situation était très enviable.

Le lendemain soir, je fis une démonstration devant cette institution, à la fin de laquelle Lord Rayleigh s'adressa au public et ses mots bienveillants furent l'aiguillon pour mes travaux de recherches. Je m'enfuis de Londres et plus tard de Paris, pour échapper à tous les honneurs envahissants, et allai passer quelque temps dans ma patrie où j'allais subir une épreuve et une maladie des plus éprouvantes. Après mon rétablissement, je commençai à formuler des plans pour reprendre mes travaux en Amérique. Je n'avais jamais réalisé jusque là que je possédais des dons d'invention particuliers, mais Lord Rayleigh qui représentait pour moi l'idéal du scientifique, l'avait affirmé et si tel était le cas, je sentis que je devais me concentrer sur quelque chose de grand.

La turbine sans ailettes de Tesla. À l'intérieur du bâti central, en forme de crêpe, se trouvent plusieurs disques, ressemblant aux disques plats d'une charrue très peu espacés, qui sont fixés sur l'arbre moteur dont on voit les saillies sur les deux côtés. Lorsqu'on injecte de l'air, de la vapeur ou tout autre gaz sous pression entre les disques, l'adhérence en surface transfère régulièrement l'énergie cinétique du gaz aux disques, entraînant leur rotation. Lorsqu'on le fait marcher en sens inverse, l'appareil fonctionne comme un compresseur à gaz. (Musée Tesla/Institut Smithsonian)

Un jour, alors que j'errai dans la montagne, je dus me mettre à la recherche d'un abri, car l'orage menaçait. Le ciel se couvrit de lourds nuages, toutefois la pluie ne tomba pas avant qu'un violent éclair ne déchirât le ciel ; quelques instants plus tard, ce fut le déluge. Ce spectacle me fit réfléchir. Il était manifeste que les deux phénomènes étaient intimement liés comme cause et effet, et j'en vins à conclure que l'énergie électrique impliquée dans la précipitation de l'eau était négligeable, l'éclair ayant une fonction ressemblant à celle d'un déclencheur sensible. Voilà un domaine qui offrait d'énormes possibilités de développement. Si on arrivait à produire des effets électriques de la qualité voulue, on pourrait transformer toute la planète et nos conditions de vie. Le soleil fait s'évaporer l'eau des océans et le vent l'emporte vers des régions lointaines, où elle reste dans un état d'équilibre précaire. Si nous avions le pouvoir de perturber cet équilibre où et quand bon nous semblera, nous pourrions manipuler à volonté cet énorme fleuve qui entretient la vie. Nous pourrions irriguer les déserts arides, créer des lacs et des rivières et obtenir une force motrice de puissance illimitée. Ce serait le moyen le plus efficace de mettre l'énergie solaire au service de l'humanité. La réalisation de tout ceci dépend de notre capacité à développer des forces électriques du même ordre que celles qui apparaissent dans la nature. L'entreprise semblait décourageante, mais je pris la résolution de la tenter ; dès mon retour aux États-Unis, en été 1892, je commençai mes travaux et cela avec d'autant plus de passion qu'il me fallait des moyens semblables si je voulais réussir à transmettre de l'énergie électrique sans fil.

J'obtins les premiers résultats satisfaisants au printemps de l'année suivante, lorsque je réussis à atteindre des tensions d'environ 1 000 000 volts avec ma bobine conique. Cela n'est pas beaucoup comparé aux performances actuelles, mais en ce temps-là, c'était un véritable exploit. Je n'ai cessé de faire des progrès jusqu'en 1895, à en juger par un article de T.C. Martin paru dans le magazine Century du mois d'avril ; cette année-là, mon laboratoire fut malheureusement détruit par un incendie. Cette catastrophe retarda mes travaux, et la majeure partie de l'année fut consacrée à sa réorganisation et à sa reconstruction. Toutefois, dès que les circonstances le permirent, je retournai à mon travail. Je savais que des forces électromotrices plus élevées pouvaient être obtenues avec un appareil plus gros, mais j'avais l'intuition que je pourrais arriver aux mêmes résultats à partir d'un transformateur relativement plus petit et plus compact, au design adéquat. Lors de mes tests avec un secondaire sous forme de spirale plate, comme le montrent les illustrations de mes brevets, je fus surpris de constater qu'il n'y avait pas de décharge sous forme de faisceau lumineux, et je ne tardai pas à découvrir que cela était dû à la position des spires et à leur action mutuelle. Fort de cette observation, je recourus à l'utilisation d'un conducteur de haute tension avec des spires d'un diamètre considérable, qui étaient suffisamment éloignées l'une de l'autre pour permettre de contrôler la capacité distribuée et, parallèlement, de prévenir une accumulation exagérée de la charge en tous points. La mise en pratique de ce principe me permit de produire des tensions de 4 000 000 de volts, ce qui était pratiquement l'extrême limite de ce que je pouvais obtenir dans mon nouveau laboratoire dans Houston Street, car les décharges s'étendaient jusqu'à près de 5 m. Une photo de ce transmetteur fut publiée au mois de novembre 1898 dans l'*Electrical Review*. Si je voulais faire d'autres progrès dans ce domaine, il fallait que je travaille en plein air, et c'est pourquoi, au printemps 1899, après avoir tout préparé pour la construction d'une centrale sans fil, je partis au Colorado où je devais rester pendant plus d'un an. J'y ai procédé à des améliorations et à des perfectionnements qui permirent de générer des courants de n'importe quel ampérage. Ceux que cela intéresse trouveront quelques informations sur ces expérimentations dans mon article intitulé « Le problème de l'intensification de l'énergie humaine », paru au mois de juin 1900 dans le magazine Century, auquel j'ai déjà fait allusion plus haut.

Electrical Experimenter m'a demandé d'être on ne peut plus explicite sur ce sujet, afin que mes jeunes amis parmi les lecteurs du magazine, puissent comprendre clairement la composition et le fonctionnement de mon « Transmetteur Amplificateur » et le but dans lequel je le construisis. Très bien. Donc, premièrement, c'est un transformateur résonant avec un secondaire dont les parties qui sont sous très haute tension, sont réparties sur une surface considérable et disposées le long d'enveloppes idéales dont le rayon d'incurvation est très grand, et espacées correctement l'une de l'autre, afin d'obtenir en tout point une densité de surface faible pour qu'il n'y ait aucune fuite, même si le conducteur est à nu. Il convient à toutes les fréquences depuis peu à plusieurs milliers de cycles par seconde (Hz), et peut servir à produire des courants d'ampérage énorme et de tension modérée, ou de plus faible ampérage et d'une force électromotrice immense. La tension électrique maximale est uniquement fonction de la courbure des surfaces sur lesquelles sont situés les éléments chargés et de la surface de ces derniers.

À en juger par mes expériences passées, il est parfaitement possible d'obtenir 100 000 000 volts. Par ailleurs, on peut arriver à obtenir des courants de plusieurs milliers d'ampères dans l'antenne. Pour des puissances de ce type, une centrale de dimensions modérées suffit. En théorie, un terminal de moins de 27 m de diamètre suffit pour développer une force électromotrice de cette amplitude, alors que pour des courants de 2 000 à 4 000 ampères de fréquences courantes, il n'est pas besoin qu'il ait plus de 9 m de diamètre.

Dans un sens moins large, ce transmetteur sans fil a un rayonnement d'ondes hertziennes très négligeable par rapport à l'énergie globale et, de ce fait, le facteur d'atténuation est extrêmement faible et une charge énorme est emmagasinée dans le condensateur du haut. Un tel circuit peut alors être excité par des impulsions de toutes sortes, même de fréquences basses, et il produira des oscillations sinusoïdales en continu, comme celles d'un alternateur.

Toutefois, dans son sens le plus strict, c'est un transformateur résonant qui, en plus de ces qualités, est parfaitement adapté aux constantes électriques et aux caractéristiques de la Terre, et c'est pourquoi il devient très efficace et d'un bon rendement pour la transmission d'énergie sans fil. Le facteur de l'éloignement n'entre alors plus du tout en jeu, car il n'y a aucune diminution dans l'intensité des impulsions transmises. Il est même possible d'amplifier l'action avec l'éloignement de la centrale, en vertu d'une loi mathématique exacte.

Cette invention fut l'une de celles qui faisaient partie de mon « Système Mondial » de transmission radio, que j'entrepris de commercialiser lors de mon retour à New York en 1900. Quant aux objectifs immédiats de cette entreprise, ils sont clairement mentionnés dans une explication technique de ce temps-là, dont voici un extrait :

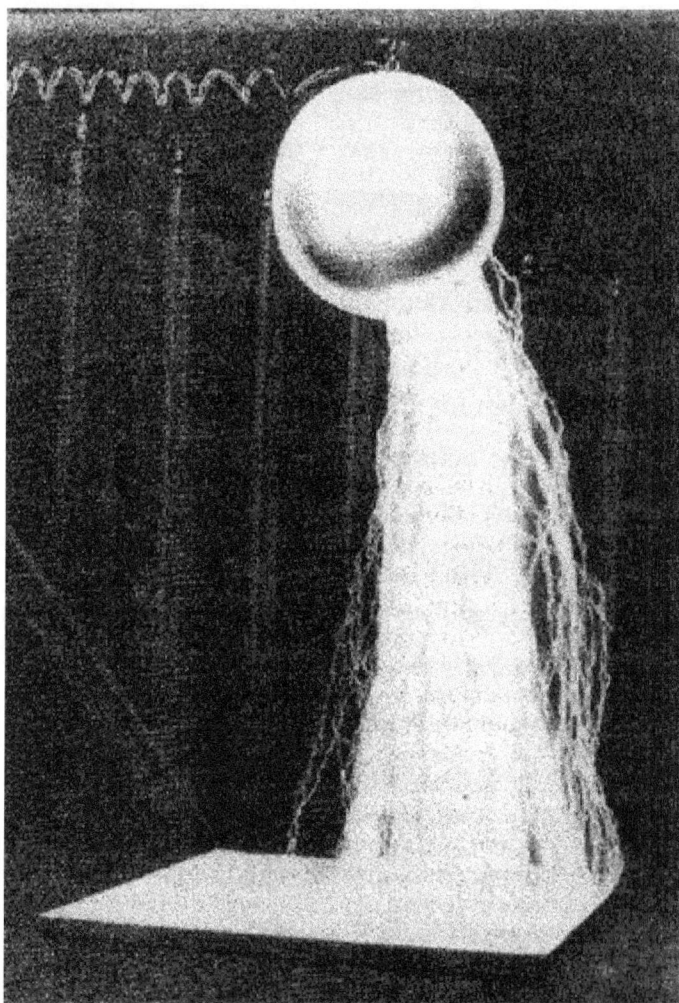

Illustration des décharges d'étincelles produites dans la centrale radio de Tesla à Colorado Springs en 1899. La boule a un diamètre de 80 cm et est reliée à la borne libre d'un circuit résonnant relié à la terre, de 17 m de diamètre. Tesla a estimé le potentiel d'éclatement de la boule à environ 3 millions de volts (V =75.000 x rayon en cm). La bobine gigantesque qui produisait ces décharges avait un primaire de 15,50 m de diamètre, et était capable de transmettre un courant de 1100 Ampères dans le secondaire à haute tension.

Le « Système Mondial" est le fruit d'un amalgame de plusieurs découvertes

*originales, faites par l'inventeur au cours de ses recherches et expérimenta-
tions, menées avec persévérance. Il permet non seulement la transmission
instantanée et précise sans fil de signaux, de messages et de caractères vers
toutes les régions du globe, mais aussi l'interconnexion de tous les systèmes
téléphoniques et télégraphiques, ainsi que des autres stations de données,
sans qu'il soit nécessaire de modifier leur équipement existant. Il permet,
par exemple, à un abonné au téléphone de communiquer avec n'importe
quel autre abonné de la Terre. Un récepteur bon marché, pas plus grand
qu'une montre, lui permettra d'écouter, sur terre comme sur mer, la diffusion d'un discours ou d'une musique transmis ailleurs, quelle que soit la
distance. Ces exemples sont cités pour donner surtout une idée des possibilités qu'offre cette grande avancée scientifique, qui annule les distances
et qui fait que ce conducteur parfaitement naturel, la Terre, peut servir à
atteindre les innombrables objectifs que l'ingéniosité humaine avait trou-
vés pour ses lignes de transmission. Il y a un résultat de grande portée qui
est que tout appareil à un ou plusieurs fils (à une distance manifestement
limitée) pourra fonctionner de la même manière, sans conducteurs artificiels et avec les mêmes facilité et précision, à des distances dont les seules
limites sont celles imposées par les dimensions physiques de notre planète.
Donc, s'ouvrent d'une part de nouveaux champs d'exploitation commerciale avec cette méthode de transmission idéale, et d'autre part les anciens
gagnent beaucoup de terrain.*

*Le « Système Mondial" est basé sur la mise en application des inventions
et découvertes importantes suivantes :*

1. *Le Transformateur Tesla. Cet appareil est aussi révolutionnaire
   dans sa production de vibrations électriques que le fut la poudre
   à canon pour la guerre. Avec un appareil de ce type, l'inventeur a
   produit des courants de nombreuses fois supérieurs à tout ce qui avait
   été généré jusque là par d'autres moyens, et des étincelles de plus de
   30 m.*

2. *Le Transmetteur Amplificateur. C'est la plus belle invention de
   Tesla ; c'est un transformateur particulier spécialement adapté pour
   exciter la Terre qui, pour la transmission de l'énergie électrique est*

aussi précieux que le télescope pour l'observation astronomique. En utilisant ce merveilleux appareil, il a déjà créé des manifestations électriques d'une intensité plus grande que celle d'un éclair, et transmis un courant autour du globe, suffisant pour allumer plus de deux cents lampes à incandescence.

3. Le Système sans fil Tesla. Ce système comprend un certain nombre de perfectionnements et est le seul moyen connu capable de transmettre de manière économique de l'énergie électrique à distance, sans fil. Des tests et des mesures méticuleux en connexion avec une station expérimentale très puissante, construite par l'inventeur dans le Colorado, ont démontré qu'il était possible d'envoyer n'importe quelle quantité d'énergie à travers tout le Globe si nécessaire, avec une perte n'excédant pas un très faible pourcentage.

4. La Technique de l'Individualisation. Cette invention de Tesla est par rapport au « réglage » grossier, ce que le langage distingué est par rapport au langage non articulé. Il permet de transmettre, dans le secret absolu et exclusif, des signaux ou des messages de manière active ou passive, c'est-à-dire sans interférences et sans pouvoir être interférés. Chaque signal est comme un individu à l'identité différenciée et il n'y a pratiquement pas de limites quant au nombre de stations ou d'appareils pouvant fonctionner simultanément et sans le moindre signe d'interférence.

5. Les Ondes Stationnaires Terrestres. Cette merveilleuse découverte veut dire, en langage populaire, que la Terre est sensible à des vibrations électriques d'une certaine fréquence, comme un diapason l'est à certains sons. Ces vibrations électriques spécifiques, susceptibles d'exciter violemment la Terre, se prêtent à d'innombrables utilisations de grande importance d'un point de vue commercial, et à bien d'autres égards.

La première centrale électrique de ce « système mondial » peut entrer en service dans neuf mois. Il deviendra alors possible de générer jusqu'à près de 10 millions de CV et elle a été conçue pour réaliser autant d'exploits techniques que possible, sans plus de dépenses. En voici quelques-uns uns :

1. *L'interconnexion des échanges ou des bureaux télégraphiques existants partout dans le monde.*
2. *L'instauration d'un service télégraphique gouvernemental secret et ne pouvant pas être interféré.*
3. *L'interconnexion de tous les échanges ou centrales téléphoniques dans le monde.*
4. *La diffusion universelle de l'information par télégraphe ou téléphone, en connexion avec la presse.*
5. *L'instauration d'un tel « Système mondial » de transmission de renseignements à usage exclusivement privé.*
6. *L'interconnexion et le travail de tous les téléimprimeurs boursiers dans le monde.*
7. *L'instauration d'un « système mondial » de diffusion de musique, etc...*
8. *L'enregistrement universel de l'heure avec des pendules bon marché indiquant l'heure avec une précision astronomique et ne demandant aucune maintenance.*
9. *La transmission mondiale de caractères, de lettres, de chèques, etc... écrits à la main ou tapés à la machine.*
10. *L'instauration d'un service universel pour la marine, permettant aux navigateurs de tous les bateaux de s'orienter parfaitement sans boussole, de déterminer leur position exacte, l'heure et la vitesse, de prévenir les collisions et les naufrages, etc...*
11. *L'inauguration d'un système d'impression mondiale sur terre et sur mer.*
12. *La reproduction mondiale de photos et toutes sortes de dessins ou de dossiers.*

J'ai proposé en outre de faire des démonstrations de transmission d'énergie sans fil sur une petite échelle, suffisante toutefois pour pouvoir convaincre.

Par ailleurs, j'ai fait référence à d'autres applications de mes découvertes autrement plus importantes, qui seront révélées à une date ultérieure.

Une centrale fut construite sur Long Island, dont la tour mesurait 57 m de haut, et dont le terminal sphérique avait un diamètre de près de 21 m.

Ces dimensions étaient appropriées pour transmettre pratiquement n'importe quelle quantité d'énergie. Au départ, il ne fut produit qu'entre 200 et 300 KW, mais j'avais l'intention d'utiliser ultérieurement plusieurs milliers de CV. Le transmetteur devait émettre un complexe d'ondes aux caractéristiques spéciales, et j'avais imaginé un système unique pour régler par téléphone la production de n'importe quelle quantité d'énergie.

La tour fut détruite il y a deux ans ; cependant mes projets font l'objet de nouveaux développements et une autre tour sera construite qui sera même perfectionnée dans certains domaines. À cette occasion, je voudrais démentir une rumeur largement répandue, selon laquelle la tour aurait été démolie par le Gouvernement ; à cause de la guerre, des préjugés sont nés dans l'esprit de ceux qui ne savaient pas que les papiers qui, il y a trente ans, m'accordèrent l'honneur de la nationalité américaine, sont toujours dans un coffre, tandis que mes diplômes, mes licences, médailles en or et autres distinctions honorifiques sont rangées dans de vieilles malles. Si cette rumeur était fondée, j'aurais obtenu le remboursement de la grosse somme que j'ai versée pour la construction de la tour. Bien au contraire, c'était dans l'intérêt du Gouvernement de conserver cette tour, notamment parce que — entre autres applications de valeur — elle permettait de localiser les sous-marins en plongée, où que ce fut sur le globe. Ma centrale, mes services et mes perfectionnements ont toujours été à disposition des officiels et depuis le commencement des conflits en Europe, j'ai travaillé à perte sur plusieurs de mes inventions qui ont affaire avec la navigation aérienne, la propulsion des bateaux et la transmission sans fil, qui sont de la plus haute importance pour le pays. Ceux qui sont bien informés savent que mes idées ont révolutionné les industries aux États-Unis, et je ne connais aucun inventeur qui, à cet égard, ait eu la chance comme moi de voir ses inventions utilisées durant la guerre.

Je me suis abstenu de m'exprimer en public sur ce sujet jusqu'à ce jour, parce qu'il me semblait déplacé de m'étendre sur des problèmes personnels, alors que le monde connaissait de graves problèmes. Par ailleurs, j'aimerais ajouter, au regard de rumeurs variées qui me sont parvenues, que mes relations avec M. J. Pierpont Morgan n'avaient pas un caractère commercial et qu'il avait avec moi la même ouverture d'esprit que celle avec laquelle il a aidé bien d'autres pionniers. Il a toujours tenu ses promesses à la lettre et il aurait été très déraisonnable d'attendre quelque chose de plus de lui. Il avait la plus haute estime pour mes réalisations et me donna toutes les preuves de sa totale confiance dans mes capacités à réaliser ce que j'avais décidé. Je ne veux pas que quelques individus, étroits d'esprit et jaloux, puissent s'imaginer avoir contrecarré mes travaux. Pour moi, ces hommes ne sont rien de plus que des microbes de quelque vilaine maladie. En réalité, ce sont les lois de la nature qui ont retardé mon projet. Le monde n'était pas prêt pour lui; il était trop en avance sur son temps. Toutefois, ces mêmes lois l'emporteront et, finalement, il aura un succès triomphal.

Nikola Tesla, à l'âge de 60 ans, sur une photo prise l'année où l'Institut américain des ingénieurs en électrotechnique lui accorda la médaille Edison.

La gigantesque tour de transmission d'énergie radio de Tesla, érigée entre 1901 et 1903 à Shoreham, Long Island, faisant partie de son «Système Mondial Sans Fil», qui n'a cependant jamais été terminée. La centrale électrique à deux étages à l'arrière-plan, donne une idée de l'échelle gigantesque de cette tour de 57 m (qui fut démolie en 1917).

LA SCIENCE DE TESLA

LA SCIENCE DES « TÉLÉAUTOMATES »

Téléautomates (ou, de ce que nous appelons aujourd'hui, la robotique)

Aucun problème sur lequel je me sois jamais penché ne m'a demandé autant de concentration mentale et les nerfs les plus ténus de mon cerveau n'ont jamais été mis si dangereusement sous tension qu'avec ce système, fondé sur le Transmetteur Amplificateur. J'ai mis toute la force et la vigueur de la jeunesse dans mes travaux de recherches sur le champ en rotation, mais ces premiers travaux étaient d'un caractère différent. Bien qu'ils fussent fatigants à l'extrême, ils ne demandaient pas un discernement aussi pointu et épuisant que celui que je dus mettre en oeuvre en attaquant les nombreux problèmes énigmatiques de la transmission sans fil. Malgré mon endurance physique exceptionnelle, à cette époque, mes nerfs abusés ont fini par se rebeller et je tombai dans une profonde dépression, alors que la fin de mes travaux longs et difficiles était presque en vue. Il ne fait aucun doute que j'aurais certainement dû payer une plus grosse rançon plus tard, et que très probablement ma carrière se serait terminée prématurément, si la providence ne m'avait pas équipée d'une soupape de sécurité qui, apparemment, s'est renforcée avec l'âge, et qui se met immanquablement en route lorsque je suis à bout de forces. Aussi longtemps qu'elle fonctionne, je ne cours aucun risque, même en cas de surmenage, ce qui n'est pas le cas d'autres inventeurs et, soit dit en passant, je n'ai pas besoin de prendre les vacances qui sont indispensables à la plupart des gens. Lorsque je suis sur le point de l'épuisement, je fais tout simplement comme les Noirs qui, « tout naturellement s'endorment pendant que les Blancs se font du souci. » En ce qui me concerne, j'avancerai la théorie suivante : mon corps accumule probablement petit à petit une quantité définie d'un agent toxique et je sombre alors dans un état quasi léthargique qui dure exactement une demi-heure et pas une minute de plus. À mon réveil, il me semble que les événements qui eurent lieu juste avant, datent d'il y a très longtemps, et si j'essaie de reprendre le fil de mes pensées, je ressens une véritable nausée mentale. Je me tourne alors inconsciemment vers d'autres travaux et je suis surpris de ma fraîcheur d'esprit et de la facilité avec laquelle je surmonte les obstacles qui m'avaient déconcerté auparavant. Après quelques semaines, voire quelques mois, ma passion pour le travail que j'avais temporairement délaissé revient et je trouve alors toujours les réponses aux questions épineuses, sans faire beaucoup d'efforts. À ce propos, laissez-moi vous raconter une expérience extraordinaire qui pourrait intéresser les étudiants en psychologie.

J'avais obtenu un effet renversant avec mon transmetteur relié à la terre, et j'essayais de trouver la véritable portée des courants transmis à travers la Terre. L'entreprise semblait désespérante, et j'y ai travaillé pendant plus d'un an sans jamais m'arrêter, mais en vain. Ces études approfondies m'ont tellement absorbé que j'en oubliais tout le reste, même ma santé minée. Finalement, lorsque je fus sur le point de m'écrouler, la nature déclencha le mécanisme de survie en m'entraînant dans un sommeil léthargique. Lorsque je repris mes esprits, je réalisai avec consternation que j'étais incapable de visualiser des scènes de ma vie, sauf celles de mon enfance, soit les toutes premières qui s'étaient inscrites dans ma conscience. Assez curieusement, celles-ci se présentèrent à ma vue avec une netteté étonnante et me procurèrent un soulagement bienvenu. Soir après soir, quand je me retirais pour y penser, de plus en plus de scènes de ma prime jeunesse se révélèrent à moi. L'image de ma mère était toujours le personnage central dans ce film qui se déroulait lentement, et je fus graduellement envahi par un désir de plus en plus fort de la revoir. Ce sentiment devint tellement puissant que je décidai de laisser tomber tout mon travail pour satisfaire mes envies. J'eus toutefois trop de mal à quitter le laboratoire, et plusieurs mois passèrent, au cours desquels je réussis à revivre toutes les impressions de ma vie jusqu'au printemps 1892. Dans l'image suivante qui surgit hors du brouillard de l'oubli, je me vis moi-même à l'Hôtel de la Paix à Paris, alors que j'émergeai d'un de ces petits sommes singuliers, qui avait été provoqué par des efforts mentaux prolongés. Imaginez la douleur et la détresse que je ressentis, lorsque je me souvins de la scène où l'on me remettait un télégramme m'annonçant la triste nouvelle que ma mère était en train de mourir. Je me rappelai mon long voyage du retour, au cours duquel je ne pus prendre une heure de repos, et sa mort après des semaines d'agonie ! Il est tout de même étonnant que durant toute cette période d'amnésie partielle, j'aie été parfaitement conscient de tout ce qui avait affaire avec mes recherches. Je pouvais me rappeler les moindres détails et les observations les plus insignifiantes de mes expériences, et même réciter des pages entières d'un texte et des formules mathématiques complexes.

Je crois fermement en la loi de la compensation. Les justes récompenses sont toujours proportionnelles au travail et aux sacrifices. C'est une des raisons pour lesquelles je suis persuadé que parmi toutes mes inventions, le Transmetteur Amplificateur sera reconnu comme une pièce maîtresse et qu'il sera très utile aux générations futures. Ce qui me pousse à énoncer cette prédiction n'est pas tant l'idée d'une révolution commerciale et industrielle qu'il ne manquera pas d'entraîner, mais ce sont les conséquences humanitaires de toutes les applications qu'il va permettre. L'évaluation de sa simple utilité pèse moins sur la balance que les bénéfices que l'humanité va en tirer. Nous sommes confrontés à d'énormes problèmes que nous ne pourrons pas résoudre si nous ne nous occupons que, peu ou prou, de notre existence matérielle. Au contraire, les progrès dans cette direction sont parsemés de risques et de dangers qui ne sont pas moins menaçants que ceux issus du désir et de la souffrance. Si nous pouvions libérer l'énergie atomique ou trouver quelque autre moyen pour obtenir de l'énergie bon marché en quantité illimitée en tout point du globe, cet exploit, au lieu d'être une bénédiction, serait une catastrophe pour l'humanité, car il sèmera le désaccord et l'anarchie qui finalement conduira à l'intronisation de l'odieux régime totalitaire. Le plus grand bien viendra des progrès technologiques visant essentiellement l'unification et l'harmonie, comme mon transmetteur radio. Il permettra de reproduire, n'importe où, la voix et les images humaines et de fournir aux usines une électricité venant de chutes d'eau à des milliers de kilomètres ; les aéronefs pourront faire le tour du monde sans escale et l'énergie solaire pourra servir à créer des lacs et des rivières qui produiront de l'énergie motrice et transformeront des régions arides en terres fertiles. Son introduction dans la télégraphie et la téléphonie va automatiquement mettre un terme aux parasites et à toutes les autres interférences qui, aujourd'hui, limitent étroitement les applications de la technologie radio. Cela étant un sujet d'actualité, quelques mots supplémentaires s'imposent.

Durant cette dernière décennie, bon nombre de personnes ont prétendu avec arrogance avoir réussi à résoudre ce problème de parasites. J'ai soigneusement examiné tous les descriptifs et ai testé la plupart de leurs théories bien avant qu'elles ne fussent publiées, mais les résultats furent tous négatifs. Une déclaration officielle récente de la Marine US pourrait peut-être apprendre, à quelques journalistes dupés, comment estimer ces déclarations à leur juste valeur. En règle générale, ces théories reposent sur des arguments tellement fallacieux que je ne peux m'empêcher de sourire lorsqu'elles me tombent entre les mains. Une nouvelle découverte fut annoncée très récemment dans un vacarme de trompettes assourdissant, mais il s'avéra bientôt qu'une fois de plus, la montagne avait accouché d'une souris. Cela me fait penser à un incident déconcertant, qui a eu lieu au temps où je faisais mes expérimentations avec des courants de haute fréquence. Steve Brodie venait tout juste de sauter du pont de Brooklyn. Cet exploit a depuis été déprécié parce qu'il est devenu populaire, mais sa première annonce avait électrisé New York. J'étais très impressionnable à l'époque, et je parlais souvent de ce courageux imprimeur. Un après-midi, alors qu'il faisait très chaud, je ressentis le besoin de me rafraîchir, et je franchis le seuil de l'un de ces trente mille établissements populaires que comptait cette grande ville, où l'on servait une boisson à 12° délicieuse, qu'aujourd'hui l'on ne trouve plus que dans les pays pauvres et dévastés d'Europe. La clientèle était nombreuse et pas particulièrement distinguée ; on parlait d'un sujet qui me donna l'occasion fortuite de dire impromptu : « C'est exactement ce que je disais lorsque j'ai sauté du pont ». Dès que j'eus prononcé ces mots, je me sentis comme le compagnon de Timotheus dans le poème de Schiller. En un instant il y eut un désordre indescriptible et une douzaine de voix hurlèrent : « C'est Brodie ! » J'ai jeté une pièce de 25 cents sur le comptoir et me suis précipité vers la porte, mais j'avais la foule à mes trousses qui criait : « Arrêtez-vous, Steve ! » Il y a sûrement eu un malentendu, car beaucoup de personnes essayèrent de m'arrêter dans ma course folle pour trouver un refuge. J'ai tourné plusieurs coins de rues et j'ai heureusement réussi — grâce à un escalier de secours — à rejoindre mon laboratoire, où je jetai mon manteau, me camouflai en forgeron laborieux et allumai la forge. Cette mise en scène s'avéra toutefois inutile ; j'avais semé mes poursuivants. Toutefois, pendant plusieurs années, lorsque, couché sur mon lit la nuit, mon imagination transformait les menus incidents de la journée en spectres, je me demandais ce que je serais devenu si cette meute m'avait attrapé et découvert que je n'étais pas Steve Brodie !

L'ingénieur qui, dernièrement, a expliqué devant une assemblée de techniciens un nouveau moyen pour venir à bout des parasites, se basant sur « une loi de la nature jusqu'ici inconnue », semble avoir été aussi imprudent que moi-même, lorsqu'il prétendit que ces perturbations se propagent verticalement, alors que celles d'un transmetteur se déplacent sur la surface de la Terre. Ce qui voudrait dire qu'un condensateur comme l'est la Terre elle-même, avec son enveloppe gazeuse pourrait se charger et se décharger d'une manière plutôt contraire aux enseignements fondamentaux des livres de physique élémentaires. Du temps de Franklin déjà, une telle hypothèse aurait été jugée fausse, parce qu'il était alors connu que l'électricité atmosphérique et celle produite par les machines étaient identiques. Manifestement, les perturbations naturelles et artificielles se propagent à travers la terre et l'air exactement de la même manière, et les deux produisent des forces électromotrices, dans le sens vertical comme horizontal. Aucune des méthodes avancées ne pouvait venir à bout des interférences. À vrai dire, la tension dans l'air augmente à raison d'environ 150 volts par mètre d'altitude, et c'est pourquoi on obtient une différence de tension de 20 000 voire de 40 000 volts entre la base et le sommet de l'antenne. L'atmosphère chargée se trouve en perpétuel mouvement ; elle transmet de l'électricité au conducteur de manière intermittente, et non continue, ce qui produit des crissements dans un récepteur téléphonique sensible. Cet effet sera d'autant plus prononcé que l'antenne sera longue et que l'espace entouré par les fils sera grand ; toutefois, il faut bien comprendre que ce phénomène est seulement local et qu'il n'a rien à voir avec le véritable problème. En 1900, alors que je perfectionnai mon système radio, un de mes appareils comptait quatre antennes. Elles étaient parfaitement étalonnées sur la même fréquence et reliées en parallèle, dans le but d'amplifier les effets lors de la réception des signaux depuis toutes les directions. Pour déterminer l'origine des impulsions transmises, je mettais chaque paire diagonale en série avec une bobine primaire qui fournissait de l'énergie au circuit de détection. Dans le premier cas, le souffle dans le téléphone était important et dans le second il cessa, comme je m'y attendais, les deux antennes se neutralisant l'une l'autre ; cependant, les véritables parasites étaient bien présents dans les deux cas, et je dus prendre des mesures spéciales, associées à d'autres principes.

Comme je l'avais déjà proposé il y a longtemps, ces bruits dus à l'atmosphère chargée, qui sont très importants dans les dispositifs que l'on construit aujourd'hui, disparaissent totalement, lorsque l'on utilise des récepteurs reliés en deux points à la terre, et par ailleurs, les risques de toutes sortes d'interférences sont réduits de moitié à cause du caractère directionnel du circuit. Ce qui était évident en soi, arriva comme une révélation pour quelques sans-filistes simples d'esprit, qui expérimentaient avec des appareils susceptibles d'être perfectionnés sans faire dans la dentelle, et qui étaient construits selon des principes mal compris. S'il était vrai que les bruits de friture sont aussi capricieux, il serait simple de s'en débarrasser en se passant des antennes. Mais en fait, un fil enterré dans le sol, donc en théorie parfaitement immunisé, est plus sensible à certaines impulsions extérieures qu'un fil placé à la verticale. Il faut être honnête ; de légers progrès ont déjà été réalisés, non en vertu d'une technique ou d'un appareil en particulier, mais tout simplement en abandonnant les énormes structures qui étaient déjà mauvaises pour la transmission, et parfaitement inadaptées pour la réception, et en adoptant un type de récepteur plus adéquat. Comme je l'ai déjà dit dans un article précédent, il faut entreprendre des changements radicaux dans ce système, si l'on veut se débarrasser de ces problèmes une fois pour toutes, et le plus tôt sera le mieux.

Ce serait en effet catastrophique si le corps législatif prenait hâtivement des mesures accordant son monopole à l'État, en ce temps où la technique est encore balbutiante et où sa plus grande majorité, y compris les experts, n'ont aucune idée de ses possibilités finales. C'est néanmoins ce qu'a proposé précisément, il y quelques semaines, le secrétaire d'État Daniels, et il ne fait aucun doute que la demande de cet officiel distingué fut présentée au Sénat et à la Chambre des Représentants de manière tout à fait convaincante. Toutefois, il est universellement reconnu que les meilleurs résultats s'obtiennent toujours dans une compétition commerciale saine. Il existe cependant des raisons exceptionnelles qui pourraient justifier du développement libre de la technologie sans fil. Premièrement, elle offre des perspectives autrement plus importantes et plus vitales pour l'amélioration de la condition humaine que n'importe quelle autre invention ou découverte dans l'histoire de l'humanité. Deuxièmement, il faut avouer que cette technique superbe a été entièrement développée ici et peut être appelée de plein droit « américaine », à l'inverse du téléphone, de l'ampoule à incandescence ou de l'avion. Des agents de presse et des courtiers en bourse aventureux ont tellement bien semé la désinformation, que même un périodique aussi réputé que le *Scientific American* a attribué ses plus grands mérites à un pays étranger. Les Allemands, bien sûr, nous ont apporté les ondes hertziennes, et les experts russes, anglais, français et italiens n'ont pas lésiné à les utiliser pour leur transmission de signaux. Il n'est pas étonnant qu'ils aient appliqué cette nouveauté dans ce but, mais ils se sont servi de la vieille bobine à induction classique et désuète, qui ne vaut guère plus que l'héliographe. Le rayon de transmission était très limité, les résultats obtenus de peu de valeur, et pour transmettre les informations, les oscillations hertziennes auraient pu être remplacées à l'avantage par des ondes sonores, comme je le disais déjà en 1891. En outre, tous ces efforts ont été menés trois ans après que les principes de bases du système radio — utilisés partout dans le monde aujourd'hui — et ses potentiels furent clairement décrits et développés en Amérique.

Aujourd'hui, il ne reste rien des dispositifs et méthodes hertziens. Nous avons travaillé dans la direction opposée et ce que nous avons obtenu est le fruit des cerveaux et des efforts de citoyens de ce pays. Les brevets fondamentaux sont tombés dans le domaine public et chacun peut en disposer librement. L'argument suprême du Secrétaire d'État est basé sur les interférences. D'après lui, comme le dit le New York Herald du 29 juillet, les signaux d'une station puissante peuvent être captés dans chaque village sur cette Terre. En vertu de quoi, et comme je l'avais déjà démontré avec mes expérimentations en 1900, cela ne servirait pas à grand chose d'imposer des restrictions à l'intérieur des États-Unis.

Pour éclaircir ce point je dirais que tout récemment, je fus abordé par un gentleman bizarre qui voulait faire appel à mes services pour la construction de transmetteurs mondiaux dans un lointain pays. « Nous n'avons pas d'argent », dit-il, « mais des cargaisons d'or dont nous vous offrirons une grande part ». Je lui répondis que je voulais d'abord voir ce qui adviendrait de mes inventions en Amérique, et cela mit fin à notre entretien. Je suis convaincu, toutefois, que certaines forces de l'ombre sont à l'oeuvre et, à mesure que le temps passe, il sera de plus en plus difficile d'avoir des communications ininterrompues. La seule chose qui puisse sauver la situation serait un système immunisé contre toute sorte d'interférences. Un tel système a déjà été perfectionné, il existe, il suffit de le rendre opérationnel.

Le terrible conflit (la première Guerre Mondiale, ndt) plane toujours dans la plupart des esprits, et il se pourrait que l'on attache dorénavant la plus haute importance au Transmetteur Amplificateur en tant que système d'attaque ou de défense, et plus particulièrement en connexion avec les 'Téléautomates'. Cette invention est un aboutissement logique des observations que j'ai faites durant mon enfance et perpétuées ma vie durant. Lorsque les premiers résultats furent publiés, l'Elerctrical Review dit dans un éditorial, qu'elle serait un « des plus importants facteurs de progrès et de civilisation de l'humanité ». Cette prédiction ne saurait tarder à devenir réalité. Elle fut proposée au gouvernement en 1898 et en 1900 ; il aurait pu l'adopter si j'avais été du genre à frapper à toutes les portes. À cette époque, je pensais vraiment qu'elle était capable de mettre fin à la guerre, parce qu'elle a un pouvoir destructif illimité et qu'elle peut se passer de la participation active de l'élément humain. Toutefois, bien que je n'aie pas perdu foi en ses potentiels, mon avis, lui, a changé depuis.

La guerre ne pourra pas être éradiquée tant que subsistera la cause physique de son déclenchement qui, en dernière analyse, est un vaste problème d'ordre planétaire. Ce n'est que par l'annulation des distances à tous égards, comme la diffusion des informations, les moyens de transports et d'approvisionnement, et la transmission de l'énergie, que l'on obtiendra un jour les conditions requises assurant des relations amicales et durables. Ce que nous désirons aujourd'hui le plus, ce sont des contacts plus étroits, une meilleure compréhension entre les individus et les communautés partout dans ce monde, et l'élimination de cet engouement fanatique pour des idéaux exaltés de l'égoïsme et de la fierté nationaux, qui ont toujours tendance à faire plonger le monde dans des querelles d'un barbarisme primitif. Aucun parti et aucune loi ne pourra jamais empêcher ce type de calamité. Ce ne sont que de nouveaux moyens pour mettre le plus faible à la merci du plus fort. J'ai dit ce que je pensais à ce sujet il y a quatorze ans, lorsque Andrew Carnegie en appela à une union de quelques États souverains, une sorte d'Alliance Sacrée, dont on peut dire qu'il en fut le père spirituel, et à laquelle il a donné plus de publicité et d'élan que quiconque, avant que le Président ne prenne les choses en main. Bien que l'on ne puisse pas nier qu'un tel pacte puisse apporter des avantages matériels aux peuples les plus défavorisés, il ne peut pas atteindre l'objectif principal recherché. La paix s'installera tout naturellement lorsque les races seront éclairées et qu'elles se mélangeront entre elles ; nous sommes cependant toujours très loin de cet avènement heureux. Lorsque je regarde le monde d'aujourd'hui, à la lumière des gigantesques combats auxquels nous venons d'assister, je suis convaincu que, dans l'intérêt de l'humanité, les États-Unis devraient rester fidèles à leurs traditions et se maintenir en dehors des « alliances compliquées ». Au vu de sa situation géographique, loin des scènes où se tramant les conflits menaçants, sans aucune motivation à vouloir agrandir son territoire, avec des ressources inextinguibles et une population très élevée, complètement imprégnée de liberté et de droit, ce pays est dans une position unique et privilégiée. Il est donc libre d'employer, en toute liberté, sa puissance colossale et sa force morale pour le bien de tous, de manière plus judicieuse et plus efficace que s'il était membre d'une alliance quelconque.

Dans un de ces récits autobiographiques, publiés dans l'*Electrical Experimenter*, je me suis arrêté sur les conditions de mon enfance et ai parlé d'une souffrance qui m'obligea à travailler sans relâche mon pouvoir d'imagination et mon auto-analyse. Cette activité mentale, qui fut à l'origine involontaire, mais induite par le stress de la maladie et des souffrances, devint graduellement ma seconde nature, et me fit finalement reconnaître que je n'étais rien de plus qu'un automate, dépourvu de son libre arbitre dans ses pensées comme dans ses actions, ne réagissant qu'aux impulsions de l'environnement. Nos corps physiques sont d'une nature tellement complexe, nos mouvements sont tellement divers et compliqués et nos impressions sensorielles si délicates et insaisissables, qu'il est très difficile au commun des mortels de comprendre cela. Pourtant, il n'y a rien de plus réaliste, aux yeux de l'observateur aguerri que la théorie mécaniste de la vie qui fut, dans une certaine mesure, comprise et exposée par Descartes, il y a trois siècles. De son temps, on ignorait tout du fonctionnement de notre organisme, et les philosophes ne savaient rien de la nature de la lumière, de l'anatomie de l'oeil et du mécanisme de la vision. Ces dernières années, les progrès de la recherche scientifique dans ces domaines ont été tels qu'il n'y a plus de mystère à ce sujet, sur lequel du reste de nombreux travaux ont été publiés. Un des protagonistes les plus capables et les plus éloquents est peut-être Félix Le Dantec, un ancien assistant de Pasteur. Le professeur Jacques Loeb a procédé à des expérimentations remarquables en héliotropisme, où il a décrit clairement que la lumière joue un rôle déterminant dans les formes d'organismes primaires ; son dernier livre *Forced Mouvements* (Mouvements Réflexes) est très révélateur. Néanmoins, alors que les scientifiques accordent à cette théorie la même valeur qu'à toutes les autres qu'ils ont reconnues et admises, pour moi, elle est une vérité que j'expérimente à tout moment dans chacun de mes actes et chacune de mes pensées. Dans mon esprit, j'ai toujours conscience que ce sont les impressions extérieures qui me poussent à toutes sortes d'efforts, qu'ils soient physiques ou mentaux. Ce n'est que dans de très rares occasions, comme lorsque je fus en état de concentration exceptionnelle, que j'eus du mal à localiser les impulsions originelles.

Les hommes, dans leur immense majorité, n'ont jamais conscience de ce qui se passe autour et en en eux, et ils sont des millions à succomber prématurément de maladies, justement à cause de cela. Les faits quotidiens les plus banals leur semblent mystérieux et inexplicables. Quelqu'un peut subitement être envahi par une vague de tristesse; il en cherchera une explication mentale, alors qu'il aurait pu remarquer qu'elle fut tout simplement déclenchée par un nuage obscurcissant momentanément le soleil. Il peut visualiser un ami qu'il affectionne dans une situation qu'il jugera bien singulière, alors qu'il vient de le croiser dans la rue ou de voir sa photo. S'il perd un bouton de manchette, il va s'énerver et jurer pendant une heure, étant incapable de se souvenir de ce qu'il vient de faire, et de retrouver l'objet perdu par déduction. Ne pas savoir observer n'est rien de plus qu'une autre forme de l'ignorance, responsable de nombreux concepts morbides et idées farfelues qui prédominent aujourd'hui. Il n'y a pas plus de dix pour cent des gens qui ne croient pas en la télépathie ou à d'autres manifestations psychiques, au spiritisme ou à la communication avec les morts, et qui refuseraient d'écouter des charlatans altruistes ou non. Ne serait-ce que pour illustrer combien cette tendance s'est bien enracinée, même parmi la population américaine la plus saine d'esprit, je vais citer une anecdote plutôt comique.

Peu de temps avant la guerre, alors que l'exposition de ma turbine entraînait de très nombreux commentaires dans les journaux scientifiques, je prédis que les fabricants se disputeraient la place pour obtenir mon invention; je pensais tout particulièrement à un homme de Détroit qui a le don surprenant de savoir accumuler les millions. J'étais tellement persuadé qu'il montrerait son nez un jour, que j'en parlai à ma secrétaire et aux assistants. Effectivement, un beau matin, un groupe d'ingénieurs de la Ford Motor Compagny se présenta, et voulut discuter avec moi d'un projet très important. «Ne l'avais-je pas dit?», déclarai-je triomphalement à mes employés, dont l'un d'eux répondit : « Vous êtes étonnant, M. Tesla, tout se passe toujours comme vous le prédites. » Sitôt que ces hommes d'affaires réalistes se furent assis, je commençai à vanter les merveilleuses caractéristiques de ma turbine, lorsque leur porte-parole m'interrompit et dit : « Nous savons tout cela, mais nous sommes venus dans un but tout à fait particulier. Nous avons fondé une association de psychologues pour étudier les phénomènes psychiques et nous voudrions que vous y adhériez. » Je suppose que ces ingénieurs ne savaient pas, qu'avec de semblables propos, ils allaient se faire virer de mon bureau.

Depuis que certains des plus grands hommes de notre époque — des scientifiques de pointe dont les noms sont immortels — m'ont dit que j'avais un don exceptionnel, j'ai concentré toute mon énergie mentale sur la recherche de solutions aux grands problèmes, quels que soient les sacrifices que cela devait impliquer. J'ai cherché, pendant des années, à résoudre l'énigme de la mort, et ai été à l'affût du moindre signe spirituel. Toutefois, je n'ai eu qu'une seule expérience au cours de ma vie qui me fit penser momentanément qu'elle fut surnaturelle. Cela se passa à l'époque de la mort de ma mère. J'étais complètement épuisé par la souffrance et les longues nuits sans sommeil et, une nuit, on me transporta dans un immeuble à deux pas de chez nous. J'étais couché là, désarmé, et je pensai que si ma mère devait mourir alors que je n'étais pas à son chevet, elle me ferait certainement signe. Deux ou trois mois auparavant, j'étais à Londres avec mon ami Sir William Crookes ; nous parlions de spiritisme et mon esprit était complètement accaparé par ces pensées. Peut-être n'aurais-je pas écouté un autre homme, mais j'étais très sensible à ses arguments ; c'est son oeuvre, qui a fait époque, sur le rayonnement de la matière, que j'avais lue lorsque j'étais étudiant, qui m'avait décidé à embrasser la carrière d'ingénieur en électrotechnique. Je me dis que les conditions pour aller jeter un oeil dans l'au-delà étaient très favorables, car ma mère était une femme géniale et particulièrement douée d'une grande intuition. Durant toute la nuit, chaque fibre de mon cerveau était dans une vive expectative, mais il ne se passa rien jusqu'au petit matin où je m'endormis, ou peut-être tombai évanoui ;

je vis alors un nuage transportant des figures angéliques d'une merveilleuse beauté, dont l'une me regarda avec tendresse et prit peu à peu les traits de ma mère. Cette vision flotta doucement à travers la pièce, puis disparut. Je fus réveillé par un doux chant à plusieurs voix, qu'il m'est impossible de décrire. À ce moment-là, je fus envahi par une certitude intuitive que ma mère venait de mourir. Et c'était vrai. J'étais incapable de supporter le poids énorme de cette prédiction douloureuse, et j'écrivis une lettre à Sir William Crookes alors que j'étais toujours dominé par ces émotions et en très mauvaise santé physique. Lorsque je fus rétabli, j'ai longtemps cherché une cause extérieure à cette manifestation étrange et, à mon grand soulagement, j'y suis arrivé au bout de quelques mois de vains efforts. J'avais vu une peinture d'un artiste célèbre représentant en allégorie une des quatre saisons sous la forme d'un nuage et d'un groupe d'anges, qui en fait semblait flotter dans les airs ; ce tableau m'avait fortement impressionné. C'est précisément lui que j'avais vu dans mon rêve, excepté la ressemblance avec ma mère. La musique venait de la chorale dans l'église toute proche où l'on célébrait la messe en ce matin de Pâques ; cela expliquait tout de manière très satisfaisante, appuyée par des faits scientifiques.

Cela s'est passé il y a très longtemps et, depuis, je n'ai jamais eu la moindre raison de changer d'avis en ce qui concerne les phénomènes psychiques ou spirituels pour lesquels il n'existe absolument aucun fondement. La croyance en ces choses découle tout naturellement du développement intellectuel. Lorsque les dogmes religieux perdent toute crédibilité orthodoxe, chaque homme ne demande qu'à croire à un quelconque pouvoir suprême. Nous avons tous besoin d'un idéal pour diriger notre vie et assurer notre sérénité, peu importe qu'il soit basé sur une religion, un art, une science ou toute autre chose, pourvu qu'elle remplisse les fonctions d'une force immatérielle. Il est capital de faire prévaloir une conception commune pour que l'humanité, en tant que tout, vive dans la paix.

Même si je n'ai réussi à obtenir aucune preuve venant corroborer les affirmations des psychologues et des spiritualistes, je fus pleinement satisfait de prouver l'automatisme de la vie, non seulement par l'observation continue des actes individuels, mais aussi et surtout grâce à certaines généralisations. Celles-ci ont conduit à une découverte que j'estime de la plus haute importance pour l'humanité, et sur laquelle je vais m'étendre un peu maintenant. Je soupçonnai pour la première fois cette vérité stupéfiante à la fin de mon adolescence. Toutefois, pendant bon nombre d'années, j'ai interprété mes sensations comme de pures coïncidences. Et notamment, lorsque moi-même ou une personne qui m'était chère, ou une cause que je défendais, se faisaient agresser par d'autres d'une manière que l'on pourrait dire profondément injuste, je ressentais une peine singulière et indéfinissable que j'ai qualifiée de « cosmique » à défaut d'un terme plus adéquat ; immanquablement, peu de temps après, les agresseurs furent accablés de malheurs. Après plusieurs de ces expériences, j'ai confié cela à quelques amis qui avaient la possibilité de vérifier la justesse de cette théorie que j'avais graduellement établie et que l'on peut formuler de la manière suivante.

Nos corps ont une structure commune et sont exposés aux mêmes influences extérieures. De ce fait, nous réagissons pareillement et nos activités générales, sur lesquelles sont basées notre système de règles sociales ou autres et nos lois, sont concordantes. Nous ne sommes rien de plus que des automates entièrement à la merci des forces de l'environnement, et nous sommes ballottés comme des bouchons à la surface de l'eau et confondons la résultante des impulsions extérieures avec le libre arbitre. Nos mouvements et autres actions ont toujours un caractère conservateur et bien qu'apparemment nous paraissions indépendants les uns des autres, nous sommes unis par des liens invisibles. Tant qu'un organisme est en équilibre parfait, il répond avec précision aux agents qui le commandent, mais dès lors que cet équilibre est tant soit peu rompu, son instinct de conservation est compromis. Tout le monde comprendra que la surdité, une vue affaiblie, ou un membre blessé, peuvent réduire les chances de vivre d'une manière autonome. Cela est encore plus manifeste dans le cas de dysfonctionnements cérébraux qui vont priver l'automate de cette qualité de vie et le conduire à sa perte. Un individu très sensible et très observateur, dont les mécanismes hautement évolués sont intacts et qui agit avec précision et en accord avec les conditions changeantes de l'environnement, dispose d'un sens transcendant lui permettant d'échapper à des risques difficilement prévisibles, que les sens ordinaires ne peuvent percevoir. Toutefois, lorsqu'il a affaire à d'autres, dont les organes de contrôle sont très défectueux, ce sens se manifeste avec force et il ressent la douleur «cosmique». Cette vérité a été vécue des centaines de fois et j'invite d'autres étudiants en biologie à vouer une attention toute particulière à ce sujet, car je crois que par des efforts conjugués et soutenus, ils arriveront à des résultats d'une valeur inestimable pour l'humanité.

L'idée de construire un automate pour justifier de ma théorie se présenta à moi très tôt; néanmoins, je n'ai pas commencé mes travaux avant 1893, date à laquelle je débutai mes recherches en technologie sans fil. Durant les deux ou trois années qui suivirent, je construisis de nombreux mécanismes automatiques que l'on pouvait télécommander, et les montrai à mes visiteurs dans mon laboratoire. Toutefois, en 1896, je conçus un appareil complet, capable d'exécuter un grand nombre d'opérations; l'achèvement de mon travail fut toutefois remis à la fin de 1897. La représentation et la description de cette machine furent publiées dans mon article paru dans le magazine Century du mois de juin 1900, ainsi que dans d'autres périodiques de cette époque; lorsqu'elle fut présentée au public pour la première fois en 1898, elle entraîna des réactions qu'aucune de mes autres inventions n'avait suscitées jusque là. En novembre 1898, j'obtins un premier brevet pour ce nouvel appareil, après que l'examinateur en chef se fut déplacé à New York pour se rendre compte de ses performances, car mes affirmations lui avaient paru incroyables. Je me souviens avoir téléphoné plus tard à un officiel à Washington pour lui expliquer mon invention, dans l'objectif de l'offrir au Gouvernement, et qu'il éclata de rire. À cette époque, personne ne pensait qu'il y avait la moindre chance de mettre au point un tel appareil. Malheureusement, dans ce brevet, et sur les conseils de mes avocats, j'ai dit qu'il était commandé par un seul circuit et un type de détecteur bien connu, car je n'avais pas encore assuré la protection des spécifications de mes méthodes et appareils. En fait, mes bateaux étaient commandés par une action conjointe de plusieurs circuits, et il n'y était pas question d'interférences. La plupart du temps, j'utilisai des circuits récepteurs en forme de boucles, en y incluant des condensateurs, car les décharges de mon transmetteur de haute tension ionisaient l'air dans la pièce au point que même une petite antenne pouvait puiser l'électricité dans l'air environnant pendant des heures. J'ai découvert, par exemple, qu'une ampoule à vide de 30 cm de diamètre, ayant une seule borne sur laquelle était fixé un fil très court, émettait jusqu'à un millier de flashes successifs, jusqu'à ce que tout l'air dans le laboratoire soit neutralisé. La forme en boucle du récepteur n'était pas sensible à cette perturbation, et il est très curieux qu'elle devienne populaire ces derniers temps. En réalité, le récepteur accumule beaucoup moins d'énergie que les antennes ou un long câble relié à la terre, et de ce fait il n'a pas les imperfections des appareils actuels sans fil. Lorsque je présentai mon invention devant un auditoire, les visiteurs pouvaient poser n'importe quelle question, même les plus compliquées, et l'automate leur répondait par des signes. En ce temps-là, c'était considéré comme de la magie, mais en fait, c'était très simple, puisque c'est moi-même qui répondais aux questions par l'intermédiaire de la machine.

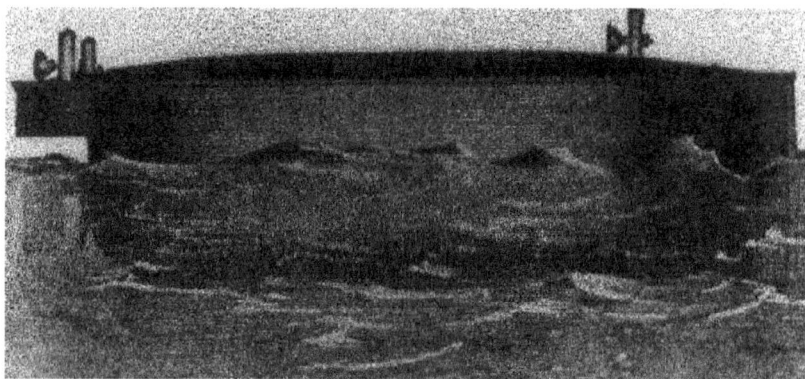

Un des bateaux télécommandés de Tesla, submersible et sans antennes externes.

À cette même époque je construisis par ailleurs un gros bateau télécommandé, dont on peut voir une photo dans ce numéro de l'*Electrical Experimenter*. Il était commandé par des circuits de plusieurs tours, placés dans la coque qui était fermée hermétiquement, et que l'on pouvait immerger. Les dispositifs étaient semblables à ceux utilisés dans le premier, avec cette différence que j'y ai introduit certaines caractéristiques spéciales, comme des lampes à incandescence qui apportaient la preuve visible du bon fonctionnement de la machine.

Ces automates, commandés dans le champ de vision de l'opérateur, ne représentaient cependant que la première étape plutôt grossière dans l'évolution de la Science des 'Téléautomates', telle que je l'avais conçue. Il était logique que l'étape suivante fut leur application hors du champ de vision et très loin du centre de contrôle et, depuis lors, j'ai toujours prétendu qu'ils pouvaient servir comme arme de guerre et remplacer les armes à feu. Il semblerait qu'aujourd'hui on leur reconnaisse cette importance, à en juger les annonces occasionnelles dans la presse de certaines réalisations dites extraordinaires, mais qui en vérité n'apportent rien de neuf. Les installations radio actuelles permettent, quoique de manière imparfaite, d'envoyer un avion dans les airs, de lui faire suivre approximativement une certaine course et d'effectuer un nombre d'opérations à plusieurs centaines de kilomètres. Une machine de ce type peut en outre être commandée mécaniquement de plusieurs façons et je ne doute pas qu'elle puisse faire preuve d'une certaine utilité en temps de guerre. Toutefois, pour autant que je sache, il n'existe aujourd'hui aucun instrument ou dispositif qui permettrait de procéder avec précision. J'ai consacré des années entières de recherches à ce sujet, et j'ai développé des moyens permettant de réaliser facilement ce type de prouesse et d'autres. Comme je l'ai déjà dit antérieurement, lorsque je fus étudiant à l'université, j'ai conçu une machine volante quasi différente de celles qui existent actuellement. Le principe de base était juste, mais il était impossible de le mettre en pratique à défaut d'une force motrice de puissance suffisante. Ces dernières années, j'ai réussi à résoudre ce problème, et je projette de construire des aéronefs dépourvus d'ailerons, d'ailes, d'hélices ou autres accessoires externes, qui seront capables d'atteindre des vitesses énormes et susceptibles de fournir des arguments de poids en faveur de la paix. Dans un futur proche, vous verrez un appareil de ce type, dont le démarrage et le fonctionnement ne se font que par réaction ; il doit être commandé soit mécaniquement, soit avec des ondes hertziennes. En construisant les installations adéquates, il sera possible d'envoyer un missile de ce type dans les airs et de le faire tomber quasiment à l'endroit voulu, même à des milliers de kilomètres. Néanmoins, il faudra aller plus loin. On finira par inventer des "téléautomates" capables d'agir comme s'ils avaient une intelligence propre, et leur avènement créera une révolution. En 1898 déjà, je proposai à des représentants d'une grosse société industrielle de construire et d'exposer publiquement une voiture qui, de manière autonome, serait capable de réaliser une grande variété d'opérations, dont certaines nécessitent quelque chose comme la faculté de jugement. Cependant, ma proposition fut jugée chimérique, et elle resta lettre morte.

Aujourd'hui, beaucoup d'hommes doués d'intelligence pratique essaient d'imaginer des expédients susceptibles d'empêcher que ne se répète ce conflit atroce, qui est théoriquement terminé, et pour lequel j'avais prédit la durée et son dénouement dans un article paru dans le Sun, le 20 décembre 1914. L'Alliance proposée n'est pas une solution, bien au contraire ; elle risque d'avoir des résultats à l'inverse de ceux espérés, selon l'avis d'un bon nombre d'hommes compétents. Il est particulièrement regrettable que le traité de paix inclue une politique de répression, parce que dans quelques années, il sera possible aux pays de se battre sans armées, bateaux ou armes à feu, mais avec des armes bien plus terribles dont l'action et la portée destructrices sera pratiquement sans limites. L'ennemi pourra détruire une ville à n'importe quelle distance et aucune puissance de la terre ne pourra l'en empêcher. Si nous voulons conjurer une catastrophe menaçante et éviter une situation susceptible de transformer ce globe en enfer, nous devrions accélérer le développement de machines volantes et de la transmission hertzienne sans plus attendre, avec tous les moyens dont dispose ce pays.

Nikola Tesla
Traduction de Liliane Roth

EDISON & TESLA

amessi.org

Les deux hommes étaient très différents dans leur façon d'approcher leurs inventions. C'était déconcertant pour Edison, qui souvent commenta à son ancien assistant, Charles Batchelor, que l'habilité de Tesla, pour construire quelque chose d'après des schémas dans son esprit, n'était pas naturelle. Il est remarquablement ironique que la rivalité entre les deux hommes, jusqu'à leurs morts, ait fournie la base de la plupart de la technologie moderne. Édison mourut en 1930 et Tesla en 1943. Cette rivalité, ayant engendré deux grandes compagnies, Général Electric et Westinghouse, se poursuit encore aujourd'hui.

Lorsque Tesla débarqua à New York, Edison avait déjà installé toute une industrie basée sur le courant continu. Mais ses installations étaient peu fiables, et les moteurs à courant continu tombaient souvent en panne, notamment à cause de l'usure de leurs contacteurs rotatifs (balais). Dès son arrivée, Tesla voulu parler à Edison des bienfaits du courant alternatif, mais ce dernier n'était pas intéressé et l'envoya travailler sur des installations à courant continu. Finalement, Tesla démissionna. En quelques mois, il mit au point et breveta de nombreux appareils à courant alternatif utilisant une, deux ou trois phases (notre courant moderne est le triphasé).

En 1887, George Westinghouse, président de la compagnie électrique du même nom, comprit l'importance du courant alternatif de Tesla. Il acheta ses brevets, et lui proposa un emploi au sein de sa compagnie afin de développer un système de distribution du courant alternatif, ainsi que ses dérivées : les dynamos, les transformateurs, et les moteurs alternatifs. Tesla établit bientôt son propre laboratoire : ses expériences portaient notamment sur la puissance de la résonance électrique, et sur divers types d'éclairage.

Finalement, la vision de Tesla et l'argent de Westinghouse sont venus à bout de l'entêtement d'Edison, qui soutenait toujours le courant continu, lors de l'exposition universelle de Chicago en 1893.

Toutes les installations de cette exposition étaient illuminés à partir de générateurs de tension alternative de 750 kilowatts chacun. Tesla montra qu'on pouvait transmettre du courant sans fil, grâce à son transformateur à haute fréquence, appelé : la bobine Tesla. Celle-ci a la capacité de créer des courants de très fortes tensions, mais avec une très faible intensité, ce qui la rend inoffensive pour l'être humain. Tesla put d'ailleurs le démontrer plusieurs fois grâce à son « homme électrique », qui pouvait « envoyer » des éclairs de plus de 40 mètres, et allumer des ampoules, des moteurs électriques à distance. Sans cette découverte, nous ne pourrions pas regarder la télévision, car celle-ci serait privée de tube cathodique. C'est à partir de cette exposition universelle de 1893 que le courant alternatif allait devenir le mode le plus largement répandu de distribution de l'électricité.

Le succès de Tesla fit remporter à la compagnie Westinghouse un contrat pour la réalisation de la centrale hydro-électrique des Chutes du Niagara, la plus grande jamais construite jusqu'alors. Ce fut la première pierre de l'utilisation à grande échelle de l'électricité alternative dans les entreprises et chez les particuliers.

La Science Védique

Nikola Tesla déclarait :

> *Les courants alternatifs, particulièrement ceux de fréquence élevée, traversent avec une facilité étonnante les gaz, même peu raréfiés. Les strates supérieures de l'atmosphère étant raréfiées, les seules difficultés à surmonter pour atteindre une distance de plusieurs kilomètres dans l'espace sont de nature purement mécanique. Il ne fait aucun doute qu'avec les potentiels énormes que l'on peut atteindre en utilisant les hautes fréquences et le procédé d'isolation à l'huile, les décharges lumineuses peuvent traverser de nombreux kilomètres d'air raréfié ; grâce à cette énergie de plusieurs centaines de milliers de chevaux-vapeur,*

les moteurs ou les lampes pourront être actionnés à des distances consi-
dérables des sources fixes.(.)

Avant longtemps, nos machines seront alimentées par une énergie
disponible en tout point de l'univers. L'idée n'est pas nouvelle. Nous
la trouvons dans le mythe d'Anthée, qui tire de l'énergie de la Terre. A
travers tout l'espace se trouve de l'énergie. Cette énergie est-elle statique
ou cinétique ? Si elle est statique, nos espoirs sont vains ; si elle est ciné-
tique — et nous savons qu'elle l'est — les hommes réussiront bientôt à
connecter leurs machines aux grands rouages de la nature.

Bien qu'a l'époque de cette déclaration on suppose que Tesla n'en avait pas eu d'approche, la description des mécanismes physiques de l'univers qu'il en donnait est proche de la science Védique.

Les Vedas sont une collection d'écrits vieux d'au moins 5000 ans : can-tiques, prières, mythes, comptabilité historique, dissertations sur les sci-ences, et la nature de la réalité. La nature de la matière, l'anti-matière, et la composition des structures atomiques sont décrites dans les Védas. La langue des Védas est appelée Sanskrit. Elle décrit des concepts to-talement étrangers à l'esprit de l'homme occidental : des mots uniques peuvent exiger un paragraphe entier pour une traduction en français.

Vers 1893, Nikola Tesla rencontra Swami Vivekananda, premier d'une succession de yogis, avec qui la philosophie Védique fut apporté à l'Ouest. Tesla à été fortement impressionné par la théorie des cycles donnée par les Hindous, ainsi que par la cosmogonie Samkhya, théorie de la matière et de l'énergie proche de celle de la physique moderne. Tesla a commencé utiliser les termes Sanskrit comme Akasha (matière) ou Prana (énergie), et le concept d'un éther lumineux pour décrire la source, l'existence et la construction de la matière.

Tesla ne parvint pourtant pas à démontrer le principe liant énergie et matière. Quelques années après la mort de Tesla, Albert Einstein publiait ses travaux sur la relativité. La cosmologie Védique se voyait ainsi confirmée par la science occidentale ; l' Est et l'Ouest se rencon-trait :ce qui été su en Orient depuis plusieurs millénaires était décou-vert en Occident.

En 1899, Tesla fit l'une de ses plus grandes découvertes : les ondes terrestres stationnaires.

L'idée est d'utiliser la Terre comme un énorme conducteur afin de communiquer sur toute la surface de notre planète, sans avoir les difficultés des ondes radios. Mais ce projet fut vite oublié, devant le succès remporté par la transmission radio.

La même année, il affirma avoir reçu, depuis son laboratoire, au Colorado, des signaux venus de l'espace. Bien que critiqué et tourné en dérision dans quelques magazines scientifiques, il crut dès lors à l'existence d'une forme de vie intelligente vivant ailleurs que dans le système solaire. Grâce aux possibilités offertes par sa bobine, il entreprit d'envoyer des éclairs dans l'espace : aujourd'hui, personne ne sait s'il eut quelconques réponses.

En 1900, il retourna à New-York afin de mettre en chantier une tour radio, application issue de sa bobine, qui pourrait émettre dans le monde entier. Sa méthode aurait été d'utiliser une fréquence spécifique de résonance de la Terre, pour transmette du courant alternatif grâce à un énorme oscillateur électrique. Ce projet était financé par J.P. Morgan, qui exigea en contre partie 51 % des droits des brevets portant sur la téléphonie et la télégraphie. Tesla espérait pouvoir faire communiquer le monde entier, fournissant des moyens rapides et faciles de transmission d'images, et d'informations.

La fin d'un génie

Le projet fut abandonné : Morgan retira ses fonds. La structure fut détruite en 1917. Les grands banquiers venaient de comprendre que Tesla travaillait pour alimenter le monde en énergie quasi-gratuite. Le pétrole devait avoir encore de beaux jours devant lui. Ce fut sans doutes le plus grand échec de Tesla.

Il orienta alors ses travaux sur les turbines, entre autres. A cause d'un manque d'argent, il ne put plus que reporter ses idées sur papier.

Tesla remporta un Prix Nobel en 1912, ainsi que deux autres, posthumes : « à l'un des hommes les plus intelligents du monde, qui traça la route de beaucoup de développements technologiques de notre temps».

Il breveta plus de 900 nouvelles méthodes pour aborder la conversion de l'énergie ; il reçut quatorze doctorats des universités du monde entier ; il a fait résonner la Terre entière en 1899 avec plus de 100 milliards de volts ; il a transmis de l'électricité sur une distance de plus de 40 km (sans fil) et alluma ainsi pour 10.000 watts d'ampoules électriques ; il mit au point le système de génération et de transport de l'électricité par courant alternatif qui éclaire le monde aujourd'hui ; il conçut un champ de force qui devait faire écran au-dessus de l'Amérique en cas d'attaque aérienne au cours de la Seconde Guerre mondiale ; il proposa un procédé pour la construction d'un rayon de la mort de particules chargées (qui est à présent une réalité : le projet *Star Wars*, sous la présidence de Ronald Reagan) ; en 1905, il traita de façon pratique la maîtrise du climat par l'électricité ; et il mit au point un système qui aurait transformé l'ionosphère en une source unique de lumière fluorescente qui aurait éclairé la Terre en permanence.

Cet homme d'un génie rare, Nikola Tesla, qui avait entassé plusieurs vies de recherche en une seule, mourut triste et oublié, le 7 janvier 1943. Peut être ses travaux étaient tellement avancés qu'il aura fallu deux générations pour administrer en toute sécurité ses découvertes.

Extrait d'une conférence de Nikola Tesla, le 20 mai 1891, à l'American Institute of Electrical Engineers de New York :

Nous arrivons à la fin d'un siècle qui a connu plus de bouleversements que tous les siècles précédents réunis. Les progrès de la science ont amélioré considérablement les conditions de vie de l'humanité. Et pourtant, malgré toutes les promesses des scientifiques, le monde dans lequel nous vivons est au bord de la rupture, il se dirige à une vitesse phénoménale vers une situation de catastrophe.

L'explosion démographique, la destruction de l'environnement, des forêts, tropicales et tempérées, surtout en Allemagne, l'augmentation de gaz carbonique dans l'atmosphère, la pollution de l'eau ne sont que quelques aspects qui nous font frémir. Nous avons atteint un seuil critique.

Nous en sommes tous pleinement conscients. A ceci s'ajoutent des tensions politiques et militaires, qu'on tente d'expliquer par des différences de conceptions politiques, économiques ou culturelles. La véritable raison en est pourtant la répartition inégale des richesses.

Le gouffre entre les plus riches et les plus pauvres, qui ne cesse de grandir, représente une véritable menace. Cette répartition inégale des richesses vient en grande partie du fait que la technologie actuelle n'est plus en mesure d'alimenter l'humanité de façon adéquate.

Nous continuons à vivre comme les premiers hommes il y a 30 000 ans. Il n'y a pas de différence fondamentale entre le feu de bois d'un chasseur de la préhistoire et le moteur d'une voiture. Ce que nous voyons, c'est que cette technologie n'est plus appropriée pour garantir le bien-être et la paix de la population du globe. L'énergie est donc un des enjeux majeurs de notre époque et de notre avenir.

LA VOITURE À ÉNERGIE LIBRE DE NIKOLA TESLA

Igor Spajic

Au cours de l'été de 1931, le Dr. Nikola Tesla fit des essais sur route d'une berline Pierce Arrow haut de gamme propulsée par un moteur électrique à courant alternatif, tournant à 1.800 t/m, alimenté par un récepteur de l'énergie puisée dans l'éther partout présent.

Pendant une semaine de l'hiver 1931, la ville de Buffalo, au nord de l'état de New York, USA, fut témoin d'un événement extraordinaire. La récession économique, qui avait ralenti les affaires et l'industrie, n'avait cependant pas diminué l'activité grouillante de la ville.

Un jour, parmi les milliers de véhicules qui sillonnaient les rues, une voiture de luxe s'arrêta le long du trottoir devant les feux à un carrefour. Un piéton observa cette toute nouvelle berline Pierce Arrow dont les coupelles de phares, d'un style typique de la marque, se fondaient joliment dans les garde-boue avant. L'observateur s'étonna de ce que, par cette fraîche matinée, aucune vapeur ne semblait jaillir du pot d'échappement; il s'approcha du conducteur et, par la fenêtre ouverte, lui en fit la remarque. Ce dernier salua le compliment et donna comme explication que la voiture ne «possédait pas de moteur».

Cette réponse n'était pas aussi saugrenue ni malicieuse qu'il n'y paraissait, elle comportait un fond de vérité. La Pierce Arrow n'avait, en effet, pas de moteur à explosion, mais un moteur électrique. Si le conducteur avait été plus disert, il aurait ajouté que ce moteur fonctionnait sans batteries, sans «combustible» d'aucune sorte. Le conducteur s'appelait Petar Savo, et bien qu'il fut au volant de la voiture, il n'était pas l'inventeur de ses caractéristiques étonnantes. Celles-ci étaient dues à l'unique passager, que Petar Savo désignait comme son «oncle», et qui n'était autre que ce génie de l'électricité: le Dr. Nikola Tesla (1856-1943).

Vers 1890, Nikola Tesla révolutionna le monde par ses inventions en électricité appliquée, nous donnant le moteur électrique à induction, le courant alternatif (AC), la radiotélégraphie, la télécommande par radio, les lampes à fluorescence et d'autres merveilles scientifiques. Ce fut le courant polyphasé (AC) de Tesla, et non le courant continu (DC) de Thomas Edison, qui initia l'ère de la technologie moderne.

Loin de s'endormir sur ses lauriers, Tesla continua à faire des découvertes fondamentales dans les domaines de l'énergie et de la matière. Des décennies avant Millikan, il découvrit les rayons cosmiques et fut un des premiers chercheurs sur les rayons X, les rayons cathodiques et autres tubes à vide.

Mais la découverte la plus potentiellement significative de Nikola Tesla fut que l'énergie électrique pouvait être propagée à travers la Terre et autour de celle-ci dans une zone atmosphérique, appelée la cavité de Schumann, comprise entre la surface de la planète et l'ionosphère, à environ 80 km d'altitude. Des ondes électromagnétiques de très basses fréquences, autour de 8 Hz, (la résonance de Schumann ou pulsation du champ magnétique terrestre), se propagent pratiquement sans perte vers n'importe quel point de la planète. Le système de distribution de force de Tesla et son intérêt pour l'énergie libre impliquaient que n'importe qui dans le monde pouvait y puiser, à condition de s'équiper du dispositif électrique idoine, bien accordé à la transmission d'énergie.

Ce fut une menace insupportable pour les intérêts des puissants distributeurs et vendeurs d'énergie électrique. La découverte provoqua la suppression de financements, l'ostracisme de l'establishment scientifique et le retrait progressif du nom de Tesla des livres d'histoire. En 1895, Tesla était une superstar de la science ; en 1917 il n'était virtuellement plus rien et dû se contenter de petites expériences dans un isolement quasi total. Avec son étique silhouette dans son pardessus ouvert de style d'avant '14, il annonçait ses découvertes et l'état de ses recherches aux journalistes lors de conférences de presse annuelles données à l'occasion de son anniversaire. C'était un mélange d'ego et de génie frustré. En 1931, Nikola Tesla eut soixante-quinze ans. Le magazine Times lui fit, dans un rare épanchement d'hommage médiatique, l'honneur d'un portrait à la Une et d'un article biographique. L'ingénieur scientifique vieillissant, dont la maigreur n'impliquait pas qu'il fût malade, avait les cheveux noirs luisants et le regard lointain d'un visionnaire.

Les voitures électriques sombrent dans l'oubli

Au début du 20e siècle, l'avenir s'annonçait brillant pour les automobiles électriques. Les visionnaires comme Jules Verne prévoyaient des véhicules pourvus de batteries, mécaniquement simples, silencieux, inodores, faciles à conduire et moins agressifs que les voitures à moteurs à essence.

Pour démarrer ces dernières, il fallait prérégler manuellement l'alimentation et l'avance à l'allumage, pomper l'accélérateur et lancer le moteur à la manivelle. Dans un véhicule électrique, il suffisait de tourner la clef et d'appuyer sur l'accélérateur.

A une époque où les ateliers de réparation étaient rares, les électriciens pouvaient dépanner facilement un simple moteur à courant continu. Il n'y avait pas d'huile à changer, de radiateur à remplir, de pompes à carburant et à eau à nettoyer, de problèmes de carburateur, de pot d'échappement rouillé à remplacer, d'embrayage et de transmission à régler, ni de pollution !

La consommation de graisse et d'huile se limitait aux paliers du moteur électrique et à quelques roulements et articulations de châssis.

Les grands magasins utilisaient des camions de livraison électriques. Les médecins commencèrent à faire leurs visites à domicile en « électrique », plus facile à entretenir qu'un boghei et un cheval. Les dames adoptèrent la voiture électrique pour sa facilité de fonctionnement. Comme les batteries limitaient l'autonomie et la vitesse de ces véhicules, ils suscitèrent l'intérêt pour une utilisation urbaine.

Hors des villes, les routes d'Amérique étaient si rudimentaires qu'elles devinrent le domaine réservé des moteurs à explosion, plus autonomes, plus rapides et dont la qualité augmenta rapidement. C'est ainsi qu'une sorte d'âge d'or des voitures électriques perdura en Amérique, alors qu'elles tombaient dans l'oubli dans le reste du monde. Parmi la horde

des fabriquants de véhicules électriques, les plus célèbres furent Detroit
Electric, Columbia, Baker, Rauch & Lang, et Woods. Ils prospérèrent,
dans leurs créneaux commerciaux respectifs, avec une gamme de modèles,
souvent élégants et de bon style, de conduites intérieures.

Cependant le talon d'Achille de ces automobiles électriques était la
faible capacité des batteries de type plomb acide, lourdes et dont le volume était acquis au détriment du rangement de bagages. Le poids nui-
sait à la maniabilité et à la performance, même par rapport aux normes
de l'époque. Les voitures électriques ne pouvaient dépasser les 70 à 80
km/h et de telles vitesses déchargeaient rapidement les batteries ; on
ne pouvait maintenir des pointes de 57 km/h que de courts moments
et les déplacements se faisaient généralement à 24 à 32 km/h. Il fallait
recharger les batteries toutes les nuits et le rayon d'action ne dépassait
guère les 160 km. Aucun fabriquant n'avait installé un générateur DC,
ce qui aurait apporté un peu de recharge en décélération, augmentant
légèrement l'autonomie. Au temps de la gloire d'Edison, des promesses
annonciatrices d'une percée novatrice dans le domaine des batteries
furent lancées, mais restèrent sans suite. Tandis qu'augmentait la fiabilité
et la vitesse des voitures à essence, les électriques perdirent la faveur du
public et devinrent l'apanage réputé des gentlemen retraités et des petites vieilles dames. Le démarreur électrique des voitures à essence fut
le dernier clou du cercueil de leur consœurs électriques.

Vint alors Nikola Tesla

Au cours des années 1960, un ingénieur aéronautique, Derek Ahlers,
rencontra Petar Savo et se lia d'amitié avec lui. Au fil des dix années de
leur relation, Savo parla de son illustre « oncle » Nikola Tesla et de ses exploits des années 1930. (bien qu'il ne fut pas son neveu, Savo le désignait
comme son « oncle « car plus jeune que lui). En 1930, Tesla invita son
« neveu » à le rejoindre à New York. Savo, qui était né en Yougoslavie en
1899 et était donc de 43 ans le cadet de Tesla, avait été un pilote chev-
ronné dans l'armée autrichienne, accepta avec enthousiasme l'occasion
qui lui était offerte de quitter son pays natal, également celui de Tesla.

Il partit ainsi pour l'Amérique et s'installa à New York. Ce fut en 1966 que monsieur Savo raconta, au cours d'une série d'interviews, le rôle qu'il joua dans l'affaire de la voiture électrique de Tesla.

Au cours de l'été de 1931, Tesla invita Savo à Buffalo, dans l'état de New York, afin de lui faire découvrir et essayer un nouveau type d'automobile que Tesla avait mis au point sur ses propres deniers. Buffalo est une bourgade proche des Chutes du Niagara, où la centrale hydroélectrique AC conçue par Tesla était entrée en service en 1895 ; événement qui avait marqué le sommet de sa renommée dans les milieux scientifiques académiques. Westinghouse Electric et Pierce Arrow Motor Car Company avaient conjointement mis au point cette voiture électrique expérimentale sous la conduite du Dr. Tesla. (Au début du 20e siècle, George Westinghouse avait acheté les brevets de courant AC de Tesla).

La société Pierce Arrow venait d'être rachetée par la Studebaker Corporation, rendant des fonds disponibles à l'innovation. Entre 1928 et 1933, la compagnie lançait ses nouvelles motorisations huit cylindres en ligne et douze cylindres en V, le modèle futuriste de démonstration Silver Arrow, un design renouvelé de sa gamme et de nombreuses améliorations techniques. La clientèle afflua et Pierce Arrow gagna d'importantes parts sur le marché des voitures de luxe qui connaissait cependant une régression en 1930. Ce climat de confiance fut favorable au développement de projets ambitieux tels que la voiture électrique de Tesla. Tout semblait possible dans l'ambiance à la fois arrogante et naïve qui régnait au sein de la compagnie. Ainsi une Pierce Arrow Eight de 1931 fut choisie pour faire des essais sur le terrain de l'usine à Buffalo. Son moteur à combustion interne avait été déposé, ne laissant que l'embrayage, la boite à vitesses et la transmission aux roues arrières. La batterie standard de 12 volts fut conservée et un moteur électrique de 80 CV fut posé.

Habituellement, les voitures électriques fonctionnaient avec des moteurs DC pour pouvoir utiliser le courant continu délivré par les batterie. Il eût été possible de transformer le DC en AC (courant alternatif) moyennant un convertisseur, mais à l'époque cet équipement était beaucoup trop volumineux pour pouvoir être installé dans une automobile.

Les voitures électriques avaient déjà vécu leur crépuscule, mais cette Pierce Arrow n'était pas équipée d'un moteur DC mais d'un moteur électrique AC qui tournait à 1.800 t/m. Le moteur proprement dit mesurait 102 cm de long par 76 cm de diamètre, était dépourvu de balais et muni d'un refroidissement à air par ventilateur frontal, et possédait un double câble d'alimentation qui aboutissait sous le tableau de bord, mais sans connexions. Tesla ne voulut pas révéler qui avait construit le moteur mais on pense que ce dût être un des ateliers de Westinghouse. Une tige d'antenne de 183 cm avait été fixée à l'arrière de la voiture.

L'affaire de la « Arrow-Ether »

Petar Savo rejoignit, comme convenu, son oncle célèbre et ils prirent le train à New York City pour le nord de l'état du même nom. Pendant le voyage, l'inventeur demeura secret quant à la nature de son expérience.

Arrivés à Buffalo, ils se rendirent dans un petit garage où les attendait la nouvelle Pierce Arrow. Le Dr. Tesla ouvrit le capot et procéda à quelques réglages du moteur. Ils rejoignirent ensuite une chambre d'hôtel pour préparer le matériel de l'électricien de génie. Dans une valise, Tesla avait amené 12 tubes à vide que Savo décrivit comme « d'une étrange facture », bien qu'au moins trois d'entre eux aient depuis été identifiés comme étant des tubes à faisceau correcteurs 70L7-GT. Ils étaient fichés dans un dispositif contenu dans une boite mesurant 61 x 30,5 x 15 cm. Cela n'était pas plus grand qu'un poste radio à ondes courtes et contenait les 12 tubes à vide, des résistances et du câblage. Deux barres de 0,6 cm de diamètre et 7,6 cm de long devaient de toute évidence être connectées aux câbles reliés au moteur.

Revenant à la voiture, ils placèrent la boite dans un logement prévu à cet effet, sous le tableau de bord, côté passager. Tesla connecta les deux barres et observa un voltmètre.

« Nous avons de la puissance » annonça-t-il, montrant la clef de contact à son neveu. Le tableau de bord contenait d'autres voyants dont Tesla ne voulut pas expliquer la raison d'être.

Savo démarra le moteur à la demande de Tesla, qui affirma : « le mo-

teur tourne », bien que Savo n'entendit rien. Cependant, le savant électricien étant assis à côté de lui, Savo enclencha une vitesse, appuya sur
l'accélérateur et sortit la voiture du garage.

Longtemps ce jour-là, Savo conduisit cette voiture sans carburant,
parcourant 80 km à travers Buffalo, puis dans la campagne. La Pierce
Arrow avait un tachymètre calibré jusqu'à 192 km/h ; elle fut poussée
jusqu'à 145 km/h, toujours dans un égal silence.

Comme ils parcouraient la campagne, le Dr. Tesla gagna confiance en
son invention et commença à s'en expliquer à son neveu. Le système
était capable de fournir indéfiniment de l'énergie à la voiture, mais bien
plus que cela : il était susceptible de satisfaire, en quantité excédentaire,
les besoins de toute une maison. Jusque là réticent à en expliquer le
principe, le Dr. Tesla admit cependant que son dispositif n'était autre
qu'un récepteur d'une « radiation mystérieuse qui venait de l'éther » et
qui « se trouvait disponible en quantité illimitée » ; « l'humanité », ajouta-
t-il « pourrait être reconnaissante de son existence ».

Pendant les huit jours suivants, Tesla et Savo essayèrent la Pierce
Arrow en ville et en campagne, à toutes les allures, depuis une vitesse
rampante jusqu'à 145 km/h. Les performances étaient équivalentes à
celles de n'importe quelle voiture de l'époque, à plusieurs cylindres, y
compris la Pierce Arrow Height de six litres de cylindrée développant
125 CV. Tesla prédit à Savo que son récepteur d'énergie serait bientôt
utilisé pour propulser des trains, des navires et des avions, autant que
des automobiles.

Finalement, l'inventeur et son assistant conduisirent la voiture à un
endroit prévu et secret : une vieille grange, près d'une ferme à une bonne
trentaine de kilomètres de Buffalo. Ils l'y laissèrent, Tesla emportant
avec lui la clef de contact et le dispositif récepteur.

Le roman d'espionnage continua. Petar Savo entendit des rumeurs
selon lesquelles une secrétaire avait été licenciée pour avoir parlé ouvertement des essais secrets. Ceci explique peut-être comment un reportage
embrouillé parut dans plusieurs quotidiens. On demanda à Tesla d'où
provenait l'énergie ; « de l'éther tout autour de nous », répondit-il du bout
des lèvres. Certains firent entendre que Tesla était fou et de quelque

façon acoquiné avec des forces occultes. Meurtri, Tesla se retira à son laboratoire new-yorkais avec sa boite mystérieuse. Ainsi prit fin sa brève incursion dans le domaine des applications à la propulsion automobile.

Cette histoire de fuite d'informations n'est peut-être pas entièrement exacte, car Tesla n'était pas allergique à une certaine publicité pour promouvoir ses idées et ses inventions ; encore qu'il eût toutes les raisons de se montrer circonspect car ses systèmes menaçaient le statu quo industriel régnant.

En 1930, la compagnie Pierce Arrow avait atteint le sommet de sa gloire, en 1931 elle était en déclin et en 1932 elle avait perdu US$ 3.000.000. En 1933, logée à la même enseigne, la compagnie parente Studebaker oscillait au bord de la faillite. L'attention se déplaça de l'innovation à la survie ; et c'est ici que prend fin notre histoire de la Pierce Arrow.

Le mystère dans l'énigme

Environ un mois après l'incident publicitaire, Petar Savo reçut un coup de téléphone de Lee DeForest, ami de Tesla et pionnier dans le domaine des tubes à vide. Il demanda à Savo si les essais lui avaient plu. Savo manifesta son enthousiasme et DeForest rendit hommage à Tesla, le qualifiant de plus grand inventeur connu au monde.

Plus tard, Savo s'enquit auprès de son oncle des progrès de son récepteur d'énergie et de ses applications. Le Dr. Tesla répondit qu'il était en négociation avec un chantier naval important en vue de l'équipement d'un navire d'un dispositif similaire à celui de la voiture électrique. Il s'abstint cependant de fournir des détails, car il était particulièrement prudent à propos de la protection de la propriété intellectuelle de son invention. Avec raison, car des intérêts puissants cherchaient à l'empêcher de mettre ses technologies en application et l'avaient déjà précédemment entravé. Le 2 avril 1934, le New York Daily News publia un article intitulé « Le rêve de puissance sans fil de Tesla est proche de devenir une réalité », décrivant « l'essai prévu d'une automobile utilisant une transmission sans fil d'énergie électrique ». Cet article était postérieur à l'essai et ne faisait aucune mention d'énergie «libre», vocable plus récent.

Quand vint le moment d'exposer ouvertement la voiture, la Westinghouse Corporation, sous la présidence de F.A. Merrick, installa Tesla, à ses frais, à l'hôtel New Yorker, le plus moderne et le plus luxueux de la ville. Le scientifique vieillissant y vécut gratuitement pour le restant de ses jours. Tesla fut aussi employé par Westinghouse pour une recherche non précisée dans le domaine de la radio et il mit fin à ses déclarations publiques concernant les rayons cosmiques. Westinghouse a-t-il acheté le silence indécis de Tesla concernant ses découvertes sur l'énergie libre? Ou ce dernier a-t-il été payé pour poursuivre des projets secrets, tellement spéculatifs qu'ils n'eussent pas constitué de menace pour l'industrie en place avant un avenir prévisible? Le rideau tombe sur cette interrogation.

Nikola Tesla

LE PROBLÈME DE L'INTENSIFICATION
DE L'ÉNERGIE HUMAINE

Le moteur de l'humanité—L'énergie du mouvement—Les trois
manières d'intensifier l'énergie humaine

Parmi la variété infinie de phénomènes que la Nature offre à nos sens,
le seul à nous frapper réellement d'étonnement et d'admiration est cette
activité incroyablement complexe que, dans son ensemble, nous appelons la vie humaine. Son origine mystérieuse porte le voile d'un passé
éternellement brumeux, sa nature nous est incompréhensible à cause
de sa complexité infinie, et son but est caché dans les profondeurs in-
sondables du futur. D'où vient-elle ? Qui est-elle ? Vers quoi tend-elle ?
Ce sont les grandes questions auxquelles les sages de tous les temps ont
cherché à répondre.

La science moderne dit : le Soleil est notre passé, la Terre est notre
présent et la Lune notre futur. Issus d'une masse incandescente, nous
nous transformerons en une masse gelée. Les lois de la Nature sont
impitoyables ; très vite nous sommes entraînés immanquablement vers
notre perte. D'après Lord Kelvin, notre espérance de vie serait relativement courte, soit de quelque six millions d'années, après quoi la lumière
éclatante du soleil se sera éteinte, sa chaleur fécondante aura disparu
et notre propre Terre ne sera plus qu'un bloc de glace, fonçant dans
la nuit éternelle. Toutefois, ne désespérons pas. Il subsistera toujours
une faible étincelle de vie et il se pourrait que, sur une étoile lointaine,
s'allume un nouveau feu. En effet, il semblerait que cette possibilité
séduisante soit tout à fait réaliste, si l'on en juge les superbes expérimentations du professeur Dewar avec l'air liquide, qui ont prouvé
que les germes de la vie organique ne sont pas détruits par le froid,
quelle que soit son intensité ; par conséquent, ils peuvent voyager dans

l'espace interstellaire. En attendant, notre route s'illumine des lumières éclatantes des sciences et des arts, dont l'intensité ne cesse d'augmenter ; ils font naître des merveilles et nous offrent des plaisirs qui nous aident grandement à oublier notre funeste destin.

Bien que nous n'arrivions pas à comprendre la vie humaine, nous savons avec certitude qu'elle est mouvement, de quelque nature qu'il soit. On ne peut parler de mouvement qu'en présence d'un corps qui est mû et d'une force qui le fait bouger. Partant, qui dit vie, dit masse animée par une force. Toute masse a son inertie et toute force cherche à perdurer. En raison de ces propriétés et conditions universelles, un corps quelconque, qu'il soit à l'arrêt ou en mouvement, aura tendance à rester en l'état, tandis qu'une force se manifestant où que ce soit et pour quelque raison que ce soit, engendre une force opposée équivalente, ce qui veut dire qu'immanquablement tout mouvement dans la nature doit être rythmique. Il y longtemps déjà que cette vérité toute simple a été énoncée par Herbert Spencer, quoique son raisonnement fût quelque peu différent. Elle est corroborée par toutes nos perceptions — par le mouvement d'une planète, le flux et le reflux des marées, par les répercussions de l'air, le balancement d'un pendule, les oscillations d'un courant électrique, et par tous les phénomènes infiniment variés de la vie organique. La vie humaine, dans son ensemble n'en atteste-t-elle pas ? La naissance, la croissance, la vieillesse et la mort d'un individu, d'une famille, d'une race ou d'une nation, sont-elles autre chose qu'un cycle ? Toutes les manifestations de la vie, même dans ses apparences les plus complexes — et l'homme en est un bel exemple -, même si elles sont compliquées et impénétrables, ne sont donc que des mouvements qui doivent être gouvernés par les mêmes lois mécaniques que celles qui régissent l'ensemble de l'univers physique.

Lorsque nous parlons de l'homme, notre conception doit être celle de l'humanité constituant un tout, et avant de mettre en pratique des méthodes scientifiques pour analyser son mouvement, nous devons d'abord l'accepter en tant que réalité physique. Mais qui donc douterait encore aujourd'hui que ces millions d'individus, avec leurs innombrables différences de types et de caractères, ne forment qu'une seule entité, une unité ? Bien que libres de penser et d'agir, nous sommes reliés entre nous comme les étoiles dans le firmament, par des liens résistant à toute épreuve. Ces liens, nous ne pouvons pas les voir, mais les ressentir. Si je me coupe le doigt, j'aurai mal ; ce doigt est une partie de mon corps. Si je vois un ami souffrir, je souffre aussi ; mon ami et moi ne faisons qu'un. Et si je vois un ennemi se faire abattre, j'en ai de la peine, bien qu'il ne soit qu'un amas de matière dont je ne me soucie pas plus que de tous les autres amas de matière dans l'univers. N'est-ce pas la preuve que chacun de nous n'est qu'une partie d'un tout ?

Ce concept est défendu par les doctrines religieuses les plus sages depuis des siècles, probablement parce que, non seulement il peut garantir la paix et l'harmonie entre les hommes, mais il incarne parallèlement une vérité bien fondée. Les bouddhistes l'expriment d'une manière, les chrétiens d'une autre, bien qu'ils disent tous deux la même chose : nous ne faisons qu'un. Toutefois, les preuves métaphysiques ne sont pas les seules que nous puissions avancer pour défendre cette idée. La science, elle aussi, reconnaît que les individus sont en connexion les uns avec les autres, bien que ce ne soit pas tout à fait dans le même sens où elle reconnaît que les soleils, planètes et lunes d'une constellation ne forment qu'un seul corps ; il ne fait aucun doute que dans un futur plus ou moins proche, nous en aurons des confirmations expérimentales, lorsque nos moyens et méthodes d'analyse psychiques et d'autres états et phénomènes seront hautement perfectionnés. En outre, cette grande entité humaine est éternelle. Les individus sont éphémères, les races et les nations apparaissent puis disparaissent, mais l'humanité survit. C'est en cela même que réside la différence majeure entre un individu et le tout. C'est également en cela que l'on peut trouver une explication partielle à beaucoup de ces merveilleux phénomènes héréditaires qui sont le fruit d'innombrables siècles d'influences minimes mais continues.

Partons du principe que l'humanité est une masse poussée par une force. Bien que ce mouvement n'ait pas un caractère de translation qui impliquerait un déplacement dans l'espace, il est soumis aux lois générales de la mécanique, et l'énergie associée à cette masse est mesurable, selon des principes bien connus, en multipliant la moitié du produit de la masse par le carré d'une vitesse donnée. Un boulet de canon, par exemple, possède au repos une certaine quantité d'énergie sous forme de chaleur que nous pouvons mesurer de la même manière. Nous disons que le boulet est constitué d'un nombre incalculable d'infimes particules appelées atomes ou molécules, qui vibrent ou tournoient les uns autour des autres. Nous déterminons leurs masses et leurs vitesses et calculons, à partir de là, l'énergie de chacun de ces minuscules systèmes ; en additionnant le tout, nous obtenons une idée de toute l'énergie thermique contenue dans le boulet qui, apparemment, est au repos. C'est de cette manière purement théorique que nous pouvons alors calculer cette énergie, en multipliant la moitié de la masse totale — c'est à dire la moitié de la somme de toutes les petites masses — par le carré d'une vitesse déterminée par la vitesse de chaque particule. C'est de cette même manière que nous pouvons envisager de mesurer l'énergie humaine, soit en multipliant la moitié de la masse humaine par le carré d'une vitesse que nous ne sommes pas encore en mesure de calculer. Toutefois, cette lacune n'affectera pas l'exactitude des conclusions que je vais en tirer et qui découlent d'un principe rationnel selon lequel toute la nature est gouvernée par les mêmes lois de masse et de force.

Cependant, l'humanité n'est pas une masse quelconque, constituée d'atomes et de molécules tournoyants, ne contenant que de l'énergie thermique. Elle est une masse avec certaines qualités supérieures, en raison du principe de vie créatif qui la caractérise. Sa masse, comme l'eau d'une vague dans l'océan, est continuellement renouvelée, la nouvelle remplaçant l'ancienne. En outre, elle grandit, se perpétue et meurt ; il y a donc altération indépendante du volume et de la densité de la masse. Et ce qu'il y a de plus extraordinaire, c'est qu'elle peut augmenter ou réduire la vitesse de son mouvement, grâce à son pouvoir mystérieux de s'approprier plus ou moins d'énergie d'une autre substance et de la transformer en énergie motrice. Toutefois, nous pouvons ignorer ces changements très lents et prétendre que l'énergie humaine se mesure par la moitié du produit de sa masse par le carré d'une certaine vitesse hypothétique. Cependant, quelle que soit notre manière de calculer cette vitesse, et quelle que soit l'unité de sa mesure, nous devons, en accord avec ce concept, arriver à la conclusion que le grand problème de la science est, et sera toujours, d'intensifier cette énergie ainsi définie. Il y a quelques années, je fus aiguillonné par la lecture de cet excellent ouvrage de Draper, « L'Histoire du développement intellectuel en Europe », qui décrit l'évolution de l'homme de manière très vivante, et je réalisai que le premier devoir de tout homme de science était de trouver une réponse à cet éternel problème. Je vais tenter de décrire brièvement certains des résultats de mes propres investigations.

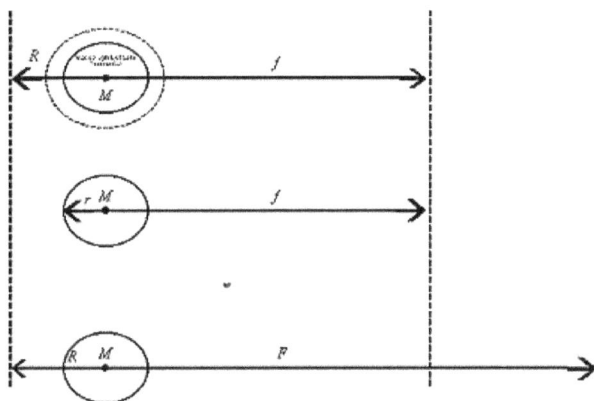

**Diagramme A : LES TROIS MANIÈRES
D'INTENSIFIER L'ÉNERGIE DE L'HUMANITE**

Prenons le Diagramme A : M représente la masse de l'humanité. Cette masse est poussée en avant par une force f et repoussée par une autre force R, partiellement force de friction et partiellement force négative, qui agit dans la direction opposée et qui freine le mouvement de la masse. Une telle force antagoniste est présente dans tout mouvement et il faut en tenir compte. La différence entre ces deux forces est la force effective qui donne une vitesse V à la masse M dans le sens de la flèche sur la ligne représentant la force f. Conformément à ce qui a été dit plus haut, l'énergie humaine sera déterminée par le produit $\frac{1}{2} MV^2 = \frac{1}{2} M V \times V$, M représentant la totalité de la masse de l'humanité, selon l'acception ordinaire du terme « masse », et V étant une vitesse hypothétique que, en l'état actuel de la science, nous sommes incapables de définir ou de déterminer avec précision. C'est pourquoi, intensifier l'énergie humaine, revient à augmenter ce produit et, comme nous allons le voir sous peu, il n'existe que trois manières d'atteindre ce résultat : elles sont représentées dans le Diagramme A. La première manière figure en haut du diagramme et il s'agit d'augmenter la masse (représentée par le cercle en pointillés), tandis que les deux forces en opposition ne changent pas. La deuxième manière figure au milieu du diagramme et il s'agit ici de réduire la valeur de la force de freinage R à une valeur r, tandis que la masse et la force d'impulsion ne changent pas. La troisième manière, représentée par la figure en bas du diagramme, consiste à augmenter la valeur de la force d'impulsion f à une valeur F, alors que la masse et la force de freinage R ne changent pas. Manifestement, il existe des limites absolues en ce qui concerne l'accroissement de la masse ou la réduction de la force de freinage ; toutefois, la force d'impulsion, elle, peut être intensifiée à l'infini. Chacune de ces trois possibilités présente une facette différente du problème majeur de l'intensification de l'énergie humaine ; nous allons maintenant analyser ses trois parties distinctes, dans l'ordre.

Première question : comment augmenter la masse
humaine ? — La combustion de l'azote dans l'atmosphère

Il existe manifestement deux façons d'augmenter la masse de l'humanité : premièrement, en stimulant et soutenant les forces et conditions qui permettent son développement et deuxièmement en faisant obstacle à et en réduisant celles qui ont tendance à la diminuer. La masse pourra augmenter à condition qu'elle surveille attentivement sa santé, en se nourrissant convenablement, en respectant la modération, en régulant ses habitudes, en promouvant le mariage, en surveillant constamment les enfants et, d'une manière plus générale, en respectant les nombreuses règles et lois des religions et de l'hygiène. Toutefois, une nouvelle masse peut se joindre à l'ancienne selon trois possibilités. Soit la nouvelle masse a la même vitesse que l'ancienne, soit elle a une vitesse inférieure ou supérieure. Pour obtenir une idée de l'importance relative de ces trois possibilités, imaginez un train, comptant une centaine de locomotives, qui roule sur des rails, et supposez que, pour augmenter son énergie motrice, quatre locomotives supplémentaires viennent le compléter. Si ces quatre locomotives avancent à la même vitesse que celle du train, l'énergie globale sera augmentée de 4% ; si leur vitesse est égale à la moitié de celle du train, l'augmentation ne sera que de 1%; mais si leur vitesse est le double de celle du train, l'augmentation de l'énergie sera de l'ordre de 16%. Cet exemple très simple montre bien qu'il est très important que la nouvelle masse ait une vitesse plus élevée. Ou, pour citer un autre exemple, si les enfants ont le même degré de développement que leurs parents — c'est-à-dire s'ils représentent une masse « de vitesse égale » - l'énergie augmentera simplement proportionnellement au nombre d'enfants. S'ils ont une intelligence ou un développement inférieurs, ils seront une masse « de vitesse inférieure » et l'augmentation de l'énergie ne sera que très faible. Par contre, s'ils sont plus avancés, soit une masse « de vitesse supérieure », alors cette nouvelle génération renforcera l'énergie humaine globale de manière très substantielle. Il est impératif d'empêcher toute arrivée d'une masse « de vitesse inférieure » à celle requise par cette loi que paraphrase ce proverbe, *Mens sana in corpore sano* (un esprit sain dans un corps sain). Par exemple, le fait de ne chercher qu'à développer la musculature comme cela se pratique dans certains de nos lycées, me semble équivalent à un apport de masse de « vitesse inférieure » et je ne le conseille pas, quoique mon point de vue fût différent lorsque j'étais moi-même étudiant. La première chose à faire est de pratiquer des exercices physiques avec modération, afin d'assurer un bon équilibre entre le corps et l'esprit, et le plus haut rendement intellectuel. L'exemple ci-dessus montre que l'objectif le plus important est celui de l'éducation, ou de l'augmentation de la « vitesse » de la masse nouvellement arrivée.

À l'inverse, il n'est guère besoin de préciser que tout ce qui va à l'encontre des doctrines religieuses et des lois d'hygiène tend à réduire la masse. Le whisky, le vin, le thé, le café, le tabac et autres excitants sont responsables de la baisse de la durée de vie de nombreuses personnes et devraient être utilisés avec modération. Toutefois, je ne pense pas qu'il soit judicieux de supprimer des habitudes ancrées depuis des générations en appliquant des mesures rigoureuses. Il est plus sage de prêcher la modération que l'abstinence. Nous sommes devenus dépendants de ces stimulants, et s'il est nécessaire de faire des réformes, elles devront être lentes et graduelles. Ceux qui consacrent toute leur énergie dans de tels buts feraient mieux de se tourner vers d'autres directions où ils seraient plus utiles, comme par exemple la distribution d'une bonne eau potable.

Pour chaque personne qui succombe aux effets d'un stimulant, il y en a au moins mille qui meurent des conséquences de l'absorption d'eau polluée. Ce liquide précieux, qui diffuse tous les jours une nouvelle vie dans nos corps, est parallèlement le principal vecteur des maladies et de la mort. Les germes de la destruction qu'il véhicule sont des ennemis d'autant plus menaçants qu'ils œuvrent subrepticement. Ils décident de notre sort pendant que nous vivons et jouissons de cette vie. La majorité des gens sont tellement ignorants ou peu attentifs dans leur consommation d'eau et les conséquences de ces négligences sont tellement désastreuses, qu'un philanthrope qui se consacrerait à informer ceux qui se nuisent de la sorte, ne pourrait pas se rendre plus utile. Si l'eau potable était systématiquement purifiée et stérilisée, la masse humaine augmenterait de manière considérable. Il faudrait faire respecter une consigne très stricte — qui pourrait être renforcée par le vote d'une loi -, à savoir de faire bouillir ou de stériliser l'eau dans tous les ménages et lieux publics. Le simple filtrage est insuffisant pour prévenir toute infection. Toute la glace à usage interne devrait être préparée artificiellement à partir d'une eau parfaitement stérile. S'il est généralement reconnu qu'il est très important d'éliminer les germes pathogènes de l'eau potable dans les villes, on ne fait cependant pas grand chose pour améliorer la situation actuelle, dans la mesure où l'on n'a pas encore découvert de méthode satisfaisante pour stériliser de grandes quantités d'eau. Grâce à des appareils électriques perfectionnés, il devient aujourd'hui possible de produire de l'ozone à bas coût et en grandes quantités, et ce désinfectant idéal semble être une solution heureuse à ce problème crucial.

La passion des jeux, le stress des affaires et l'excitation — principalement celle en milieu boursier—sont grandement responsables de la réduction de la masse, d'autant plus que les individus concernés sont des unités de valeur supérieure. L'incapacité de dépister les premiers symptômes d'une maladie et le fait de négliger cette dernière avec désinvolture, représentent d'importants facteurs de mortalité. En relevant soigneusement les moindres signes d'un danger imminent et en ciblant consciencieusement tous nos efforts pour s'en prévenir, nous suivrions non seulement les sages lois de l'hygiène dans l'intérêt de notre bien-être et la réussite de nos entreprises, mais nous agirions parallèlement au nom d'un devoir moral plus élevé. Chacun devrait considérer son corps comme le cadeau précieux de quelqu'un qui l'aime par-dessus tout, comme une merveilleuse œuvre d'art, dont la beauté et la maîtrise dépassent l'entendement humain, d'une délicatesse et d'une fragilité telles qu'un mot, un souffle, un regard, voire une pensée, est susceptible de la blesser. La malpropreté qui engendre la maladie et la mort est non seulement autodestructrice, mais aussi une habitude hautement immorale. En préservant notre corps de toute infection, en veillant à sa bonne santé et à sa pureté, nous exprimons notre vénération pour les principes supérieurs qui l'habitent. Celui qui suit les règles d'hygiène dans cet esprit, témoigne d'une grande exigence morale. Le relâchement des mœurs est un mal terrible qui empoisonne l'esprit comme le corps et qui est responsable de la grande réduction de la masse humaine dans certains pays. De nombreux penchants et coutumes actuels entraînent des résultats pareillement nuisibles. Par exemple, la vie en société, l'éducation moderne et les ambitions des femmes qui ont tendance à les éloigner de leurs tâches ménagères et à se comporter comme des hommes, vont obligatoirement les détourner de l'idéal élevé qu'elles représentent, réduire leur pouvoir de création artistique et entraîner la stérilité et un affaiblissement général de la race. Je pourrais citer un millier de maux supplémentaires mais, dans l'ensemble et relativement au sujet qui nous préoccupe, ils n'égaleraient jamais ce seul autre, à savoir le manque de nourriture engendré par la pauvreté, la misère et la famine. Des millions d'individus meurent chaque année faute de nourriture et, partant, la masse ne peut pas augmenter. Même dans nos communautés plus évoluées et malgré les nombreuses œuvres caritatives, cela reste, selon toute vraisemblance, le fléau majeur. Je n'entends pas par-là le manque absolu de nourriture, mais celui d'une alimentation équilibrée et saine. Un des problèmes les plus importants d'aujourd'hui est donc d'arriver à obtenir de la bonne nourriture en grande quantité. En règle générale, l'élevage de bétail comme moyen de subvenir aux besoins de nourriture est répréhensible, parce que, compte tenu de ce que j'ai dit plus haut, cela conduirait inévitablement à un complément de masse de plus « faible vitesse ». Il est certainement préférable de cultiver des légumes et c'est pourquoi je pense que le végétarisme est le meilleur moyen de se débarrasser des habitudes barbares actuelles. Il est manifeste que nous sommes capables de survivre en ne mangeant que des végétaux et même d'améliorer notre potentiel de travail. De nombreuses races, qui ne se nourrissent pratiquement que de végétaux, affichent une forme et une force physiques supérieures. Il ne fait aucun doute que certains végétaux, comme la farine d'avoine, sont plus économiques que la viande et sont mieux adaptés qu'elle pour atteindre de hautes performances mécaniques et mentales. En outre, une telle nourriture éprouve incontestablement moins nos organes de digestion et a une valeur inestimable, dans la mesure où elle nous nourrit mieux et nous rend plus sociables. En raison de ces faits, il faudrait tout mettre en œuvre pour que cesse cet abattage gratuit et cruel des animaux, qui témoigne de mœurs subversives. Afin de nous libérer des instincts et appétits bestiaux qui nous avilissent, il faut s'attaquer à leurs racines mêmes : nous devrions réformer radicalement notre comportement face à la nourriture.

Il semblerait qu'il n'y ait aucun besoin philosophique de nourriture. Il est tout à fait envisageable que des êtres organisés puissent vivre sans nourriture et puiser dans le milieu environnant toute l'énergie dont ils ont besoin pour le bon équilibre de leurs fonctions vitales. Un cristal nous apporte la preuve très nette de l'existence d'un principe vital formateur, et bien que nous soyons incapables de comprendre la vie d'un cristal, il n'en est pas moins un être vivant. À côté des cristaux, il se pourrait qu'il y ait d'autres formes de vie matérielles et individualisées, peut-être de constitution gazeuse ou composées de substances encore plus ténues. En raison de cette possibilité—voire probabilité—nous ne pouvons pas, d'amblée, renier l'existence de formes de vie organisées sur une autre sphère, tout simplement parce que nous pensons que ses facteurs planétaires ne permettent pas l'existence de la vie telle que nous la concevons.

Par ailleurs, nous ne pouvons pas prétendre avec certitude que certaines de ces formes de vie n'existent pas ici, dans notre monde, au milieu de nous, car leur constitution et leur manifestation de vie sont susceptibles d'être d'une nature telle, que nous sommes incapables de les percevoir.

Évidemment, on pourrait envisager de produire une nourriture artificielle comme moyen d'augmenter la masse humaine ; toutefois, une démarche dans ce sens ne me paraît pas raisonnable, du moins pour le moment. Il n'est pas certain que ce type d'alimentation nous soit salutaire. Nos habitudes sont le produit d'adaptations séculaires continues et nous ne pouvons pas les changer de manière radicale, sans risquer de devoir subir des conséquences imprévues et, selon toute probabilité, désastreuses. Une expérience aussi équivoque ne devrait pas être tentée. Il me semble que le meilleur moyen de parer aux ravages du mal, serait de trouver des moyens pour augmenter la rentabilité des sols. C'est pourquoi la préservation des forêts est d'une importance qu'il ne faudrait pas sous-estimer ; parallèlement, il faudrait grandement préconiser l'utilisation de l'énergie hydraulique pour la transmission de l'électricité, ce qui, de bien des façons, éviterait que le bois ne serve de combustible et, partant, la déforestation. Toutefois, tous ces moyens ne permettent que des progrès limités.

Pour que la terre devienne plus productive, elle a besoin d'être fertilisée plus efficacement par des moyens artificiels. Partant, le problème de la production alimentaire se réduit à celui de la recherche du meilleur fertilisant. Nous ne savons toujours pas ce qui a rendu le sol fertile. Expliquer son origine reviendrait probablement à expliquer l'origine de la vie elle-même. La roche qui s'est désintégrée sous l'effet de l'humidité, de la chaleur, du vent et des intempéries, n'a pas pu, à elle seule, entretenir la vie. Une condition quelconque et inexpliquée a dû surgir, portant en elle un nouveau principe, qui permit la formation de la première couche susceptible d'entretenir des organismes inférieurs, comme la mousse. Les mousses alors contribuèrent par leur vie et leur mort à enrichir la qualité porteuse de vie du sol, ce qui permit à d'autres organismes plus complexes de se développer, et ainsi de suite, jusqu'à ce que s'épanouissent finalement des végétaux plus développés et la vie animale. Bien que les théories relatives à la fertilisation originelle du sol soient toujours controversées, force est de constater que le sol ne peut pas entretenir la vie indéfiniment et qu'il faut trouver le moyen de lui redonner les substances qui lui ont été retirées par les végétaux. Les composés d'azote sont les plus importantes et les plus précieuses de toutes ces substances et c'est pourquoi leur production à bas coût est la clé qui résoudra le problème majeur de la nourriture. Notre atmosphère est une source inépuisable d'azote et si nous savions l'oxyder et produire ces composés, l'humanité en serait le premier bénéficiaire.

Cela fait très longtemps que cette idée trotte dans la tête des scientifiques, mais jusqu'ici ils n'ont pas trouvé de moyens vraiment efficaces pour atteindre ce but. Le problème est d'autant plus ardu que l'azote a une inertie exceptionnelle et qu'il ne se laisse même pas combiner avec l'oxygène. Cependant, voilà que l'électricité vient au secours des scientifiques : les capacités de réaction en sommeil dans cet élément, peuvent être stimulées par un courant électrique adéquat. De la même manière qu'un morceau de charbon, bien qu'ayant été en contact avec l'oxygène pendant des siècles sans jamais brûler, va se combiner à lui lorsqu'il aura été allumé, l'azote excité par l'électricité va s'enflammer. Toutefois, je n'ai pas réussi à produire des décharges électriques susceptibles d'exciter de manière efficace l'azote atmosphérique jusqu'à une date relativement récente, bien que, déjà en mai 1891, j'aie expliqué lors d'une conférence scientifique, une nouvelle forme de décharge, ou flamme électrique appelée « feu électrique de St Elme » qui, en plus de son potentiel de produire de l'ozone en abondance, possède aussi les qualités exactes pour exciter des réactions chimiques. Cette décharge, ou flamme, mesurait alors seulement de 7,5 cm à 10 cm de long, son action chimique était tout aussi faible et, par conséquent, le processus de l'oxydation de l'azote fut un échec. Le problème était de savoir comment intensifier la réaction. Il fallait, manifestement, produire des courants électriques d'un certain type, afin de rendre le processus de l'ignition de l'azote plus efficace.

J'ai réalisé mes premiers progrès après avoir découvert que la réaction chimique de la décharge pouvait être considérablement amplifiée en utilisant des courants de fréquence ou de taux vibratoire extrêmement élevé. Ce fut un nouveau pas important, mais dans la pratique, il ne m'a pas permis d'aller beaucoup plus loin. J'allai donc étudier, dans une étape suivante, les effets de la tension électrique des impulsions du courant, de leurs formes d'onde et autres traits caractéristiques. Puis j'analysai l'influence de la pression atmosphérique et de la température, celle de la présence d'eau et d'autres éléments, et c'est ainsi que, progressivement, j'allai assurer les meilleures conditions pour déclencher la plus forte réaction chimique de la décharge et obtenir le plus haut degré d'efficacité du processus. Évidemment, les progrès furent lents ; toutefois j'avançai, petit à petit. La flamme devint de plus en plus grande et son effet d'oxydation de plus en plus intense. Alors qu'elle ne fut au début qu'une étincelle insignifiante de quelques centimètres de long, elle se transforma en un merveilleux phénomène électrique, un feu rugissant, dévorant l'azote dans l'atmosphère et mesurant entre 18 m et 21 m. Ce qui ne fut donc initialement qu'une hypothèse devint lentement, presque imperceptiblement, une réalité. Je n'en ai pas encore fini de mes travaux, loin s'en faut, mais si vous vous reportez à la figure 1, dont le titre est révélateur, vous verrez à quel point mes efforts ont été récompensés.

La décharge qui est visible sous la forme d'une flamme a été produite par des oscillations électriques intenses qui passent par la bobine et qui excitent violemment les molécules électrifiées dans l'air. Cela permet de créer une puissante réaction entre deux constituants de l'atmosphère habituellement indifférents l'un à l'autre, qui se combinent très vite, sans que soit prise une mesure additionnelle quelconque pour intensifier la réaction chimique de la décharge. Lors de la production de composés d'azote selon ce procédé, il faudra évidemment veiller à utiliser tous les moyens qui permettent d'amplifier l'intensité de la réaction et l'efficacité du processus. Par ailleurs, il faudra prendre les dispositions nécessaires pour fixer les composants qui se seront formés, parce qu'ils sont en général instables, l'azote redevenant inerte en très peu de temps.

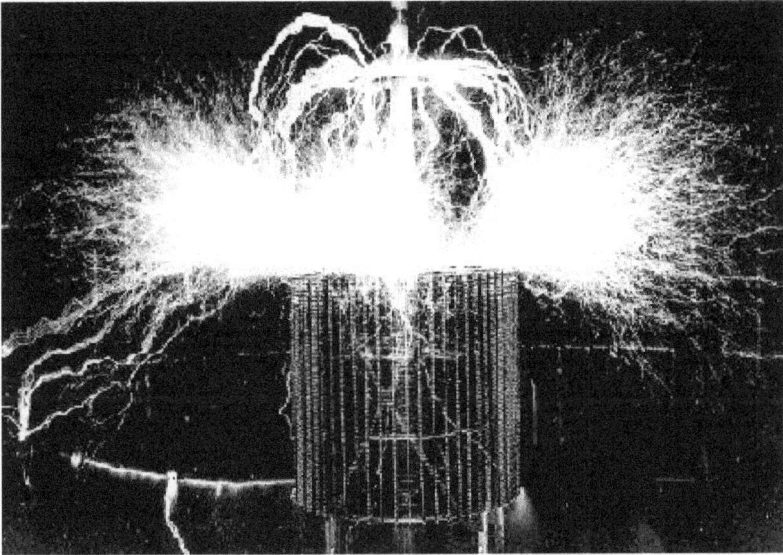

Figure 1 : « Pour brûler l'azote dans l'atmosphère « Ce résultat fut obtenu par la décharge d'un oscillateur électrique de 12 millions de volts. La tension électrique alternant 100 000 fois par seconde, excite l'azote normalement inerte et provoque sa combinaison avec l'oxygène. La décharge ressemblant à une flamme sur la photo mesure près de 20 m.

La vapeur est un moyen simple et efficace pour fixer les composés de façon permanente. Les résultats obtenus montrent qu'il est possible d'oxyder l'azote dans l'air en quantités illimitées, en n'utilisant qu'une puissance mécanique bon marché et des appareils électriques très simples. De nombreux composés d'azote peuvent être produits à travers le monde de cette manière, à bas coût, et en quantité voulue ; et grâce à ces composés, le sol pourra être fertilisé et sa productivité ne cessera d'augmenter. C'est ainsi que l'on pourra obtenir une abondance de nourriture saine et bon marché, naturelle, et à laquelle nous sommes déjà habitués. Cette nouvelle source inépuisable de nourriture sera d'un secours inestimable pour l'humanité, car elle va contribuer à l'augmentation de la masse humaine et à une intensification énorme de son énergie. J'espère que bientôt le monde verra naître une industrie qui, d'ici quelque temps, atteindra une importance comparable à celle de l'industrie sidérurgique.

Deuxième question : comment réduire la force freinant la masse de l'humanité ? — La science des « téléautomates »

Comme je l'ai déjà dit plus haut, la force qui ralentit l'humanité dans sa marche est en partie une force de friction et en partie une force négative. Pour illustrer la différence entre ces deux forces, je dirai, par exemple, que l'ignorance, la bêtise et l'imbécillité sont des forces de pure friction, ou des résistances, dépourvues de toute tendance directionnelle. Quant aux fantasmes, à la démence, aux tendances autodestructrices, au fana- tisme religieux, et aux types de comportement analogues, ce sont tous des forces à caractère négatif, qui agissent dans des directions bien définies. Afin de réduire, voire de vaincre ces forces de freinage dissemblables, il faut utiliser diverses méthodes radicalement différentes. Par exemple, on sait ce dont un fanatique est capable, et on peut prendre des mesures préventives, on peut lui expliquer, le convaincre et même le remettre dans le droit chemin et changer son vice en vertu ; mais il est impos- sible de prévoir les actes d'une brute ou d'un imbécile et on est obligé d'agir avec lui comme on le ferait avec une masse inerte, sans jugeote, déchaînée par les éléments furieux. Une force négative sous-entend la présence de quelque talent, qui est parfois remarquable, bien que mal orienté, mais qu'il est possible de maîtriser et de dompter à l'avantage de la personne. Par contre, une force de friction sauvage sous-entend im- manquablement des dégâts. Par conséquent, la première réponse d'ordre général à la question ci- dessus est : il faut remettre toutes les forces négatives dans le droit chemin et réduire toutes les forces de friction.

Il ne fait aucun doute que, parmi toutes les résistances de friction, celle qui retarde le plus la progression de l'humanité est l'ignorance. Ce n'est pas sans raison que le sage Bouddha a dit : « l'ignorance est la plus grande plaie dans ce monde. » La friction qui résulte de l'ignorance, et qui est largement amplifiée par les nombreuses langues et nationalités, ne peut être réduite que par la diffusion de la connaissance et la réunification de tous les éléments hétérogènes de l'humanité ; ce devrait être notre objectif principal. Bien que l'ignorance ait retardé la marche en avant de l'homme dans le passé, il est manifeste qu'aujourd'hui, ce sont les forces négatives qui prédominent. Parmi elles sévit une force beaucoup plus importante que les autres, à savoir les organisations militaires. Si nous considérons les millions d'individus — souvent les plus capables d'un point de vue mental et physique et qui sont le fleuron de l'humanité — contraints à une vie d'inactivité et de non-productivité, si nous considérons les immenses sommes d'argent nécessaires à l'entretien quotidien des armées et des machines de guerre qui demande un gros investissement humain, et tous ces efforts inutiles consacrés à la production d'armes et d'instruments de destruction, les pertes humaines et l'entretien d'un esprit barbare, il y a de quoi être consterné devant cet énorme gâchis résultant de ce contexte déplorable. Comment pouvons-nous combattre au mieux ce terrible fléau ?

Les lois et l'ordre public nécessitent le maintien de forces organisées. Aucune communauté ne peut exister et prospérer sans une discipline rigoureuse. Chaque pays doit pouvoir se défendre au besoin. La situation actuelle n'est pas le fruit du passé, et un changement radical ne peut pas s'opérer dès demain. Si les nations procédaient au désarmement en même temps, il est plus que probable que s'ensuivrait une situation pire que la guerre elle-même. La paix universelle est un très bel objectif, toutefois il ne peut être atteint d'un seul coup. Nous avons vu dernièrement que même les efforts les plus nobles des hommes investis de la plus grande puissance mondiale, n'ont pratiquement eu aucun effet. Et ce n'est pas étonnant, car l'instauration de la paix universelle est, pour le moment, matériellement impossible. La guerre est une force négative qui ne peut pas être transmuée en énergie positive, sans passer d'abord par les phases intermédiaires. C'est comme si l'on cherchait à faire tourner en sens opposé une roue en mouvement, sans d'abord la freiner, l'arrêter et la faire repartir dans l'autre sens.

On a prétendu que le perfectionnement d'armes de destruction massive mettrait un terme aux guerres. J'ai partagé ce sentiment moi-même pendant très longtemps, mais aujourd'hui je m'aperçois que c'est une grosse erreur. De tels développements en modifieront le déroulement, mais ils ne les empêcheront pas. Au contraire, je pense que chaque invention d'une arme nouvelle et chaque nouvelle recherche dans cette direction, ne font qu'appâter de nouveaux talents et compétences et attiser une nouvelle ardeur, car elles représentent un aiguillon et sont donc génératrices d'une force d'impulsion pour de nouveaux développements. Prenons comme exemple la découverte de la poudre à canon. Pouvons-nous imaginer un changement plus radical que celui qui a fait suite à cette découverte ? Imaginons que nous vivions à cette époque : n'aurions-nous pas pensé que le temps des guerres était révolu, maintenant que l'armure du chevalier devenait un accessoire ridicule et que la force physique et l'adresse, jusque-là vitales, perdaient toute leur valeur ? Pourtant, la poudre à canon n'a pas arrêté les guerres, bien au contraire, ce fut un stimulant puissant. Je ne crois pas non plus que les guerres pourront un jour cesser par le truchement de quelque développement scientifique ou idéologique, aussi longtemps que règneront des conditions semblables ou analogues à celles d'aujourd'hui, car la guerre est elle-même devenue une science et elle en appelle à certains sentiments les plus sacrés dont l'homme soit capable. En fait, on peut se demander si un homme qui refuserait de se battre au nom d'un principe élevé serait bon à quoi que ce soit. Ce n'est pas l'esprit qui fait l'homme, ni le corps du reste ; c'est l'esprit et le corps. Nos vertus et nos faiblesses sont inséparables, comme le sont l'énergie et la matière. L'homme n'existe pas en dehors de cette dualité.

Un autre argument de poids entendu fréquemment, dit que les guerres deviendront bientôt impossibles, sous prétexte que les moyens de défense surpassent les moyens d'attaque. Cette assertion est conforme à une loi fondamentale qui, en substance, dit qu'il est plus facile de détruire que de construire. Cette loi définit les compétences et la place de l'homme. Parce que s'il était plus facile de construire que de détruire, rien n'arrêterait plus l'homme de créer et d'accumuler sans limites. Cette conjecture est impossible sur notre terre. Si un être avait un tel pouvoir, il ne serait pas un homme, mais un dieu. La défense aura toujours l'avantage sur l'offensive, mais il me semble qu'elle ne suffise pas pour arrêter les guerres. Il est possible de rendre les ports imprenables en mettant en place de nouveaux systèmes de défense, toutefois ceux-ci ne vont pas empêcher deux navires de guerre de s'affronter en haute mer. Et puis, si nous allons au bout de ce raisonnement, nous arriverons à la conclusion qu'il vaudrait mieux pour l'humanité que les rapports de force entre l'attaque et la défense soient inversés. Car si chaque pays, même le plus petit, pouvait s'entourer d'un mur complètement infranchissable et pouvait défier le reste du monde, on arriverait à une situation extrêmement défavorable au progrès de l'humanité. C'est en abolissant toutes les barrières qui séparent les peuples et les pays que la civilisation peut avancer le mieux.

D'autres encore prétendent que l'avènement de l'industrie aéronautique va favoriser la paix universelle. Cependant, je crois que là aussi, on se fourvoie totalement. Cette industrie va certainement émerger bientôt, mais elle ne changera rien à la situation. En fait, je ne vois pas pourquoi une grande puissance comme la Grande-Bretagne ne règnerait pas sur les airs comme sur les mers. Je ne voudrais pas que l'on me prenne pour un prophète, toutefois, je suis sûr que dans les prochaines années naîtra une «puissance de l'air» et que son centre ne sera pas loin de New York. Néanmoins, les hommes continueront joyeusement de se battre.

Dans l'idéal, le développement du principe de guerre devrait finalement conduire à la transformation de toute l'énergie de guerre en une énergie explosive purement potentielle, comme celle d'un condensateur électrique. De cette manière, l'énergie de guerre pourrait être conservée sans peine ; de quantité nettement moindre, elle pourrait cependant être beaucoup plus efficace.

Quant à la sécurité d'un pays face à une invasion étrangère, il est intéressant de relever qu'elle ne dépend que du nombre relatif — et non absolu — des individus et de l'importance de leurs forces et que, si chaque pays réduisait sa puissance de guerre dans les mêmes proportions, la sécurité s'en trouverait inchangée. C'est pourquoi il faudrait un traité international, dont l'objectif serait de réduire ces forces de guerre à un minimum — qui reste absolument indispensable, en raison de l'éducation toujours imparfaite des masses. C'est le premier pas sensé, si on cherche à réduire la force qui freine l'humanité dans sa progression.

Heureusement, il est impossible que les conditions actuelles perdurent indéfiniment, car un nouveau facteur commence à s'imposer. Les choses vont changer pour le mieux, c'est imminent, et je vais maintenant tenter de vous montrer ce qui, selon moi, sera la première avancée vers l'instauration de relations pacifiques entre les pays et par quels moyens elle pourra finalement être réalisée.

Remontons aux tout débuts, lorsque la loi du plus fort était la seule loi. L'étincelle de la raison n'existait pas encore et le faible était totalement à la merci du plus fort. Le faible alors commença à apprendre à se défendre. Il se servit d'une massue, de pierres, d'une lance, d'une fronde, d'un arc et de flèches et, au fil du temps, l'intelligence vint remplacer la force physique comme facteur décisif dans ses affrontements. Son caractère sauvage fut petit à petit tempéré par l'apparition de sentiments plus nobles et ainsi, imperceptiblement, après des siècles de progrès continus, nous avons passé de la bataille sauvage de la bête aveugle à ce que nous appelons «la guerre civilisée» d'aujourd'hui, au cours de laquelle les antagonistes se serrent les mains, se parlent avec courtoisie et fument des cigares durant les trêves, prêts à reprendre le conflit meurtrier au premier signal. Laissez dire les pessimistes, car c'est la preuve manifeste que l'homme a fait de grands et heureux progrès.

Et maintenant, quelle est la prochaine étape dans cette évolution? Il n'est pas encore question de paix, loin de là. Le prochain changement qui devrait naturellement suivre les développements modernes, est la réduction continue du nombre d'individus engagés dans les guerres. Les dispositifs de guerre auront une puissance extrêmement grande, mais ne demanderont que peu d'hommes pour les manœuvrer. Cette évolution permettra la mise en place progressive d'une machine ou d'un mécanisme nécessitant de moins en moins d'opérateurs militaires, et il va de soi que les grandes unités lourdes, lentes et difficilement gérables seront abandonnées. L'objectif principal sera d'obtenir un dispositif de guerre ayant une vitesse et une puissance énergétique maximum. Les pertes humaines deviendront toujours plus faibles et, finalement, le nombre des personnes engagées dans les conflits diminuera ; le combat s'exercera alors seulement entre les machines, il n'y aura plus de sang versé, et les nations en seront les spectateurs concernés et présomptueux.

Lorsque cette situation heureuse sera effective, la paix sera assurée. Toutefois, quel que soit le degré de perfection que l'on va apporter aux canons à tir rapide, aux canons de haute puissance, aux projectiles explosifs, aux torpilleurs ou à d'autres dispositifs de guerre, quel que soit leur degré de pouvoir destructif, cette condition ne pourra jamais être atteinte avec ce type de développement. Tous ces instruments ont besoin d'opérateurs : les machines ne peuvent pas se passer des hommes. Leur objectif est de tuer et de détruire. Leur puissance réside dans leur capacité à faire le mal. Aussi longtemps que les hommes se rencontreront sur des champs de bataille, le sang sera versé. Et le sang versé entretiendra toujours des passions barbares. Afin de briser cet esprit implacable, il faut renverser la vapeur, faire adopter un tout nouveau principe, quelque chose qui n'a jamais existé en temps de guerre : un principe qui, forcément, inévitablement, va transformer la bataille en simple spectacle, en pièce de théâtre, un conflit sans sang versé. Pour atteindre ce résultat, il faudra pouvoir se passer des hommes : les machines devront se battre entre elles. Mais comment atteindre ce qui paraît impossible ? La réponse est pourtant assez simple : construire une machine capable de se comporter comme si elle faisait partie d'un être humain — pas un simple appareil mécanique fait de leviers, de vis, de roues, de pièces intermédiaires et rien de plus, mais une machine possédant un principe supérieur, qui lui permettra de fonctionner comme si elle était pourvue d'intelligence, d'expérience, de raisonnement, de jugement, bref, d'un cerveau ! Je suis arrivé à cette conclusion après une vie de réflexions et d'observations, et je vais maintenant vous décrire brièvement comment j'ai réussi à accomplir ce qui, au début, ne semblait être qu'un rêve irréalisable.

Il y a très longtemps, lorsque j'étais un petit garçon, je souffrais de troubles singuliers qui, semble-t-il, étaient dus à une extraordinaire excitabilité de la rétine. Je voyais apparaître des images qui étaient tellement persistantes qu'elles troublaient ma vue des objets réels et entraient en interférence avec mes pensées. Lorsqu'on prononçait un mot devant moi, l'image de son concept se présentait alors de manière vivante devant mes yeux et, très souvent, il m'était impossible de dire si l'objet que je voyais était réel ou non. Ce phénomène me gênait beaucoup et m'angoissait, et j'ai tout essayé pour me débarrasser de ce sort. Mes tentatives furent vaines pendant longtemps et, je m'en souviens très bien, ce n'est que vers l'âge de 12 ans que j'ai réussi, pour la première fois, à effacer par la force de ma volonté une image qui s'était présentée. Je n'ai jamais été aussi heureux mais, malheureusement (du moins c'est ce que je pensais à l'époque), mes troubles réapparurent et mon anxiété avec eux. C'est alors que mes observations dont je parlais plus haut ont commencé.

Je remarquai, notamment, que chaque fois que l'image d'un objet apparaissait devant mes yeux, j'avais vu auparavant quelque chose qui me faisait penser à lui. Au début, je crus que c'était accidentel, cependant je me suis vite aperçu qu'il n'en était rien. Une impression visuelle, reçue consciemment ou non, précédait invariablement l'apparition de l'image. Peu à peu, mon désir de trouver, à chaque fois, ce qui était à l'origine de cette apparition d'images, se transforma bientôt en besoin. J'observai ensuite que, si ces images suivaient ma perception de quelque chose, mes pensées, elles aussi, étaient conditionnées de la même manière. Et là encore, j'eus le même désir de savoir quelle image avait déclenché mes pensées ; la recherche de cette impression visuelle originelle devint bientôt ma seconde nature. Cela devint un automatisme mental pour ainsi dire et, au fil des ans, cette pratique continue et presque inconsciente développa mon aptitude à localiser à chaque fois et, en règle générale, instantanément l'impression visuelle qui déclenchait mes pensées. Toutefois, ce n'est pas tout. Peu de temps après, je m'aperçus que mes mouvements s'exécutaient de la même manière, et à force de recherches, d'observations, de vérifications continues, année après année, je fus très heureux de pouvoir prouver, quotidiennement, par chacune de mes pensées et chacun de mes mouvements, que je suis un automate capable de se mouvoir, que ces mouvements ne font que répondre à des stimuli externes qui impressionnent mes organes sensoriels, et que je pense, agis et me déplace en conséquence. Je ne me souviens que d'un cas ou deux dans toute ma vie, où je fus incapable de localiser la première impression qui suggéra un mouvement, une pensée, ou même un rêve.

Fort de ces expériences, il m'est tout naturellement venu l'idée, il y a très longtemps, de construire un automate qui me représenterait d'un point de vue mécanique et qui réagirait comme je le fais aux influences extérieures, mais bien sûr d'une manière beaucoup plus primitive. Par ailleurs, il me fallait équiper cet automate d'une force motrice, d'organes de mouvement, d'organes de commande et d'un ou plusieurs organes sensoriels, adaptés de telle façon qu'ils puissent être excités par des stimuli externes. Je pensais que cette machine allait exécuter ses mouvements comme un être humain, dans la mesure où elle possédait toutes ses principales caractéristiques, ou composants, mécaniques. Pour compléter ce modèle, seules manquaient alors la capacité de croissance, de propagation et, surtout, l'intelligence. Dans ce cas précis, néanmoins, la capacité de croissance n'était pas nécessaire, puisque l'on peut construire une machine dont le développement est terminé, pour ainsi dire. Quant à sa capacité de propagation, on peut pareillement s'en passer, puisque dans un modèle mécanique, elle concerne seulement le processus de fabrication. Peu importe que l'automate soit constitué de chair et de sang ou de bois et de métal, pourvu qu'il soit capable de remplir toutes les tâches d'un être intelligent. Pour cela, il lui fallait un élément correspondant au mental qui contrôlerait tous les mouvements et opérations, et le ferait agir en toutes circonstances inattendues, en toute connaissance de cause, avec bon sens, jugeote et expérience. Il m'était facile d'incorporer cet élément dans la machine, en lui transmettant ma propre intelligence et ma propre compréhension. Je développai donc cette invention, et une nouvelle science venait de naître, à laquelle on donna le nom de «Téléautomatique», ce qui veut dire art de contrôler à distance les mouvements et opérations des automates (nous dirions aujourd'hui la robotique).

Ce principe pouvait évidemment être appliqué à tout type de machine se déplaçant sur terre, sur mer ou dans les airs. Lorsque je le mis en pratique la toute première fois, je choisis un sous-marin (voir figure 2).

À l'intérieur, se trouvait une batterie à accumulation qui fournissait la puissance motrice. L'hélice, actionnée par un moteur, représentait l'organe de locomotion. Le gouvernail, actionné par un autre moteur alimenté également par la batterie, représentait les organes de commande. Quant à l'organe sensoriel, j'ai d'abord pensé utiliser un dispositif sensible aux rayons lumineux, comme une pile de sélénium, pour représenter l'œil humain. Toutefois, après réflexion suite à des difficultés expérimentales et autres, j'en conclus que le contrôle de l'automate ne pouvait pas s'effectuer de manière entièrement satisfaisante par la lumière, la chaleur radiante, les radiations hertziennes, ou par des rayons en général, c'est-à-dire par des perturbations qui passent en lignes droites à travers l'espace. Une des raisons était que tout obstacle entrant dans le champ entre l'opérateur et l'automate empêcherait le contrôle de ce dernier.

Figure 2 : « Le premier Téléautomate utilisable en pratique ». Machine dont tous les mouvements physiques et de translation, toutes les opérations du mécanisme intérieur sont contrôlés à distance, sans fil. Le sous-marin représenté sur la photo n'a pas d'équipage, il contient sa propre force motrice, son moteur à propulsion et de direction et de nombreux autres accessoires, qui sont tous contrôlés à distance et sans fil, par la transmission de vibrations électriques vers un circuit intégré dans le bateau et réglé de manière qu'il ne réponde qu'à ces seules vibrations.

Une autre raison était que l'appareil sensitif, représentant l'œil, devait être placé dans une position bien définie par rapport à l'appareil de contrôle à distance, et cette obligation limitait grandement le contrôle. Une troisième raison très importante était qu'avec l'utilisation de rayons il deviendrait difficile, voire impossible, de transmettre à l'automate des caractéristiques personnelles ou qui le distinguerait d'autres machines de ce type. Il fallait que l'automate réponde à un seul signal, tout comme une personne répond à un nom. Tous ces facteurs m'ont amené à penser que l'appareil sensoriel de la machine devait correspondre à l'oreille plutôt qu'à l'œil d'un être humain, car dans ce cas, ses actions pourraient être contrôlées indépendamment d'éventuels obstacles, sans avoir à tenir compte de sa position par rapport à l'appareil de contrôle à distance et, enfin et surtout, il resterait sourd et insensible, comme un serviteur fidèle, à tous les signaux, sauf à celui de son maître. Donc, pour le contrôle de l'automate, il devenait impératif d'utiliser à la place des rayons, des ondes ou des perturbations qui se propagent dans toutes les directions à travers l'espace, comme les sons, ou qui suivent des lignes de moindre résistance, quoique courbes. Je suis arrivé à mes fins en utilisant un circuit électrique placé à l'intérieur du bateau, et en l'ajustant ou en l'« accordant » exactement sur les vibrations électriques de même nature que celles qui lui étaient transmises par un « oscillateur électrique » à distance. Ce circuit en réagissant, quoique faiblement, aux vibrations transmises, influait sur des aimants et d'autres dispositifs qui commandaient les mouvements de l'hélice et du gouvernail, ainsi que les opérations de nombreux autres appareils.

C'est avec ces moyens très simples que je viens de décrire que l'intelligence, l'expérience et la capacité de jugement de l'opérateur à distance—son mental, pour ainsi dire—furent incorporés dans cette machine qui, partant, devenait capable de se mouvoir et d'effectuer toutes ses opérations avec bon sens et intelligence. Elle se comportait tout comme l'aurait fait une personne qui, les yeux bandés, obéit aux directives qu'elle reçoit par son ouïe.

Les automates qui ont été construits jusqu'à ce jour avaient « un mental emprunté », si l'on peut dire, car chacun n'était qu'une partie de l'opérateur à distance qui leur transmettait ses ordres intelligents ; toutefois cette science est encore balbutiante. Bien que cela ne soit pas concevable à l'heure actuelle, mon but est de démontrer que l'on peut inventer un automate qui aurait son « propre mental », et par-là j'entends qu'il sera indépendant de tout opérateur, livré entièrement à lui-même et capable de réagir à des facteurs externes affectant ses organes sensoriels et d'effectuer une grande diversité d'actes et d'opérations, comme s'il était pourvu d'intelligence. Il sera capable de suivre un trajet préétabli, ou d'obéir à des ordres donnés longtemps à l'avance. Il sera capable de discerner entre ce qu'il doit ou ne doit pas faire, de faire des expériences ou, en d'autres termes, d'enregistrer des impressions qui auront un rôle décisif dans ses actions subséquentes. En fait, j'ai déjà conçu un tel plan.

Bien que j'aie construit cette invention il y a de nombreuses années, et que je l'aie très souvent expliquée aux visiteurs lors de démonstrations dans mon laboratoire, ce n'est que bien plus tard, et après que je l'eus perfectionnée, qu'elle devint connue et que — et c'est tout naturel — elle donna lieu à des polémiques et fut l'objet de rapports sensationnels. Cependant, la plupart des gens n'ont ni saisi la véritable signification de cette nouvelle science, ni reconnu l'immense potentiel du principe sous-jacent. Pour autant que j'aie pu en juger des nombreux commentaires qui fusèrent alors, les résultats que j'ai obtenus étaient considérés comme étant parfaitement impossibles. Même les rares personnes qui étaient prêtes à admettre la faisabilité de mon invention, ne lui accordaient pas plus de valeur qu'à une torpille autopropulsée, destinée à faire sauter des navires de guerre, mais dont le succès n'était pas garanti. Comme il existe des torpilles guidées par des fils électriques et des moyens de communication sans fil, on en a déduit, d'une manière générale, que j'avais simplement réussi à diriger un tel bateau avec des rayons hertziens ou autres.

Si mes résultats devaient se limiter à cela, mes progrès auraient, en effet, été bien minces. Toutefois, la science que j'ai développée ne se contente pas de faire changer de direction un navire en déplacement ; elle offre les moyens de contrôler parfaitement, à tous égards, les innombrables mouvements de translation, comme toutes les opérations de tous les organes internes d'un automate individualisé, quel que soit leur nombre. Les critiques du contrôle de l'automate à distance émanaient de personnes qui n'ont aucune idée des merveilleux résultats que l'on peut obtenir en utilisant des vibrations électriques. La science avance lentement, et il est difficile de faire face à, et d'accepter, de nouvelles vérités. Évidemment, ce principe permet de développer des armes tant pour la défense que pour l'attaque, et leur puissance de destruction est d'autant plus grande que la méthode peut être utilisée aussi bien dans les sous-marins que dans l'aéronavale. Il n'y a pratiquement pas de limites quant à la quantité d'explosifs qu'une telle machine peut transporter, ou à la distance à laquelle elle peut frapper, et il est quasiment impossible d'échouer. En outre, la puissance de cette nouvelle méthode ne réside pas uniquement dans son pouvoir de destruction. Elle introduit dans les guerres un élément qui jusqu'ici n'a jamais existé : une machine de combat sans équipage, qui peut servir les assaillants comme les défenseurs. Les développements continus dans cette direction doivent finalement faire de la guerre un combat entre machines, sans hommes et sans victimes — une situation qu'il est impossible d'atteindre sans cette nouvelle invention mais qui, à mon avis, est nécessaire en tant que préliminaire à une paix durable. L'avenir dira si j'ai eu raison ou tort. J'ai exposé mes idées sur ce sujet avec une profonde conviction, quoique en toute humilité.

L'instauration de relations pacifiques durables entre les pays serait le meilleur moyen de réduire la force qui empêche l'humanité d'avancer et, partant, serait la meilleure solution à cet important problème de l'humanité. Le rêve d'une paix universelle se réalisera-t-il jamais ? Espérons-le. Lorsque toute l'obscurité sera dissipée à la lumière de la science, lorsque toutes les nations n'en feront qu'une et que le patriotisme sera l'égal de la religion, lorsque tous parleront la même langue, qu'il n'y aura plus qu'un seul pays, un seul but, alors le rêve sera devenu réalité.

Troisième question : comment augmenter la force d'accélération de la masse humaine ? — L'exploitation de l'énergie solaire

Des trois solutions possibles au problème majeur de l'intensification de l'énergie humaine, celle-ci est de loin la plus importante, non seulement à cause de sa signification intrinsèque, mais aussi parce qu'elle est en rapport intime avec tous les nombreux facteurs et conditions qui déterminent la marche de l'humanité. Afin de procéder avec méthode, il va falloir que je m'étende sur tous les facteurs qui, depuis le début de mes recherches, m'ont permis de trouver une solution, et qui m'ont conduit, petit à petit, aux résultats que je vais décrire maintenant. En ce qui concerne les forces majeures qui déterminent la marche en avant, il serait intéressant de revenir, dans un premier temps, sur l'étude analytique que j'ai faite, ne serait-ce que pour donner une idée de cette « vitesse » hypothétique qui, comme cela a été dit au début, sert à mesurer l'énergie humaine ; toutefois, si j'allais au fond de la chose maintenant, comme je désirerais le faire, cela me conduirait hors du cadre du sujet présent. Il me suffit de préciser que la résultante de toutes ces forces va toujours dans la direction de la raison et que c'est donc elle qui détermine, à tout moment, la direction de la marche de l'humanité. Cela signifie que tous les efforts entrepris dans le domaine scientifique, qu'ils soient d'ordre rationnel, utile ou pratique, doivent aller dans le sens dans lequel se déplace l'humanité. L'homme pratique et rationnel, le scientifique, l'homme d'affaires, le philosophe, le mathématicien ou le prévisionniste doit soigneusement planifier son travail, pour que ses effets aillent dans la direction de ce mouvement, car c'est alors qu'il sera le plus efficace ; c'est dans cette connaissance et cette compétence que réside le secret de son succès. Toute nouvelle découverte, toute nouvelle expérience ou tout nouveau facteur qui vient enrichir notre connaissance et qui est du domaine de la raison, aura des répercussions sur ce dernier et partant changera la direction du mouvement ; toutefois, celui-ci devra toujours aller dans le sens de la résultante de tous ces efforts qu'à ce moment-là nous estimons sensés, c'est-à-dire protecteurs de l'homme, utiles, profitables ou pratiques. Ces efforts concernent notre vie quotidienne, nos besoins et notre bien-être, notre travail et nos affaires, et ce sont eux qui font avancer l'humanité.

Toutefois, lorsque nous regardons ce monde affairé tout autour de nous, cette masse complexe qui journellement palpite d'activités, que voyons-nous, si ce n'est un immense rouage d'horloge actionné par un ressort ? Dès que nous nous levons le matin, nous sommes bien obligés de constater que tout ce qui nous entoure a été fabriqué par des machines : l'eau que nous utilisons a été pompée hors du sol par l'énergie vapeur ; notre petit-déjeuner vient de très loin par train ; les ascenseurs dans nos maisons et bureaux, les voitures qui nous y emmènent, fonctionnent tous à l'énergie ; lorsque nous faisons nos courses et dans toutes nos occupations journalières, nous dépendons encore d'elle ; tous les objets qui nous entourent nous en parlent ; et le soir, lorsque nous rentrons dans nos habitations fabriquées par les machines, tout le confort matériel de notre maison, notre poêle bien chaud et nos lampes nous rappellent, de peur que nous ne l'oubliions, combien nous sommes dépendants de l'énergie. Et si par malheur les machines s'arrêtent, lorsque la ville est paralysée par la neige ou que les activités qui entretiennent la vie sont arrêtées par quelque phénomène temporaire, nous réalisons avec effroi qu'il nous serait impossible de vivre sans énergie motrice. Énergie motrice veut dire travail. C'est pourquoi intensifier la force d'accélération de la marche de l'humanité signifie exécuter plus de travail.

Nous pouvons donc dire que les trois solutions possibles au gros problème de l'accroissement de l'énergie humaine, peuvent se résumer en trois mots : nourriture, paix et travail. Pendant des années, j'ai réfléchi et médité, je me suis égaré dans des spéculations et des théories en considérant l'humanité comme une masse mue par une force, comparant son mouvement inexplicable avec un mouvement mécanique ; cependant, en appliquant les lois rudimentaires de la mécanique à l'analyse de ce dernier, j'ai finalement trouvé ces solutions, et j'ai réalisé qu'elles m'avaient déjà été enseignées dans ma petite enfance. Ces trois mots sont les piliers du christianisme. Leur signification scientifique et leur sens sont devenus clairs pour moi : la nourriture doit augmenter la masse, la paix doit ralentir la force de freinage, et le travail doit intensifier la force d'accélération de la marche de l'humanité. Ce sont les trois seules solutions possibles à cet important problème, et chacune d'elles a la même fonction et vise le même but, à savoir l'intensification de l'énergie humaine. À la lumière de ceci, nous serons obligés de reconnaître que la religion chrétienne est remplie de sagesse, d'une profondeur scientifique et d'un grand sens pratique, et qu'elle est en contraste très net avec les autres religions. Elle est immanquablement le résultat d'expérimentations pratiques et d'observations scientifiques conduites pendant des siècles, alors que d'autres religions semblent issues de seuls raisonnements abstraits. Ses commandements principaux et récursifs sont le travail, d'inlassables efforts utiles et enrichissants, entrecoupés de périodes de repos et de récupération dans le but d'atteindre une plus grande efficacité. C'est donc à la fois le christianisme et la Science qui nous inspirent pour que nous donnions le meilleur de nous-mêmes, afin d'augmenter les performances de l'humanité. C'est ce problème, qui est le plus important de tous les problèmes de l'humanité, que j'aimerais approfondir maintenant.

La source de l'énergie humaine — Les trois méthodes d'exploitation de l'énergie solaire

Posons-nous tout d'abord la question suivante : d'où vient toute cette force motrice ? Quel est le ressort qui fait tout avancer ? Nous voyons l'océan monter et descendre, les rivières s'écouler, le vent, la pluie, la grêle et la neige battre contre nos fenêtres, les trains et les bateaux à vapeur partir et revenir ; nous entendons le cliquetis des véhicules, les rumeurs dans les rues ; nous touchons, sentons et goûtons, et nous philosophons sur tout cela. Tous ces mouvements, depuis le flux de l'immense océan jusqu'à celui, très subtil, engendré par notre pensée, ont tous la même origine. Toute cette énergie émane d'un seul centre, d'une seule source : le soleil. Le soleil est le ressort qui fait tout avancer. Le soleil entretient toutes les vies humaines et fournit aux hommes leur énergie. Voici donc une nouvelle réponse à la grande question qui nous préoccupe : pour augmenter la force d'accélération de la marche de l'humanité, il faut mettre plus d'énergie solaire à son service. Nous honorons et vénérons ces grands hommes du passé dont les noms rappellent leurs succès immortels et qui furent des bienfaiteurs de l'humanité : le réformateur religieux et ses maximes de vie remplies de sagesse, le philosophe et ses profondes vérités, le mathématicien et ses formules, le physicien et ses lois, l'explorateur avec ses principes et secrets arrachés à la nature, l'artiste et ses œuvres d'art ; mais qui l'honore, lui, le plus grand de tous — qui connaît seulement son nom ? — celui qui, pour la première fois, a utilisé l'énergie solaire pour faciliter le travail d'un prochain plus faible que lui ? Ce fut le premier acte philanthropique dans l'histoire de l'humanité et ses conséquences furent inestimables.

L'homme disposait, depuis les tout débuts déjà, de trois possibilités pour exploiter l'énergie solaire. L'homme des cavernes, quand il réchauffait ses membres engourdis par le froid autour d'un feu qu'il avait réussi à allumer, se servait de l'énergie solaire emmagasinée dans son combustible. Lorsqu'il portait un fagot dans sa caverne pour y faire un feu, il transportait l'énergie solaire emmagasinée d'un endroit à un autre pour ensuite l'utiliser. Lorsqu'il hissait la voile sur son embarcation, il utilisait l'énergie solaire transmise à l'atmosphère ou au milieu environnant. Il ne fait aucun doute que la première utilisation citée est la plus ancienne. La découverte fortuite du feu apprit à l'homme sauvage à apprécier sa chaleur bienfaisante. Ensuite est probablement née en lui l'idée de transporter les braises rougeoyantes dans son abri. Et finalement, il apprit à se servir de la force des courants rapides de l'eau et de l'air. Il est caractéristique que dans les développements modernes les progrès se soient effectués dans le même ordre. L'utilisation de l'énergie emmagasinée dans le bois ou le charbon ou, d'une manière plus générale, dans les combustibles, conduisit à l'invention de la machine à vapeur. Ensuite, de grands progrès furent réalisés dans le cadre du transport de l'énergie, avec l'utilisation de l'électricité, qui permettait de transmettre l'énergie d'un point à un autre sans avoir à transporter le combustible. Mais pour ce qui est de l'utilisation de l'énergie dans le milieu ambiant, il semblerait qu'aucun progrès n'ait encore été réalisé.

Les derniers résultats des développements dans ces trois domaines

sont : premièrement, la combustion froide de charbon dans une pile ;
deuxièmement, l'utilisation efficace de l'énergie du milieu environnant ;
et troisièmement, la transmission de l'énergie électrique sans fil vers
n'importe quel lieu. Quel que soit le moyen pour arriver à ces résultats, leur application pratique nécessite un emploi massif de fer, et ce
métal inestimable jouera sans aucun doute un rôle essentiel dans les
développements à venir dans ces trois domaines. Si nous réussissons à
brûler du charbon par un processus froid et si nous obtenons donc de
l'énergie électrique d'une manière efficace et peu coûteuse, nous aurons
souvent besoin de moteurs électriques dans le cadre de nos utilisations
pratiques de cette énergie, c'est-à-dire de fer. Pour tirer l'énergie du
milieu et pour utiliser cette énergie, nous aurons besoin de machines,
donc encore de fer. Si nous voulons transmettre l'énergie électrique
sans fil à une échelle industrielle, nous serons appelés à utiliser de nombreux générateurs d'électricité, donc encore une fois, du fer. Quoi que
nous décidions de faire, le fer sera vraisemblablement, encore plus que
par le passé, la ressource principale pour atteindre nos objectifs dans
un futur proche. Il est difficile de dire pendant combien de temps son
règne durera, car aujourd'hui déjà l'aluminium apparaît comme un rival menaçant. Pour le moment et parallèlement à la recherche de nouvelles sources d'énergie, il est essentiel de progresser dans la fabrication
et l'utilisation du fer. De gros progrès sont possibles dans ces derniers
domaines et ils sont susceptibles d'augmenter considérablement la productivité de l'humanité.

Les grandes possibilités offertes par le fer pour augmenter la
productivité de l'humanité—Le terrible gaspillage dans la
fabrication du fer

De nos jours, le fer est de loin le facteur de progrès le plus important. Il contribue, plus que tout autre produit industriel, à accélérer la
marche de l'humanité. L'utilisation de ce métal est devenue tellement
courante et sa relation avec tout ce qui concerne notre vie est si intime,
qu'il nous est devenu aussi indispensable que l'air que nous respirons.

Son nom est synonyme d'utilité. Bien que l'influence du fer soit importante dans le développement actuel de l'humanité, sa contribution effective à la force poussant l'humanité en avant, est largement inférieure à ce qu'elle pourrait être. Tout d'abord, telle quelle est menée actuellement, sa fabrication engendre un énorme gaspillage de combustible, c'est-à-dire d'énergie. Par ailleurs, une partie seulement du fer obtenu est utilisée à des fins utiles. Une bonne partie va créer des résistances de friction, tandis qu'une autre grande partie va servir à développer des forces négatives qui retardent grandement l'avancée de l'humanité. C'est ainsi que la force négative de la guerre est presque entièrement constituée de fer. Il est impossible d'estimer avec précision l'ordre de grandeur de cette force de freinage la plus importante de toutes, mais elle est certainement très considérable. Si, par exemple, 10 représente la force d'impulsion positive actuelle résultant de toutes les utilisations utiles du fer, je ne pense pas exagérer en estimant la force négative de la guerre autour de 6, en considérant toutes ses influences et résultats négatifs. Sur la base de ces estimations, la force d'impulsion effective du fer agissant dans la bonne direction, sera la différence entre les deux nombres, soit 4. Mais si la fabrication des machines de guerre cessait, par le biais de l'instauration de la paix universelle, et si toutes les luttes pour la suprématie entre les pays se transformaient en compétition commerciale productive, durable et saine, la force d'impulsion positive apportée par le fer se mesurerait par la somme des deux nombres, soit 16, ce qui veut dire que cette force serait du quadruple de sa valeur actuelle. Bien sûr, cet exemple est juste donné pour que l'on ait une idée de l'énorme augmentation de la productivité de l'humanité, qui pourrait résulter d'une réforme radicale des industries sidérurgiques fournissant l'artillerie.

Une autre économie d'énergie tout aussi inestimable pourrait être obtenue en parant à l'énorme gaspillage de charbon qui est inévitablement lié aux techniques de production de fer actuelles. Dans certains pays, comme la Grande Bretagne, on commence à ressentir les douloureux effets de ce gaspillage de combustible. Le prix du charbon ne cesse d'augmenter et les pauvres en souffrent de plus en plus. Bien que nous soyons loin de « l'épuisement des mines de charbon » tant redouté, la charité nous ordonne d'inventer de nouvelles méthodes de production de fer, qui n'impliqueront pas de gaspillage barbare de ce matériau précieux, dont nous tirons aujourd'hui la plus grande partie de notre énergie. Il est de notre devoir de réserver ces stocks d'énergie aux générations futures, ou du moins, de ne pas y toucher aussi longtemps que nous n'avons pas trouvé le moyen de brûler le charbon de manière plus économique. Nos descendants auront besoin de plus de combustible que nous. Nous devrions être capables de fabriquer le fer dont nous avons besoin en utilisant l'énergie solaire, en ne gaspillant pas de combustible du tout. L'idée de faire fondre le minerai de fer avec des courants électriques obtenus à partir de chutes d'eau a, évidemment, déjà surgi dans l'esprit de ceux qui travaillent dans ce sens. J'ai moi-même passé beaucoup de temps à tenter de développer un procédé qui soit fonctionnel et qui permettrait de produire du fer à peu de frais. Après avoir étudié ce sujet plus à fond, j'ai découvert qu'il n'était pas rentable de fondre le minerai directement avec le courant électrique et, partant, j'ai développé une méthode qui est beaucoup plus économique.

Un nouveau procédé permettant une production économique du fer

Avec ce projet industriel, tel que je l'avais développé il y a six ans, il s'agissait d'utiliser le courant électrique obtenu à partir de chutes d'eau, non pour faire fondre directement le minerai, mais pour décomposer l'eau dans un premier temps. Afin de réduire les coûts de l'installation, je voulais produire le courant dans des dynamos simples et très bon marché, que j'avais conçues spécialement dans ce but. Il s'agissait de brûler ou de re-combiner l'hydrogène libéré lors de la décomposition par électrolyse, avec l'oxygène de l'air, et non avec l'oxygène dont il venait d'être séparé. De cette manière, la presque totalité de l'électricité qui avait servi à la fission de l'eau était regagnée sous forme de chaleur grâce à sa liaison avec l'hydrogène. C'est cette chaleur qui devait servir à faire fondre le minerai. J'avais l'intention d'utiliser l'oxygène obtenu comme sous-produit lors de la fission de l'eau, à d'autres fins industrielles, ce qui aurait été certainement très rentable d'un point de vue financier, car c'est le moyen le plus économique pour obtenir ce gaz en grandes quantités. En tout cas, il aurait pu servir à brûler toutes sortes de déchets, les hydrocarbures bon marché ou le charbon de mauvaise qualité que l'on ne peut ni brûler à l'air libre, ni utiliser à d'autres fins utiles, ce qui permettait, par ailleurs, d'obtenir beaucoup de chaleur pour faire fondre le minerai. Pour que le procédé soit encore plus économique, j'envisageai, en outre, de prendre des dispositions pour que le métal chaud et les produits de la combustion, en sortant du feu, viennent chauffer le minerai avant qu'il ne soit placé dans le feu, ce qui permettait de réduire considérablement la perte de chaleur lors de la fonte. J'ai calculé que l'on pouvait fabriquer approximativement 20 000 kilos de fer par cheval-vapeur, par an, avec ce procédé. J'en ai largement déduit les pertes inévitables et la quantité citée ne représente que la moitié de celle que l'on pourrait obtenir en théorie. Me basant sur des estimations et sur des données pratiques se référant à un type de sable à minerai que l'on trouve en grandes quantités dans la région des Grands Lacs et même en comptant les frais de transport et de main d'œuvre, j'en conclus qu'en certains endroits, le fer pouvait être fabriqué à bien moindre coût qu'avec toutes les autres méthodes utilisées. Ce résultat pouvait s'obtenir d'autant plus facilement que l'oxygène, obtenu à partir de l'eau, pouvait servir à d'autres fins plus profitables que celle de faire fondre le minerai. L'installation augmenterait encore ses revenus si la demande de ce gaz devenait plus forte et, partant, le fer deviendrait encore meilleur marché. J'ai développé ce projet en visant essentiellement les intérêts industriels et j'espère qu'un jour un merveilleux papillon industriel sortira de la chrysalide poussiéreuse et endormie.

La production de fer à partir de sable à minerai par un principe de séparation magnétique est en soi très avantageuse, puisqu'il n'y a aucune perte en charbon ; mais l'utilité de cette méthode est limitée car il faut ensuite faire fondre le fer. Quant au concassage du minerai de fer, je pense que la seule manière intelligente d'y procéder, serait d'utiliser la force hydraulique ou une autre énergie obtenue autrement, sans brûler de combustible. Ce serait une grande avancée dans la fabrication du

fer, si on utilisait un procédé électrolytique froid, car il permettrait
d'extraire le fer à moindre coût et aussi de le fondre en formes voulues,
sans recourir à un combustible. Le fer, tout comme certains autres métaux, n'a jusqu'ici pas pu être traité par électrolyse, mais il ne fait aucun
doute que ce type de procédé froid va finir par remplacer la méthode
actuelle grossière de coulée dans la métallurgie et ainsi mettre un terme
à l'énorme gaspillage de combustible nécessaire aux réchauffements ré-
pétés du métal dans les fonderies.

Il y a quelques décennies encore, l'utilité du fer était basée presque
uniquement sur ses remarquables propriétés mécaniques. Toutefois,
depuis l'avènement de la commercialisation à grande échelle de la dynamo et des moteurs électriques, sa valeur pour l'humanité a augmenté
considérablement à cause de ses qualités magnétiques uniques. Ces
dernières ont encore été améliorées dernièrement ; tout a commencé
il y a treize ans, lorsque je découvris que la performance d'un moteur
alternatif pouvait être doublée en utilisant de l'acier doux Bessemer, au
lieu du fer laminé comme à l'accoutumée. J'ai fait remarquer ceci à M.
Albert Schmid, alors directeur d'une corporation industrielle travail-
lant dans ce domaine, dont les efforts inlassables et les compétences ont
largement contribué à la suprématie de l'industrie électrique américaine.
Il a suivi mes suggestions et a construit des transformateurs en acier,
qui se sont avérés bien meilleurs. Les recherches ont alors continué sous
la direction de M. Schmid et les impuretés de «l'acier» furent élimi-
nées petit à petit (de l'acier il n'en portait que le nom, car, en réalité,
c'était du fer doux) ; il en résulta bientôt un produit qu'il était difficile
de vouloir encore améliorer.

L'ère imminente de l'aluminium—Le déclin de l'industrie du
cuivre—Le grand potentiel économique de ce nouveau métal

Les progrès réalisés ces dernières années sur la qualité du fer ne nous
permettent pratiquement plus d'aller plus loin. Nous ne pouvons pas
espérer augmenter sa limite de rupture, son élasticité, sa dureté ou sa
malléabilité ; quant à ses qualités magnétiques, elles sont aujourd'hui

imperfectibles. Une amélioration notoire lui a été apportée récemment, en mélangeant un faible pourcentage de nickel au fer, mais il n'y a plus beaucoup de marge de manœuvre pour d'autres avancées dans cette direction. De nouvelles découvertes éventuelles, si elles ne peuvent pas augmenter de beaucoup les propriétés qui font la valeur de ce métal, pourraient toutefois en réduire les coûts de fabrication. Le futur immédiat du fer est assuré par son bas prix et ses qualités mécaniques et magnétiques hors pair. Elles sont d'un ordre tel qu'aucun autre produit ne peut le concurrencer aujourd'hui. Toutefois, il ne fait aucun doute que d'ici quelque temps, le fer, dans beaucoup de ses domaines aujourd'hui incontestés, devra passer le sceptre à un autre métal : l'ère future sera l'ère de l'aluminium. Il y a 70 ans seulement que ce merveilleux métal fut découvert par Woehler, et l'industrie de l'aluminium, qui n'a guère plus de 40 ans, attire déjà l'attention du monde entier. Une croissance aussi rapide n'a jamais été enregistrée dans l'histoire de la civilisation. Il y a peu de temps encore, l'aluminium se vendait au prix exorbitant de 30 à 40 dollars la livre ; aujourd'hui, on peut l'avoir, à volonté, pour quelques cents. Néanmoins, ce prix sera bientôt considéré tout aussi exorbitant, car il est possible de faire de grands progrès dans ses méthodes de fabrication. La plupart du métal est aujourd'hui fabriquée dans de hauts-fourneaux électriques par un procédé combinant la fusion et l'électrolyse, ce qui permet d'obtenir un certain nombre de caractéristiques avantageuses, mais qui, bien sûr, implique une grande perte d'électricité. Mes calculs montrent que le prix de l'aluminium pourrait être réduit considérablement si, dans sa fabrication, on utilisait une méthode similaire à celle que j'ai proposée pour la fabrication du fer. La fusion d'une livre d'aluminium ne demande que 70% de la chaleur nécessaire à faire fondre une livre de fer et comme son poids est seulement du tiers de ce dernier, on pourrait obtenir quatre fois plus d'aluminium que de fer à partir d'une énergie thermique donnée. Cependant, la solution idéale serait un processus de fabrication électrolytique à froid, et j'ai misé tous mes espoirs là-dessus.

Les progrès réalisés dans l'industrie de l'aluminium vont inévitablement avoir pour conséquence l'anéantissement de l'industrie du cuivre. Elles ne peuvent exister et prospérer ensemble, et la dernière est condamnée sans aucun espoir de retour. Aujourd'hui déjà, il est moins cher de transporter le courant électrique dans des fils d'aluminium que de cuivre ; le coulage de l'aluminium est moins onéreux et le cuivre n'a aucune chance de rivaliser dans des utilisations domestiques ou autres. Une nouvelle baisse du prix de l'aluminium ne pourra être que fatale pour le cuivre. Toutefois, les progrès du premier ne se feront pas sans résistance, car, comme toujours dans des cas semblables, les grands complexes industriels absorberont les plus petits : les énormes puissances économiques du cuivre prendront le contrôle de l'industrie de l'aluminium encore insignifiante et l'industrie du cuivre qui tournera au ralenti va freiner l'envolée de l'industrie de l'aluminium. Cependant, cela ne fera que retarder, et non empêcher, la révolution imminente.

Toutefois, l'aluminium ne s'attaquera pas seulement au cuivre. Dans un futur relativement proche, il s'engagera dans une bataille sans merci avec le fer et ce dernier se montrera un adversaire difficile à terrasser. L'issue de ce combat dépendra du degré de nécessité du fer dans la fabrication des machines électriques. L'avenir seul le dira. Le magnétisme intrinsèque du fer, est un phénomène isolé dans la nature. Bien que différentes théories aient déjà été avancées, on ne sait toujours pas pourquoi ce métal se comporte de manière aussi radicalement différente des autres métaux dans ce domaine. Pour ce qui est du magnétisme, les molécules des différentes substances se comportent comme des faisceaux creux partiellement remplis d'un liquide lourd, qui restent en équilibre au milieu, à la manière d'un jeu de bascule en équilibre sur son pivot. Il existe évidemment des facteurs perturbateurs dans la nature qui vont faire que chaque molécule, ou que ce faisceau, va basculer soit dans un sens, soit dans l'autre. Si les molécules partent dans un sens, la substance sera magnétique ; si elles partent dans l'autre, elle ne le sera pas. Mais dans les deux cas il y a stabilité, tout comme c'est le cas dans le faisceau creux, et cela est dû au fait que le liquide se précipite vers la partie la plus basse. Ce qu'il y a d'extraordinaire, c'est que les molécules de toutes les substances connues partent dans une direction, tandis que celles du fer partent dans l'autre. Il semble que ce métal ait une origine tout à fait différente de celle des autres sur cette terre. Il est peu vraisemblable que l'on découvrira quelque autre matériau meilleur marché, susceptible de rivaliser ou de surpasser le fer quant à ses qualités magnétiques.

À moins que nous ne nous mettions à utiliser un courant électrique aux caractéristiques radicalement différentes, le fer nous restera indispensable. Pourtant, les avantages qui y sont liés ne sont qu'apparents. Aussi longtemps que nous utilisons des forces magnétiques faibles, il sera de loin supérieur à tout autre matériau ; mais si nous trouvons des moyens de produire des forces magnétiques plus importantes, on obtiendra de meilleurs résultats sans lui. En fait, j'ai déjà construit des transformateurs électriques dans lesquels je n'utilise pas de fer et qui sont capables de faire dix fois plus de travail par livre que ceux qui contiennent du fer. J'ai obtenu ces résultats en utilisant des courants électriques de vibration très élevée, produits par une nouvelle méthode, à la place des courants ordinaires utilisés actuellement dans l'industrie. J'ai également réussi à faire marcher des moteurs électriques sans fer avec ces courants à haute vibration, mais jusqu'ici, les résultats ont été inférieurs à ceux obtenus avec les moteurs habituels contenant du fer, bien qu'en théorie, les premiers dussent être capables de faire beaucoup plus de travail par unité de poids que les derniers. Toutefois, les difficultés apparemment insurmontables, qui font obstacle aujourd'hui, pourraient finalement être surmontées, ce qui marquera la fin de l'utilisation du fer ; toutes les machines électriques seront alors construites en aluminium et, selon toute probabilité, à un prix ridiculement bas. Ce serait un coup sévère, voire fatal, pour le fer. Dans d'autres branches de l'industrie, telle la construction navale et dans tous les domaines où les structures doivent être le plus léger possible, le progrès de ce métal sera plus rapide. Comme il convient parfaitement pour ce type de construction, il est certain qu'il va supplanter le fer tôt ou tard. Il est fort probable qu'au fil du temps, nous serons capables de lui donner beaucoup de ces qualités qui font du fer un matériau de valeur.

Bien qu'il soit impossible de dire quand cette révolution industrielle aura lieu, il ne fait aucun doute que le futur appartient à l'aluminium et qu'il deviendra le facteur essentiel dans l'augmentation de la productivité de l'humanité. Dans ce domaine, il a des capacités bien supérieures à celles de tout autre métal. J'estime son potentiel économique à plus de cent fois celui du fer. Bien qu'elle soit surprenante, cette estimation n'est pas exagérée. Tout d'abord, il faut se rappeler que le stock d'aluminium disponible est trente fois supérieur à celui du fer, ce qui, en soi, offre de grandes possibilités. Par ailleurs, je le répète, ce métal est beaucoup plus maniable que le fer, ce qui augmente sa valeur. Bon nombre de ses caractéristiques le rapprochent d'un métal précieux, ce qui lui donne encore plus de prix. Sa conductivité électrique à elle seule, qui est, pour un poids donné, supérieure à celle de tout autre métal, suffirait pour qu'il soit considéré comme un des plus importants facteurs de progrès de l'humanité. Comme il est extrêmement léger, le transport des objets manufacturés demande beaucoup moins d'efforts. En vertu de cette propriété, il va faire la révolution dans la construction navale et comme il va faciliter les transports et les déplacements, il va contribuer à augmenter sérieusement la productivité de l'humanité. Toutefois, je crois que son plus grand potentiel économique se situera dans le domaine de l'aéronautique, car il contribuera grandement à son avènement. Les instruments télégraphiques vont, petit à petit, aider au développement des hommes les moins civilisés. Les moteurs électriques et les ampoules le feront encore plus vite, cependant, les plus grands progrès seront réalisés dans l'aviation. Les voyages vont devenir de plus en plus faciles et ils vont être le meilleur moyen de réunir les éléments hétérogènes de l'humanité. Nous devons, comme première étape vers ce but, construire un accumulateur plus léger ou obtenir plus d'énergie à partir du charbon.

Travaux visant à obtenir plus d'énergie à partir du charbon — La transmission de l'électricité — Le moteur à gaz — La pile à charbon froid (soit une pile à combustible à oxydation lente)

Je me souviens d'un temps où je considérais la production d'électricité à partir de la combustion de charbon dans une pile, comme la meilleure contribution pour faire avancer l'humanité, et je suis surpris de constater combien mon point de vue a été modifié à mesure que j'avançais dans mes travaux dans ce domaine. Il me semble aujourd'hui que le fait de faire brûler du charbon dans une pile—avec plus ou moins d'efficacité—n'est qu'un simple expédient, une étape dans l'évolution vers quelque chose de plus parfait. Après tout, en générant de l'électricité par ce moyen, nous détruisons de la matière, ce qui est un procédé barbare. Nous devrions être capables d'obtenir de l'énergie sans brûler de matière première. Toutefois, je suis loin de sous-estimer la valeur d'une telle méthode de combustion. Aujourd'hui, la plupart de l'énergie motrice vient du charbon et, soit directement, soit par ses sous-produits, il intensifie énormément l'énergie de l'humanité. Malheureusement, dans tous les procédés utilisés de nos jours, la majeure partie de l'énergie du combustible est dissipée inutilement. Les meilleures machines à vapeur n'utilisent qu'une petite fraction de l'énergie totale. Même dans les moteurs à gaz avec lesquels on peut obtenir de meilleurs résultats—surtout avec les derniers modèles -, il y a toujours un gaspillage barbare. Dans nos systèmes d'éclairage électrique, nous n'utilisons que 0,33 % de toute l'énergie du combustible, et encore moins dans l'éclairage au gaz. Dans nos diverses utilisations du charbon sur la planète, nous n'utilisons, tout bien considéré, certainement pas plus de 2% de toute l'énergie disponible en théorie. Celui qui arrivera à mettre un terme à ce gaspillage fou serait un grand bienfaiteur de l'humanité, bien que la solution qu'il apportera ne puisse pas être permanente, car elle conduirait finalement à l'épuisement des stocks de la matière première. Des efforts sont entrepris, principalement dans deux directions, afin d'obtenir plus d'énergie à partir du charbon, à savoir dans la production d'électricité et celle de gaz comme énergies motrices. Des succès notoires ont déjà été enregistrés dans ces deux domaines.

L'arrivée des systèmes à courant alternatif pour la transmission de l'électricité, marque le début d'une époque où l'énergie du charbon disponible pour l'humanité devient plus économique. Évidemment, toute l'énergie obtenue à partir de chutes d'eau permet d'économiser autant de combustible et profite à l'humanité, et est d'autant plus rentable qu'elle ne demande que peu d'efforts de la part de l'homme ; dans la mesure où ce procédé est le plus parfait de tous ceux que l'on connaisse pour exploiter l'énergie solaire, il contribue de bien des façons, à l'avancement de la civilisation. En outre, l'électricité nous permet d'extraire beaucoup plus d'énergie du charbon que par le passé. Au lieu de transporter le charbon vers de lointaines destinations de consommation, nous le brûlons près des mines, produisons de l'électricité dans les dynamos et envoyons le courant vers les villes lointaines : donc nous faisons de sérieuses économies. Au lieu de faire fonctionner les machines à l'usine, selon la vieille manière peu économique avec courroies et arbres, nous produisons de l'électricité avec la vapeur et faisons marcher des moteurs électriques. C'est ainsi qu'il n'est pas rare d'obtenir deux à trois fois plus d'énergie motrice effective à partir du combustible, en plus de nombreux autres avantages importants. C'est dans ce domaine, ainsi que dans celui de la transmission d'énergie sur de grandes distances, que le système alternatif, avec sa mécanique idéalement simple, va entraîner une révolution dans l'industrie. Toutefois, ces progrès n'ont pas encore été ressentis dans beaucoup de domaines. Par exemple, dans les bateaux à vapeur et les trains, les arbres et essieux sont toujours actionnés par la puissance de la vapeur. Un plus grand pourcentage de l'énergie thermique du charbon pourrait être transformé en énergie motrice en utilisant, à la place des machines navales et des locomotives actuelles, des dynamos actionnées par des machines à gaz ou à vapeur de haute pression spécialement conçues, et en utilisant l'électricité obtenue pour la propulsion. De cette manière, on pourrait obtenir entre 50% et 100% de plus d'énergie effective à partir du charbon. On a du mal à comprendre pourquoi les ingénieurs n'accordent pas plus d'attention à un fait aussi simple et évident. Ce type d'amélioration serait particulièrement bénéfique aux bateaux à vapeur au long cours, car elle supprimerait le bruit et augmenterait leur vitesse et leur tonnage.

Le rendement énergétique du charbon a été encore amélioré grâce aux derniers moteurs à gaz plus perfectionnés qui, en moyenne, produisent deux fois plus d'énergie que les meilleurs moteurs à vapeur. L'introduction des moteurs à gaz est facilitée par l'importance de l'industrie du gaz. Comme l'utilisation de la lumière électrique augmente, on utilise de plus en plus le gaz pour obtenir de l'énergie thermique et motrice. Le gaz est très souvent fabriqué près des mines de charbon et envoyé vers les lieux de consommation lointains, ce qui permet de réaliser des économies à la fois sur les frais de transport et sur l'utilisation de l'énergie du combustible. Les conditions actuelles en mécanique et en électrotechnique font que la manière la plus sensée de produire de l'énergie à partir du charbon est, bien sûr, de fabriquer le gaz près du gisement de charbon et de l'utiliser, soit sur place, soit à distance, afin de produire de l'électricité pour l'industrie avec des dynamos actionnées par des moteurs à gaz. Le succès commercial d'une telle installation est largement fonction de la construction de moteurs à gaz à grande puissance nominale de CV qui, à en juger par les gros efforts fournis dans ce domaine, ne tarderont pas à envahir le marché. Au lieu d'utiliser directement le charbon, comme à l'accoutumée, le gaz sera fabriqué à partir de lui et brûlé pour économiser de l'énergie.

Néanmoins, toutes ces améliorations ne seront que des étapes intermédiaires dans l'évolution vers quelque chose de plus parfait car, finalement, nous devrons réussir à obtenir de l'électricité à partir du charbon d'une manière plus directe, sans perdre beaucoup de son énergie thermique. On ne sait toujours pas si le charbon peut être oxydé par un processus froid. Sa combinaison avec l'oxygène produit invariablement de la chaleur et la question de savoir si l'énergie de cette combinaison du carbone avec un autre élément peut être transformée directement en énergie électrique, reste ouverte. Sous certaines conditions, l'acide nitrique brûle le carbone en générant de l'électricité, mais la solution ne reste pas froide. D'autres moyens pour oxyder le charbon ont été proposés, toutefois, ils ne garantissent pas d'aboutir à un procédé efficace. Moi-même ai complètement échoué dans ce domaine, mais peut-être moins que certains qui ont «perfectionné» la pile à charbon froid. C'est au chimiste de résoudre ce problème, et non au physicien, car celui-ci détermine à l'avance tous ses résultats, de manière que lorsqu'il en vient aux expérimentations, il ne peut que réussir. En chimie, bien que ce soit une science exacte, les méthodes sûres, comme celles qui sont disponibles en physique et qui permettent de résoudre de nombreux problèmes, n'existent pas. Dans ce domaine, les résultats s'obtiennent plus après des expérimentations menées avec patience, que par déduction ou calcul. Toutefois, le temps est proche où le chimiste pourra suivre clairement une voie soigneusement tracée à l'avance et où la méthode, qui lui permettra d'arriver aux résultats désirés, sera purement déductive. La pile à charbon froid (soit à combustible à oxydation lente), est susceptible de donner une grosse impulsion au développement d'appareils électriques ; elle pourrait conduire en peu de temps à la construction d'avions d'utilisation plus pratique et favoriser énormément l'avènement de l'automobile. Néanmoins, tous ces problèmes et bien d'autres seraient mieux réglés — et de manière plus scientifique — avec un accumulateur léger.

L'énergie du milieu — Le moulin-à-vent et le moteur solaire — L'énergie motrice extraite de la chaleur terrestre — L'électricité issue de sources naturelles

En plus des combustibles, il existe beaucoup d'autres matières dont nous pourrions tirer de l'énergie. Par exemple, une immense quantité d'énergie est emprisonnée dans le calcaire et on pourrait faire marcher des moteurs, si on libérait l'acide carbonique avec de l'acide sulfurique ou d'une autre manière.

J'ai déjà construit un tel moteur et il a fonctionné de manière très satisfaisante.

Toutefois, quelles que soient les sources d'énergie primaires dont nous allons nous servir à l'avenir, si nous voulons être rationnels, il faudra chercher à la produire sans brûler de matière première. Il y a longtemps que je suis arrivé à cette conclusion, et pour obtenir ce résultat, seules deux possibilités s'offrent à nous, comme je l'ai déjà dit plus haut : soit exploiter l'énergie solaire existant dans le milieu environnant, soit transmettre cette énergie solaire à distance et à travers ce milieu, depuis un endroit où elle aura pu être obtenue sans brûler de matière première. À cette époque, j'ai tout de suite rejeté la deuxième solution puisqu'elle est totalement inconcevable dans la pratique, et je me suis mis à étudier les possibilités de la première.

Bien que ce soit difficile à croire, il est néanmoins un fait que l'homme, depuis des temps immémoriaux, disposait d'un assez bon appareil qui lui permettait d'utiliser l'énergie du milieu environnant : c'est le moulin-à-vent. Contrairement aux idées reçues, le vent peut fournir une énergie très considérable. Toute une série d'inventeurs, en proie à des illusions, ont passé des années de leur vie à chercher à « exploiter les marées », et certains ont même proposé de comprimer l'air avec l'énergie du flux et du reflux pour en obtenir de l'énergie, sans jamais comprendre les signes que leur faisait le vieux moulin-à-vent sur la colline, alors qu'il agitait tristement ses bras en les priant de s'arrêter. Le fait est qu'un moteur actionné par de l'énergie marémotrice aurait, en règle générale, une bien petite chance de rivaliser commercialement avec le moulin-à-vent qui est, de loin, le meilleur appareil, puisqu'il permet d'obtenir beaucoup plus d'énergie d'une manière bien plus simple. Autrefois, l'énergie éolienne avait une valeur inestimable pour les hommes, ne serait-ce que parce qu'elle leur permettait de traverser les mers et les océans ; aujourd'hui, elle joue toujours un rôle très important dans les voyages et les transports. Cependant, cette méthode idéalement simple d'exploitation de l'énergie solaire connaît de sérieuses limites. Les appareils sont gros par rapport à un rendement donné, et l'énergie est produite par intermittence, ce qui nécessite son stockage et augmente les frais de l'installation.

Toutefois, une autre manière plus intéressante pour obtenir de l'énergie, est l'exploitation de l'énergie des rayons solaires qui, sans cesse, viennent frapper la Terre, et dont la puissance énergétique dépasse les quatre millions de CV par 2,5 km². Bien que l'énergie moyenne, reçue où que ce soit chaque année par km², ne soit qu'une petite fraction de cette somme globale, nous disposerions d'une source d'énergie inépuisable, si nous pouvions découvrir une méthode efficace pour utiliser l'énergie des rayons. Le seul moyen rationnel que je connaissais, alors que j'entamai mes investigations dans ce domaine, était d'utiliser un type de moteur thermique ou thermodynamique, actionné par un fluide volatil s'évaporant dans une chaudière sous la chaleur des rayons solaires. Cependant, mes recherches plus approfondies et mes calculs ont montré que, malgré la très grosse quantité d'énergie apparemment reçue des rayons solaires, cette méthode ne permettait d'utiliser en pratique qu'une infime partie de cette énergie. Par ailleurs, l'énergie fournie par le rayonnement solaire est irrégulière et j'ai rencontré le même type de limitations qu'avec l'utilisation du moulin-à-vent. Après avoir longuement étudié ce mode de production d'énergie motrice à partir du soleil et compte tenu de la nécessité d'une chaudière de gros volume, du faible rendement de la machine thermique, des coûts supplémentaires pour stocker l'énergie et d'autres inconvénients, je suis arrivé à la conclusion que le « moteur solaire », dans la majeure partie des cas, ne pouvait pas être exploité à l'échelle industrielle avec succès.

Une autre manière d'obtenir de l'énergie motrice à partir du milieu sans avoir à brûler de matière première, serait d'utiliser la chaleur emmagasinée dans la terre, l'eau ou l'air pour faire marcher un moteur. Tout le monde sait que les profondeurs du globe sont très chaudes ; les observations ont montré que la température augmente d'1° C tous les 30 m. Il n'est pas inconcevable de pouvoir surmonter les difficultés à creuser des puits et de mettre en place des chaudières à une profondeur de quelque 3650 mètres — ce qui correspond à une augmentation de la température d'environ 120° C — et nous pourrions certainement exploiter la chaleur interne du globe terrestre. En fait, il ne serait même pas nécessaire de creuser en profondeur pour utiliser la chaleur emmagasinée. Les couches supérieures de la terre et les couches d'air qui se trouvent juste au-dessus, ont une température suffisamment élevée pour pouvoir libérer certaines substances extrêmement volatiles, qui pourraient remplacer l'eau dans nos chaudières. Il ne fait aucun doute qu'un bateau puisse avancer sur l'océan grâce à un moteur actionné par ce type de fluide volatil, sans aucune autre énergie si ce n'est la chaleur extraite de l'eau. Toutefois, la puissance obtenue par ce procédé serait très faible, à moins de prendre des mesures complémentaires.

L'électricité produite par des phénomènes naturels est une autre source d'énergie exploitable. Les éclairs contiennent d'énormes quantités d'électricité, susceptible d'être transformée et stockée pour une utilisation future. Il y a quelques années, j'ai publié une méthode de transformation de l'électricité qui faciliterait la première étape de ce travail ; cependant, il sera plus difficile de stocker l'énergie des décharges des éclairs. En outre, il est connu que des courants électriques circulent constamment à travers la terre et qu'il existe, entre la terre et l'air, une différence de tension électrique qui varie en fonction de l'altitude.

À ce propos, j'ai découvert, lors d'expérimentations récentes, deux nouveaux faits très importants. Premièrement, le mouvement axial de la Terre et probablement aussi son mouvement de translation, génèrent de l'électricité dans un fil qui part du sol et qui monte très haut dans les airs. Toutefois, la quantité d'électricité qui passe continuellement dans ce fil reste minime, tant que l'électricité ne peut pas s'écouler dans l'air. Cet écoulement sera grandement facilité si on place, au sommet du fil, un terminal conducteur de grande surface et comportant beaucoup d'arêtes acérées ou des pointes. Nous pouvons donc obtenir de l'électricité de manière continue avec un simple fil qui s'élance dans les airs, mais malheureusement, en faible quantité.

Deuxièmement, les couches supérieures de l'atmosphère sont continuellement chargées d'électricité dont la polarité est à l'inverse de celle de la Terre. C'est du moins ainsi que j'ai interprété mes observations, et il semblerait que la Terre, avec son enveloppe isolante et conductrice, constitue un condensateur électrique de grande charge contenant, probablement, une grande quantité d'énergie électrique qui pourrait être mise au service de l'humanité si on pouvait l'atteindre avec un fil qui monte très haut dans les airs.

Il est possible, voire probable, que d'autres sources d'énergie seront découvertes au fil du temps, dont nous n'avons aujourd'hui aucune idée. Nous pourrions même trouver des méthodes de mise en application de forces comme le magnétisme ou la gravité, pour actionner des machines sans utiliser d'autres moyens. De tels exploits, bien que très improbables, ne sont pas impossibles. Je vais citer un exemple pour donner une parfaite idée de ce que nous pourrions espérer, mais que nous n'atteindrons jamais. Imaginons un disque constitué d'un quelconque matériau homogène qui tourne, en équilibre parfait et sans frottement, sur un axe horizontal au-dessus du sol. Dans de telles conditions, ce disque peut s'arrêter dans n'importe quelle position. Il se pourrait que l'on découvre comment faire tourner un tel disque de manière continue et lui faire faire un travail grâce à la force de gravité, sans aucune autre intervention de notre part. Toutefois, il est impossible que ce disque tourne tout seul et travaille sans l'intervention d'une force extérieure. Car si c'était possible, nous aurions affaire à ce que l'on appelle scientifiquement un « perpetuum mobile », une machine créant sa propre force motrice. Pour faire tourner ce disque par la force de gravité, il suffit d'inventer un écran contre cette force. Un tel écran empêcherait cette force d'agir sur une moitié du disque, qui alors se mettrait à tourner. Nous ne pouvons pas renier cette possibilité, du moins pas avant de connaître la nature exacte de la force de gravité. Supposons que cette force soit due à un mouvement comparable à celui d'un courant d'air venant du haut et se dirigeant vers le centre de la Terre. L'impact d'un tel courant sur les deux moitiés du disque serait identique et c'est pourquoi, normalement, le disque ne se mettrait pas à tourner ; mais si une moitié était protégée par une plaque qui arrête le mouvement, alors il tournerait.

L'abandon des méthodes connues—Les possibilités d'un moteur ou d'une machine « automatique », inanimé, et néanmoins capable, telle une créature vivante, de puiser de l'énergie dans le milieu—La méthode de production idéale d'une force motrice

Au début de mes recherches à ce sujet et lorsque les concepts que je viens de citer ou d'autres analogues se présentèrent à mon esprit pour la première fois, et bien que j'ignorasse un certain nombres de faits que j'ai cités ci-dessus, l'étude des différents moyens d'utiliser l'énergie ambiante m'a néanmoins convaincu qu'il fallait abandonner radicalement les méthodes alors connues, si on voulait arriver à une solution pratique parfaitement satisfaisante. Le moulin-à-vent, le moteur solaire, la machine actionnée par la chaleur terrestre ne permettaient d'obtenir qu'une énergie en quantité très limitée. Il fallait découvrir un autre moyen qui permettrait d'obtenir plus d'énergie. Il y a suffisamment d'énergie thermique dans le milieu, toutefois, les méthodes alors connues ne permettaient que d'en extraire une petite quantité pour alimenter un moteur. Par ailleurs, le débit de l'énergie était très faible. En d'autres termes, le problème était de découvrir quelque nouvelle technique qui permettrait à la fois d'utiliser plus d'énergie thermique du milieu et de l'en extraire plus vite.

J'essayais vainement d'imaginer comment atteindre ces objectifs, lorsque je tombai sur certaines déclarations de Carnot et de Lord Kelvin (qui, à l'époque, s'appelait toujours Sir William Thomson) qui disaient qu'il fût pratiquement impossible à un mécanisme inanimé ou à une machine automatique de faire descendre la température d'une partie de l'air en dessous de celle du milieu environnant, et de fonctionner avec la chaleur récupérée. Ces affirmations m'intéressèrent au plus haut point. Une créature vivante pouvait, de toute évidence, réaliser ces choses-là, et comme mes expériences passées m'ont convaincu qu'une créature vivante n'est pas autre chose qu'un automate ou, en d'autres termes, une « machine automatique », j'en conclus qu'il était possible de construire une machine qui agirait pareillement. Je conçus donc le mécanisme suivant, comme première étape pour atteindre cet objectif. Imaginons une thermopile constituée d'un certain nombre de tiges de métal qui, posée sur le sol atteindrait l'espace, au-delà de l'atmosphère. La chaleur d'en bas véhiculée vers le haut par ces tiges de métal, refroidirait la terre, les mers ou les airs, selon l'emplacement de la partie inférieure des tiges, avec comme résultat bien connu, la génération d'un courant électrique circulant dans ces tiges. Les deux terminaux de la thermopile pourraient alors être reliés par un moteur électrique qui, en théorie, devrait pouvoir fonctionner sans cesse, jusqu'à ce que le milieu en bas refroidisse au point d'atteindre la température de celle de l'espace. Nous aurions donc un moteur inanimé qui, de toute évidence, serait capable de refroidir une partie du milieu jusqu'en dessous de la température ambiante et de fonctionner avec la chaleur récupérée.

Toutefois, serait-il possible d'obtenir des conditions similaires sans devoir monter aussi haut ? Imaginons, pour les besoins de la cause, une enceinte T, illustrée dans le diagramme B, dans laquelle l'énergie pourrait uniquement circuler à travers un canal O, et que, d'une manière ou d'une autre, il y ait à l'intérieur de cette enceinte un milieu possédant très peu d'énergie, tandis qu'elle baigne dans le milieu ambiant ordinaire ayant beaucoup d'énergie. Dans de telles conditions, l'énergie passera par le canal O, tel que l'indique la flèche, et elle sera convertie en une autre sorte d'énergie. La question était de savoir si de telles conditions pouvaient être obtenues ? Pourrions-nous produire artificiellement une telle « dépression » dans laquelle l'énergie du milieu environnant pourrait s'écouler ? Supposons que l'on puisse maintenir une température extrêmement basse, par un procédé quelconque, dans un espace donné ; le milieu environnant serait alors appelé à libérer de la chaleur qui pourrait être convertie en énergie mécanique ou autre, puis utilisée. Si nous pouvions mettre ce concept en application, nous pourrions obtenir de l'énergie de façon continue, en tout point du globe, nuit et jour. En outre, dans l'abstrait, il semblerait possible de créer une compensation rapide de la perturbation du milieu et donc de puiser très rapidement de l'énergie.

Voici donc un concept qui, s'il était réalisable, offrirait une solution heureuse au problème de l'extraction de l'énergie du milieu. Mais l'est-il vraiment ?

J'étais convaincu qu'il le fût, d'une manière ou d'une autre, et voici l'une d'entre elles. Imaginons que nous nous trouvions à une altitude — ou niveau — élevée, ce qui peut être représenté par la surface d'un lac de montagne, très haut au- dessus du niveau de la mer ; ce niveau représente le zéro absolu de la température dans l'espace interstellaire. La chaleur s'écoule avec l'eau du niveau supérieur à un niveau inférieur et, partant, si nous pouvons laisser s'écouler l'eau du lac jusque vers la mer, nous pouvons aussi laisser monter la chaleur de la surface de la Terre jusque dans les régions froides supérieures.

La chaleur, tout comme l'eau, peut faire un travail en s'écoulant vers le bas, et si nous doutions tout à l'heure de pouvoir obtenir de l'énergie du milieu avec une thermopile, l'analogie que voilà va dissiper tout doute. Toutefois, pouvons- nous refroidir un espace donné et faire couler en

permanence de la chaleur à l'intérieur? Pour créer une telle « dépression »
ou « trou froid », pour ainsi dire, dans le milieu, cela reviendrait à créer
dans le lac un espace soit vide, soit rempli d'une substance beaucoup
plus légère que l'eau. C'est ce que l'on obtiendrait en plaçant une cuve
dans le lac et en pompant toute l'eau de cette dernière.

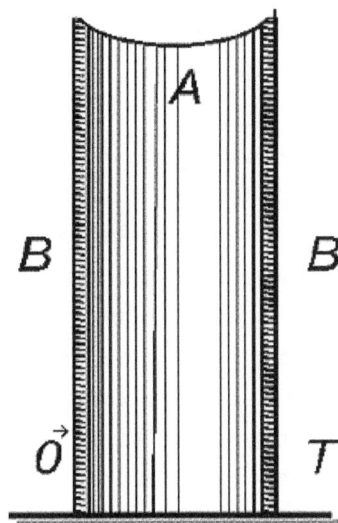

Diagramme B : PRODUCTION D'ÉNERGIE À PARTIR DU MILIEU ENVIRONNANT

A, milieu avec peu d'énergie
B, B, milieu environnant avec
beaucoup d'énergie
O, canal emprunté par
l'énergie.

Nous savons que, si ensuite on fait retourner l'eau dans la cuve, elle
serait capable de faire exactement la même quantité de travail que celle
qui fut nécessaire pour le pompage, mais rien de plus. Par conséquent,
cette double opération qui consiste d'abord à faire sortir l'eau, puis à la
laisser retomber, n'offre aucun avantage. Cela voudrait donc dire qu'il
est impossible de créer une telle dépression dans le milieu. Mais réflé-
chissons un instant. La chaleur, bien que respectant certaines lois générales de la mécanique, comme tout fluide, ne se comporte pas comme
un fluide ; c'est de l'énergie qui peut être transformée en d'autres formes
d'énergie, à mesure qu'elle passe d'un niveau supérieur à un niveau inférieur. Pour que notre analogie mécanique soit correcte et complète,
nous devons donc partir du principe que l'eau, lors de son passage
dans la cuve, est convertie en quelque chose d'autre que nous pourrions extraire sans utiliser d'énergie, ou alors très peu. Par exemple, si la

chaleur est représentée dans cette analogie par l'eau du lac, l'oxygène et l'hydrogène qui composent l'eau peuvent illustrer les autres formes d'énergie par lesquelles passe la chaleur quand elle passe du chaud vers le froid. Si ce processus de transformation de la chaleur était absolument parfait, aucune chaleur n'arriverait au niveau inférieur, puisqu'elle serait entièrement transformée en d'autres formes d'énergie. Donc selon ce cas idéal, toute l'eau qui rentrerait dans la cuve serait décomposée en oxygène et hydrogène avant d'atteindre le fond de la cuve, avec comme résultat, que l'eau ne cesserait de couler dans la cuve qui, elle, resterait toujours vide, puisque les gaz formés s'en seraient échappés. Nous pourrions donc produire—moyennant initialement un certain travail pour créer la dépression afin que la chaleur ou, en l'occurrence, l'eau puisse y entrer—des conditions qui nous permettent d'obtenir n'importe quelle quantité d'énergie sans aucun autre travail. Ce serait une méthode idéale pour obtenir de l'énergie motrice. Nous ne connaissons aucun processus de conversion de chaleur aussi parfait dans l'absolu, et par conséquent, un peu de chaleur va toujours finir par atteindre le niveau inférieur, ce qui revient à dire que, dans notre analogie mécanique, un peu d'eau va arriver au fond de la cuve, qui va se remplir petit à petit, et qu'il va falloir pomper continuellement. Mais bien évidemment, la quantité d'eau à pomper sera plus faible que celle qui y entre ou, en d'autres termes, l'énergie nécessaire à maintenir les conditions initiales sera moindre que celle qui est produite par la chute de l'eau, ce qui signifie qu'une certaine énergie pourra être récoltée du milieu. Ce qui n'est pas converti en coulant vers le bas peut être remonté avec sa propre énergie, et ce qui est converti est pur bénéfice. Donc l'efficacité du principe que j'ai découvert est uniquement fonction de la conversion de l'énergie dans son écoulement vers le bas.

Premiers efforts pour construire un moteur automatique—L'oscillateur mécanique—Les travaux de Dewar et Linde—L'air liquide

Fort de cette découverte, je commençai à imaginer des moyens pour réaliser mes plans et, après de longues réflexions, j'ai finalement conçu un ensemble d'appareils qui devaient permettre d'obtenir de l'énergie du milieu par un processus de refroidissement permanent de l'atmosphère. Ce dispositif, en transformant en permanence la chaleur en travail mécanique, devenait de plus en plus froid et, s'il était possible d'atteindre une température très basse de cette manière, alors il devenait possible de produire une dépression pour cette chaleur et d'extraire de l'énergie du milieu. Ceci semblait en contradiction avec les affirmations de Carnot et de Lord Kelvin, que j'ai cités plus haut ; toutefois, la théorie de ce procédé me fit penser que ce résultat pouvait être atteint. Je crois que je suis arrivé à cette conclusion à la fin de 1883, alors que j'étais à Paris ; c'était à une époque où mon esprit était obnubilé par une invention que j'avais développée l'année précédente et qui, depuis, a été connue sous le nom de «champ magnétique en rotation». Durant les années suivantes, j'ai continué à perfectionner le projet que j'avais imaginé et à étudier ses conditions de fonctionnement, sans faire de grands progrès toutefois. L'introduction commerciale de l'invention que je viens de citer dans ce pays, m'a réclamé un très gros investissement personnel jusqu'en 1889, l'année où je repris l'idée du moteur automatique. Contrairement à ce que je croyais initialement, l'étude des principes impliqués et mes calculs me montrèrent que je ne pouvais pas arriver au résultat escompté dans la pratique avec les appareils classiques. Cela me conduisit, dans un deuxième temps, à l'étude d'un type de moteur appelé généralement « turbine » qui, de prime abord, semblait offrir les meilleures chances pour réaliser mon idée. Toutefois, j'eus vite fait de découvrir que la turbine non plus ne convenait pas. Mes conclusions me montrèrent cependant que si un moteur pouvait être amené à un haut degré de perfection, le plan, tel que je l'avais conçu, devenait réalisable, et je décidai de développer ce type de moteur, dont l'objectif principal était de transformer la chaleur en énergie mécanique avec le moins de perte possible. Une propriété caractéristique de ce moteur était que le piston, qui devait faire le travail, n'était relié à rien d'autre et qu'il était parfaitement libre de vibrer à une vitesse énorme. Les difficultés mécaniques que je rencontrai dans la construction de ce moteur étaient plus grandes que je ne l'avais imaginé, et les progrès furent lents. Je continuai mes travaux jusqu'au début de 1892, date à laquelle je me rendis à Londres pour assister aux expériences admirables du professeur Dewar avec des gaz liquéfiés. D'autres avaient déjà liquéfié des gaz, et notamment Ozlewski et Pictet avaient mené des expériences remarquables dans ce domaine ; cependant, il y avait une vigueur dans le travail de Dewar qui tenait du prodige. Ses expériences montrèrent, quoique d'une manière différente de celle que j'avais envisagée, qu'il était possible d'atteindre de très basses températures en transformant la chaleur en énergie mécanique et je m'en retournai, très impressionné par ce que j'avais vu, et convaincu plus que jamais que mon plan était réalisable. Je repris à zéro les travaux que j'avais temporairement abandonnés et je finis bientôt par développer un moteur d'un haut degré de perfection, que j'appelai «l'oscillateur mécanique». Dans cet appareil, je réussis à me passer des garnitures, des soupapes et de tout graissage, et à produire une vibration du piston tellement rapide que les arbres en acier très résistant, qui y étaient rattachés et qui vibraient longitudinalement, se déchirèrent en deux. En combinant ce moteur avec une dynamo d'un design spécial, j'obtins un générateur électrique très efficace qui, grâce à la vitesse d'oscillation invariable qu'il permettait d'atteindre, était d'une valeur inestimable pour mesurer et déterminer les propriétés physiques. J'ai exposé différents types de ce moteur appelé «oscillateur électrique et mécanique» au Congrès Électrotechnique à l'exposition universelle de Chicago durant l'été 1893, lors d'une conférence dont je n'ai jamais publié le contenu, ayant été débordé par d'autres obligations professionnelles. À cette occasion, j'ai exposé les principes de l'oscillateur mécanique, toutefois, les fonctions originelles de cet appareil sont publiées ici, pour la première fois.

Tel que je l'avais conçu initialement, il y avait, dans ce processus d'utilisation de l'énergie du milieu, une combinaison de cinq éléments essentiels et chacun d'eux dut être étudié et développé, car il n'existait aucun appareil de ce type. L'oscillateur mécanique était le premier élément de cet ensemble et lorsque je l'eus perfectionné, je commençai à travailler au deuxième, qui était un compresseur à air, dont le design ressemblait à certains égards à celui de l'oscillateur mécanique. Je rencontrai des difficultés similaires lors de leur construction ; je m'acharnai néanmoins dans mon travail et, vers 1894, ces deux éléments de l'ensemble étaient fin prêts. J'avais ainsi obtenu un appareil pour comprimer l'air, pratiquement à n'importe quelle pression, un dispositif incomparable avec les appareils ordinaires, car beaucoup plus simple, plus petit et plus efficace. Je venais d'entamer les travaux du troisième élément qui, en association avec les deux premiers, devait donner une machine de réfrigération d'une simplicité et d'une efficacité exceptionnelles, lorsque par malheur mon laboratoire fut détruit par un incendie, ce qui paralysa mes travaux et me fit prendre du retard. Peu de temps après, le Dr Carl Linde annonça la liquéfaction de l'air par un procédé d'auto-refroidissement, démontrant qu'il était possible de procéder au refroidissement de l'air jusqu'à ce qu'il devienne liquide. C'était exactement la seule preuve expérimentale dont j'avais encore besoin pour montrer que l'on pouvait obtenir de l'énergie à partir du milieu, de la manière dont je l'avais envisagé.

La liquéfaction de l'air obtenue par auto-refroidissement ne fut pas, comme cela fut dit, une découverte accidentelle, mais un résultat scientifique que l'on ne pouvait plus cacher plus longtemps et qui, selon toute vraisemblance, n'a pas pu échapper à Dewar. Je pense que cette avancée fascinante est largement due aux travaux extraordinaires de ce grand Écossais. Malgré tout, l'œuvre de Linde est restée légendaire. La production de l'air liquide a été menée pendant quatre ans en Allemagne, à une échelle beaucoup plus importante que dans tout autre pays et cet étrange produit a été utilisé dans des buts variés. On en attendait beaucoup à l'origine, mais jusqu'à ce jour, son utilisation est restée très modérée dans le milieu industriel. En utilisant le type d'appareil que je suis en train de mettre au point, les coûts deviendront probablement largement plus abordables, toutefois, son succès commercial restera discutable. S'il est utilisé comme réfrigérant, il n'est pas économique, sa température étant trop basse. Il est tout aussi coûteux de maintenir un corps à basse température qu'il l'est de le maintenir à une température très élevée ; il faut du charbon pour que l'air puisse rester froid.

L'air liquide ne peut pas encore rivaliser avec l'électrolyse dans la fabrication de l'oxygène. Il ne convient pas comme explosif, parce que sa basse température le rend, encore une fois, peu efficace, et il est toujours beaucoup trop cher pour servir d'énergie motrice. Il est cependant intéressant de relever qu'en faisant tourner un moteur à l'air liquide, on peut gagner une certaine quantité d'énergie à partir de ce moteur ou, en d'autres termes, à partir du milieu environnant qui maintient la chaleur du moteur, puisque 200 livres de fonte de fer de ce dernier fournissent une énergie d'1 CV effectif par heure.

Mais ce gain du consommateur est annulé par une perte égale du producteur.

Ces travaux, pour lesquels je m'investis depuis si longtemps, sont loin d'être terminés. Il reste à perfectionner un certain nombre de détails mécaniques et à maîtriser certaines difficultés d'une autre nature, et je ne peux pas espérer construire un moteur automatique capable de tirer de l'énergie du milieu environnant avant longtemps, même si toutes mes attentes devaient se concrétiser. J'ai été victime, dernièrement, de circonstances qui ont retardé mes travaux ; toutefois, ce délai fut bénéfique pour diverses raisons.

Une de ces raisons est que j'ai eu largement le temps de réfléchir à ce que pourraient être les applications finales de ce développement. J'ai travaillé pendant longtemps, parfaitement convaincu que la mise en pratique de cette technique pour obtenir de l'énergie à partir du soleil, serait d'une valeur inestimable pour l'industrie ; cependant, mes recherches incessantes dans ce domaine ont révélé que, bien que mes attentes soient légitimes, elle sera moins rentable commercialement que je ne le pensais.

La découverte de propriétés inattendues de l'atmosphère — Des expériences étranges — Transmission d'électricité à travers un fil, sans retour — Transmission sans fil à travers la Terre

Une autre raison est que je fus amené à reconnaître que la transmission de l'électricité, à n'importe quelle distance dans le milieu, était de loin la meilleure solution au problème de l'exploitation de l'énergie solaire pour le bien-être de l'humanité. J'ai cru fermement, pendant de nombreuses années, que ce type de transmission était irréalisable à l'échelle industrielle, toutefois, je fis une découverte qui m'a fait changer d'avis. J'ai remarqué que sous certaines conditions, l'atmosphère qui, normalement, est un très bon isolant, revêt des propriétés conductrices et devient donc capable de transporter n'importe quelle quantité d'énergie électrique. Néanmoins, il me semblait que la mise en pratique de cette découverte, soit de transporter de l'électricité sans fil, comportait des difficultés insurmontables. Il s'agissait de produire et de gérer des tensions électriques de plusieurs millions de volts ; il fallait inventer et mettre au point des générateurs d'un nouveau type, capables de résister à l'énorme stress électrique, et il fallait obtenir une sécurité totale contre tous les dangers des courants de haute tension dans le système, avant même de pouvoir concevoir sa mise en pratique. Tout cela demandait beaucoup de temps et ne pouvait se faire en quelques semaines, mois ou même années. Les travaux demandaient de la patience et des efforts soutenus et les progrès furent lents. J'ai toutefois pu obtenir d'autres résultats de valeur au cours de ces longs travaux, desquels je vais m'efforcer de rendre compte, en énumérant dans l'ordre les avancées principales qui ont été réalisées.

Bien qu'inattendue, la découverte de la conductivité de l'air ne fut que le résultat d'expériences que j'avais menées dans un domaine spécifique quelques années auparavant. Je crois que ce fut en 1889 que des oscillations électriques excessivement rapides m'ont offert certaines possibilités, qui m'ont déterminé à concevoir un certain nombre d'appareils spéciaux adaptés à leur étude. La construction de ces machines fut très difficile en raison des exigences particulières et demanda énormément de temps et d'efforts ; toutefois mon travail fut largement récompensé, car il m'a permis d'obtenir plusieurs résultats tout à fait nouveaux et d'une grande importance. Une des premières observations que je fis avec ces nouvelles machines, c'est que les oscillations électriques d'un taux extrêmement élevé, agissent d'une manière extraordinaire sur l'organisme humain. C'est ainsi que j'ai pu démontrer, par exemple, que de puissantes décharges électriques de plusieurs centaines de milliers de volts, qui alors étaient considérées comme mortelles, pouvaient traverser le corps sans désagrément et sans conséquences préjudiciables. Ces oscillations produisirent d'autres effets physiologiques spécifiques et, après que je les eus rendus publics, de très bons médecins s'en emparèrent avec empressement pour les étudier plus à fond. Ce nouveau domaine s'est montré profitable au- delà de toute espérance et durant les quelques années qui ont suivi, les développements ont été tels, qu'il est devenu un département important et légitime en médecine. Ces oscillations permettent aujourd'hui d'obtenir facilement des résultats qui auparavant étaient impossibles et elles permettent de faire facilement beaucoup d'expériences qui, jusqu'ici, étaient du seul domaine du rêve. Je me rappelle toujours avec délectation comment, il y a neuf ans, j'ai fait passer une décharge d'une puissante bobine d'induction sur mon corps, pour démontrer à une assemblée de scientifiques que ces courants électriques aux vibrations très rapides étaient relativement inoffensifs et je me souviens de l'étonnement de mon public. Je serais prêt aujourd'hui, avec beaucoup moins d'appréhension qu'à cette époque, à faire passer sur mon corps toute l'énergie électrique de toutes les dynamos aujourd'hui en fonctionnement au Niagara, soit entre 40 000 et 50 000 CV. J'ai produit des oscillations électriques d'une intensité telle, que lorsqu'elles passaient à travers mes bras et mon buste, des fils qui étaient reliés par mes mains se mirent à fondre et pourtant, je n'en ressentais aucune gêne. J'ai énergisé avec ces oscillations un circuit, constitué d'épais fils de cuivre, de manière tellement puissante que des masses de métal et même des objets, dont la résistance électrique était bien plus grande que celle du tissu humain, approchés ou placés dans le circuit, s'échauffèrent à une très haute température et fondirent, souvent avec la violence d'une explosion, et pourtant, j'ai souvent avancé ma tête dans ce même espace où régnait ce tumulte terriblement destructeur, sans ressentir quoi que ce soit et sans effets secondaires préjudiciables.

Par ailleurs, j'ai constaté qu'avec ce type d'oscillations on pouvait produire de la lumière d'une manière nouvelle et plus économique, ce qui permettait d'obtenir un système idéal d'éclairage électrique avec des tubes à vide, qui rendait superflu le remplacement des ampoules ou des filaments incandescents, et peut-être même l'utilisation de fils à l'intérieur d'un bâtiment. La luminosité augmente proportionnellement à la vitesse des oscillations et, partant, son succès commercial dépendra de la production économique de vibrations électriques de vitesse extrêmement élevée. Dernièrement, j'ai eu beaucoup de succès dans ce domaine et la mise sur le marché de ce nouveau système d'éclairage ne saurait tarder.

Mes recherches m'ont conduit à de nombreux autres observations et résultats notoires, dont l'un des plus importants fut la démonstration de la faisabilité d'alimenter en énergie électrique un fil, sans retour. Au début, je pouvais seulement faire passer des petites quantités d'électricité de cette nouvelle façon, mais dans ce domaine aussi mes efforts furent couronnés de succès.

La figure 3 est une photo qui montre, comme son titre l'indique, une véritable transmission de ce type, effectuée avec des appareils qui ont été utilisés pour d'autres expériences, que je décris ici. On jugera du degré de perfectionnement de mes dispositifs, car lors de ma première démonstration au début de 1891, mon appareil ne fut capable que d'allumer une seule ampoule (ce qui alors, dit- on, tenait du merveilleux), alors qu'aujourd'hui, je peux affirmer être capable d'allumer, avec cette méthode, 400 à 500 ampoules, voire beaucoup plus, sans problème. En fait, cette méthode permet de produire une quantité d'énergie illimitée et faire fonctionner tout type d'appareil électrique.

Après avoir démontré la faisabilité de ce type de transmission, il m'est bien sûr tout naturellement venu à l'esprit d'utiliser la Terre comme conducteur, ce qui rendait tous les câbles électriques superflus. Quelle que soit la nature de l'électricité, elle se comporte comme un fluide incompressible, et la Terre peut être considérée comme un immense réservoir d'électricité, que je pensais pouvoir modifier efficacement avec un appareil électrique soigneusement conçu. C'est pourquoi mon nouvel objectif fut de mettre au point un dispositif spécial, susceptible d'être très efficace pour créer une perturbation de l'électricité dans la Terre. Les progrès dans cette nouvelle direction furent évidemment lents et les travaux décourageants, jusqu'à ce que, finalement, je réussisse à perfectionner un nouveau type de transformateur, ou bobine d'induction, spécialement adapté à ce but spécifique.

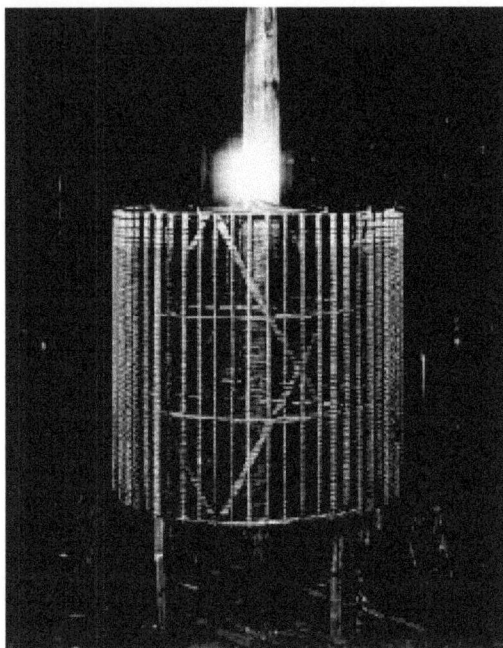

Figure 3 : « Expérience illustrant une alimentation en électricité avec un seul fil, sans retour ». Une ampoule à incandescence toute simple, dont un ou les deux terminaux sont reliés au fil à l'extrémité supérieure de la bobine montrée sur cette photo, est allumée par les vibrations électriques transmises à travers la bobine par un oscillateur électrique qui ne fonctionne qu'avec 5% de sa puissance maximale.

La figure 4 vous montrera qu'il devient ainsi possible non seulement de transmettre d'infimes quantités d'électricité pour faire fonctionner des appareils sensibles — ce qui fut mon premier objectif -, mais aussi des quantités appréciables d'électricité ; cette photo illustre une expérience de ce type, menée avec le même appareil. Les résultats furent d'autant plus remarquables que la partie supérieure de la bobine n'était pas reliée à un fil ou à une plaque pour amplifier les effets.

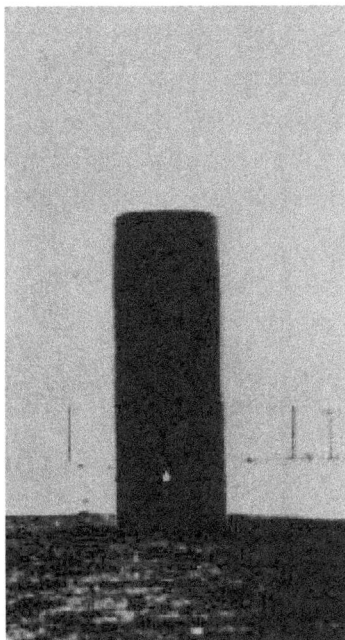

Figure 4 : «Expérience illustrant la transmission d'énergie électrique sans fil à travers la Terre.» La bobine représentée ici, dont l'extrémité—ou terminal—inférieure est reliée à la terre, est parfaitement réglée sur les vibrations d'un oscillateur électrique à distance. L'ampoule est reliée à un fil indépendant en forme de boucle et alimentée par induction par la bobine excitée par les vibrations électriques qui lui sont transmises à travers le sol par un oscillateur qui ne fonctionne qu'avec 5% de sa puissance maximale.

La télégraphie « sans fil » — Le secret du réglage — Des erreurs dans les études hertziennes — Un récepteur d'une merveilleuse sensibilité

Mes expériences dans ce dernier domaine furent fructueuses et elles m'ont permis, dans un premier temps, de mettre au point un système de télégraphie sans fil que j'ai décrit lors de deux conférences scientifiques, en février et mars 1893. Le diagramme C illustre la mécanique du système ; la partie supérieure montre le dispositif électrique tel que je l'avais alors décrit, tandis que la partie inférieure montre son équivalent en mécanique. Le système est extrêmement simple dans son principe. Imaginons deux diapasons F et F1, l'un dans la station émettrice et l'autre dans la station réceptrice ; leur branche inférieure est reliée à un minuscule piston p qui est intégré dans un cylindre.

Les deux cylindres communiquent avec un réservoir R aux parois élastiques, qui doit être fermé et rempli d'un fluide léger et incompressible. En butant une des branches du diapason F de manière répétée, le petit piston p entre en vibration, et ses vibrations se transmettent à travers le fluide jusqu'au diapason F1 qui est «accordé» sur le diapason F, ou, en d'autres termes, qui a la même fréquence que ce dernier.

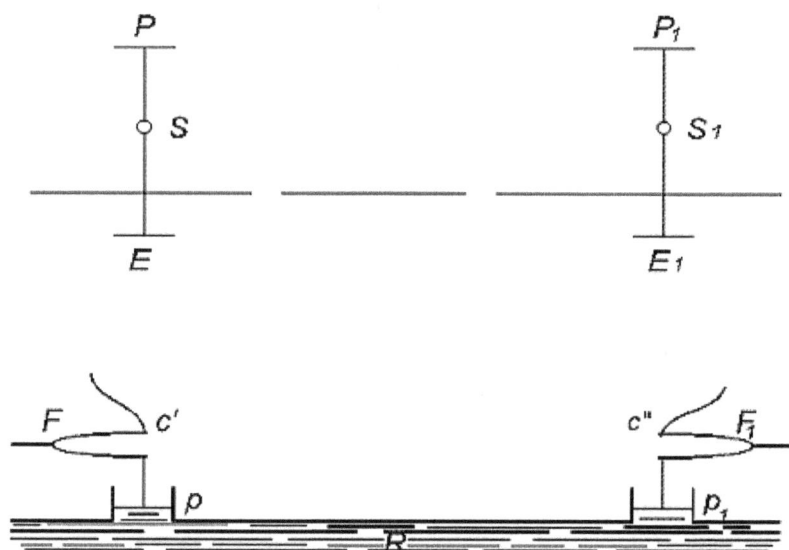

Diagramme C : ÉQUIVALENT EN MÉCANIQUE DE LA
TÉLÉGRAPHIE SANS FIL

Le diapason F1 entre alors en vibration, et cette vibration sera intensifiée par l'action continue du diapason F jusqu'à ce que sa branche supérieure se mette à osciller fortement et établisse une connexion électrique avec un contact fixe c" qui excite un dispositif électrique ou autre, servant à enregistrer les signaux. C'est de cette manière très simple que des messages peuvent être échangés entre les deux stations, car un autre contact similaire c' est prévu dans ce but, près de la branche supérieure du diapason F, de manière que le dispositif puisse être utilisé dans chaque station, soit comme récepteur, soit comme émetteur.

Le système électrique représenté dans la partie supérieure du diagramme C est le même dans son principe, les deux fils ou circuits ESP et E1S1P1 qui montent à la verticale représentent les deux diapasons et les pistons qui leur sont rattachés. Ces circuits sont en connexion avec le sol par deux plaques E et E1 et avec deux feuilles métalliques aux sommets P et P1 qui emmagasinent l'électricité et donc amplifient considérablement les effets. Le réservoir fermé R, aux parois élastiques, est remplacé dans ce cas par la Terre, et le fluide par l'électricité. Ces deux circuits sont « accordés » et opèrent exactement de la même manière que les deux diapasons. Au lieu d'exciter le diapason F dans la station émettrice, on génère des oscillations électriques dans le fil vertical transmetteur ESP grâce à une source S contenue dans ce fil, qui se propagent dans le sol et qui viennent toucher le fil vertical récepteur E1S1P1 en y excitant les oscillations électriques correspondantes. Ce dernier fil, ou circuit, inclut un appareil sensible ou récepteur S1 qui est alors activé et qui active à son tour un relais ou tout autre appareil. Chaque station est évidemment pourvue d'une source d'oscillations électriques S et d'un récepteur sensible S1, et un dispositif simple permet d'utiliser alternativement les deux circuits pour envoyer ou recevoir des messages.

L'accord exact entre les deux circuits garantit de gros avantages et, en fait, il est essentiel pour l'utilisation pratique du système. À cet égard, il existe des erreurs fort répandues dans les rapports techniques concernant ce sujet qui, en règle générale, décrivent ces circuits et dispositifs comme ayant ces atouts, alors que visiblement leur construction même prouve que c'est impossible.

Pour atteindre des résultats maximums, il est essentiel que la longueur de chaque fil ou circuit, depuis sa connexion avec la terre et le sommet, soit du quart de la longueur d'onde de la fréquence électrique dans le fil ou, en d'autres termes, égale à cette longueur multipliée par un nombre impair*. Si cette règle n'est pas respectée, il est pratiquement impossible de prévenir les interférences et d'assurer l'intimité des conversations. C'est en cela que réside le secret du réglage (ndl: il est tout de même curieux que Tesla insiste sur ce point, car les scientifiques d'aujourd'hui sont formels : le nombre doit être PAIR).

Figure 5 : « Photo de bobines réagissant à des oscillations électriques ». Cette image montre un certain nombre de bobines au réglage distinct, répondant aux vibrations qui leur sont transmises à travers la terre depuis un oscillateur électrique. La grande bobine à droite montrant une puissante décharge, est accordée à la vibration de base qui est de 50 000/s ; les deux grandes bobines verticales à deux fois plus ; la bobine blanche plus petite à quatre fois plus et les autres bobines plus petites à des fréquences encore plus élevées. Les vibrations produites par l'oscillateur furent tellement intenses qu'elles influencèrent même une petite bobine accordée à une fréquence 26 fois supérieure à celle de la fréquence de base.

Pour obtenir les résultats les plus satisfaisants, il est toutefois nécessaire de recourir à des vibrations électriques de basse fréquence. Le dispositif à étincelles de Hertz, que les expérimentateurs utilisent généralement et qui produit des oscillations de très haute fréquence, ne permet pas un réglage effectif, et de légères perturbations suffisent à rendre un échange de messages impossible. Toutefois, il existe des dispositifs efficaces, conçus par des scientifiques, qui permettent d'obtenir un réglage presque parfait. La figure 5 montre une expérience réalisée avec le dispositif amélioré, auquel je fais souvent référence, qui donne une idée de cette caractéristique ; elle est très figurative et bien expliquée dans sa légende.

Depuis que j'ai décrit les principes simples de la télégraphie sans fil, j'ai eu de maintes occasions de remarquer que des éléments aux caractéristiques identiques avaient été utilisés, parce qu'on pensait sincèrement que les signaux sont transmis à des distances considérables par des rayons «hertziens». Ceci n'est qu'un des nombreux malentendus qu'ont fait naître les études de physiciens regrettés. Il y a environ 33 ans, Maxwell, reprenant une expérience prometteuse que Faraday avait menée en 1845, développa une théorie idéalement simple, qui reliait intimement la lumière, la chaleur radiante et des phénomènes électriques, en prétendant qu'ils étaient tous dus aux vibrations d'un fluide hypothétique d'une finesse inconcevable, appelé éther. Il n'a été fait aucune vérification expérimentale avant que Hertz, sur les bons conseils de Helmholtz, entreprît une série d'expérimentations à ce sujet. Hertz procéda avec une ingéniosité et une perspicacité extraordinaires, mais ne consacra que peu d'énergie à la perfection de son dispositif démodé. Par conséquent, il manqua d'observer le rôle important de l'air dans ses expériences, un point que je découvris plus tard. En répétant ses expériences, j'obtins des résultats disparates, donc je me risquai à signaler cet oubli. La force des preuves avancées par Hertz pour appuyer la théorie de Maxwell, résidait dans la juste estimation des fréquences de vibration des circuits qu'il utilisait. Je maintins néanmoins qu'il ne pouvait pas avoir obtenu les fréquences qu'il croyait. Les vibrations obtenues avec le type d'appareils qu'il utilisait sont, en règle générale, beaucoup plus faibles à cause de la présence de l'air, qui provoque un effet amortissant sur les circuits électriques de vibration très rapide et de haute tension, de la même manière qu'un fluide agit sur un diapason en vibration. J'ai toutefois, depuis cette époque, découvert d'autres erreurs, et je considère depuis très longtemps que ses résultats ne sont rien d'autre que des vérifications expérimentales des conceptions poétiques de Maxwell. Les travaux de ce grand physicien allemand furent un immense stimulus pour la recherche actuelle en électricité, mais en même temps, ils ont dans une certaine mesure paralysé les esprits scientifiques parce qu'ils fascinaient, et ont donc gêné les recherches indépendantes. Chaque nouvelle découverte était présentée de manière à correspondre avec sa théorie, et de ce fait, la vérité a souvent été, inconsciemment, déformée.

En développant ce système de télégraphie, je n'avais qu'une idée en tête : effectuer des communications à n'importe quelle distance sur Terre ou dans le milieu environnant ; j'estimai cette application pratique d'une importance transcendante, principalement à cause de l'effet psychologique qu'il ne manquerait pas d'avoir sur toute la planète. Pour atteindre cet objectif je pensai, dans un premier temps, utiliser des stations relais aux circuits accordés, dans l'espoir de pouvoir envoyer des signaux sur de très grandes distances, même avec les appareils de puissance très modérée dont je disposais alors. J'étais persuadé, toutefois, que des appareils conçus avec soin pouvaient envoyer des signaux en tout point du globe, quelle que fût la distance, sans avoir à passer par des stations intermédiaires. J'ai eu cette conviction lorsque je fis la découverte d'un singulier phénomène électrique, que j'ai décrit en 1892 lors de conférences données pour des scientifiques à l'étranger, et que j'ai appelé le « balai en rotation ». Il s'agit d'un faisceau de lumière qui se forme, sous certaines conditions, dans une ampoule à vide et dont la sensibilité aux influences magnétiques et électriques alentour frise, pour ainsi dire, le surnaturel. Ce faisceau lumineux est mis en rotation par le magnétisme de la Terre à raison de 20 000 fois par seconde ; le sens de la rotation est ici à l'inverse de ce qu'il serait dans l'hémisphère sud, tandis que dans la région de l'équateur magnétique, le faisceau ne tournerait pas du tout. Dans son état le plus sensible, quoique difficile à atteindre, il répond aux influences magnétiques et électriques à un degré incroyable. La simple contraction des muscles du bras, soit le plus léger changement électrique dans le corps d'un observateur debout à une certaine distance, l'affectera de manière très perceptible. C'est dans cet état de très haute sensibilité qu'il sera également capable d'indiquer les moindres changements magnétiques ou électriques dans la Terre. L'observation de ce merveilleux phénomène m'impressionna outre mesure, tant et si bien que je fus convaincu qu'il permettait d'établir facilement des communications à n'importe quelle distance, à condition toutefois que l'appareil soit perfectionné au point de pouvoir produire un changement d'état magnétique ou électrique, même faible, dans le globe terrestre ou dans le milieu environnant.

Développement d'un nouveau principe — L'oscillateur
électrique — Production de « mouvements » électriques
immenses — La Terre répond à l'homme — La communication
interplanétaire entre dans le domaine de la probabilité

Je décidai de concentrer tous mes efforts sur cette tâche délicate, bien qu'elle me demandât des sacrifices énormes, car les difficultés qu'il fallait surmonter étaient telles que je savais qu'il me faudrait des années de travail. Cela voulait dire que je devais toutefois reporter d'autres travaux dans lesquels j'aurais préféré m'investir, mais j'avais la conviction que mes énergies ne pouvaient pas servir un but plus noble que celui-ci ; car je pris conscience qu'un appareil efficace de production d'oscillations électriques puissantes était non seulement nécessaire pour atteindre mon but, mais qu'il était aussi la clé d'autres problèmes électriques, voire humains, de la plus haute importance. Il devait non seulement permettre de communiquer à n'importe quelle distance sans fil, mais aussi de transmettre de grandes quantités d'énergie, de brûler l'azote dans l'air, de produire un éclairage efficace et d'obtenir beaucoup d'autres résultats de valeur scientifique et industrielle inestimable. En fin de compte, j'eus la satisfaction de réaliser ce travail en utilisant un nouveau principe, qui a le mérite d'être basé sur les merveilleuses propriétés du condensateur

électrique, l'une d'elles étant qu'il peut se décharger ou faire exploser l'énergie emmagasinée en un laps de temps incroyablement court. C'est pourquoi il n'a pas de rival pour sa violence explosive. Comparée à sa décharge, une explosion de dynamite est un souffle de phtisique. Il permet de produire les courants et les tensions électriques les plus élevés, et la plus grande agitation dans le milieu. Une autre de ses propriétés de valeur égale, est que sa décharge peut vibrer à la fréquence voulue, jusqu'à atteindre plusieurs millions d'oscillations par seconde.

J'étais arrivé à la limite des fréquences productibles par d'autres moyens, lorsque j'eus la bonne idée de recourir au condensateur. Je l'adaptai de manière qu'il puisse se charger et se décharger alternativement très vite par une bobine comprenant quelques tours de fil résistant, qui représentait l'enroulement primaire d'un transformateur ou d'une bobine d'induction. Chaque fois que le condensateur se déchargeait, le courant passait en tremblotant dans le fil primaire et entraînait des oscillations correspondantes dans le secondaire. Je venais donc de développer un transformateur ou bobine d'induction, basé sur un nouveau principe, que j'appelai «l'oscillateur électrique», qui partageait les qualités uniques caractérisant le condensateur, et permettait d'atteindre des résultats inespérés par d'autres moyens. Ce type d'appareil perfectionné permet aujourd'hui d'obtenir facilement des effets électriques de tout type et des intensités inimaginables jusque-là. Cet appareil a déjà souvent été mentionné et ses parties essentielles sont montrées sur la figure 6. Pour certains objectifs, un puissant effet d'induction est nécessaire, pour d'autres, une montée rapide du courant, ou une fréquence très élevée, tandis que d'autres encore nécessiteront des «mouvements» (amplitudes) électriques immenses. Les photos des figures 7, 8, 9 et 10 sont celles d'expériences menées avec un oscillateur de ce type ; elles peuvent servir à illustrer certaines de ces caractéristiques et donner une idée de l'ampleur des effets réellement produits. La légende de ces photos me dispense de tout autre commentaire.

Même si les résultats montrés peuvent paraître extraordinaires, ils sont négligeables comparés à ceux que l'on peut obtenir avec des appareils conçus selon ces mêmes principes. J'ai produit des décharges électriques dont l'ampleur, d'un bout à l'autre, était probablement de plus de 30 m ; il ne serait toutefois pas difficile d'obtenir des longueurs cent fois plus grandes. J'ai produit des «mouvements» électriques d'une puissance d'environ 100 000 CV, mais il serait facile d'obtenir des puissances de 1, de 5 ou de 10 millions CV.

Lors de ces expérimentations, j'ai obtenu des effets plus importants que tout ce qui a jamais été produit par l'homme, et pourtant, ces résultats ne sont que l'embryon de ce qui reste à venir.

Figure 6 : «Photo des parties essentielles de l'oscillateur électrique utilisé dans les expériences décrites.»

Figure 7 : «Expérimentation qui illustre l'effet d'induction d'un oscillateur électrique de forte puissance.» La photo montre trois ampoules à incandescences ordinaires allumées à pleine puissance par du courant induit dans une boucle locale, constituée d'un seul fil formant un carré de 15 m de côté et qui inclut les ampoules, placée à 30 m du circuit primaire alimenté en énergie par l'oscillateur. La boucle inclut également un condensateur électrique et est exactement accordée aux vibrations de l'oscillateur, qui fonctionne à moins de 5% de sa puissance maximale.

Figure 8 : «Expérimentation cherchant à démontrer que l'oscillateur peut provoquer des explosions électriques de grande puissance.» La bobine, qui est partiellement représentée sur cette photo, crée, entre la Terre et un immense réservoir, un courant électrique alternatif d'une fréquence de 100 000 cycles par seconde. Les réglages sont tels que le réservoir se remplit complètement et éclate à chaque alternance au moment précis où la tension électrique atteint son maximum. La décharge fait un bruit assourdissant, vient frapper une bobine non reliée à près de 7 m de là, et entraîne une telle agitation électrique dans le sol qu'il se forme des étincelles de 2,5 cm de long autour d'une conduite d'eau à 90 m du laboratoire.

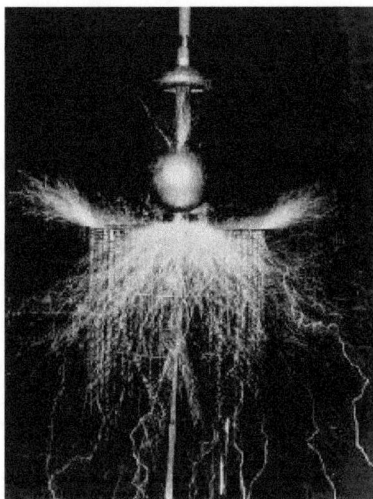

Figure 9 : « Expérimentation servant à montrer la capacité de l'oscillateur à créer un grand courant électrique. » La boule sur la photo, recouverte de métal poli d'une surface de près de 2 m2, représente un gros réservoir d'électricité, et la casserole en cuivre retournée en dessous au bord tranchant est une grande ouverture par laquelle l'électricité peut s'échapper avant d'aller remplir le réservoir. La quantité d'électricité créée est si importante que, bien que la majeure partie s'écoule par les bords de la casserole ou par l'ouverture, la boule ou réservoir est néanmoins vidée et remplie jusqu'à déborder en alternance (comme le montre la décharge au sommet de la boule) 150 000 fois par seconde.

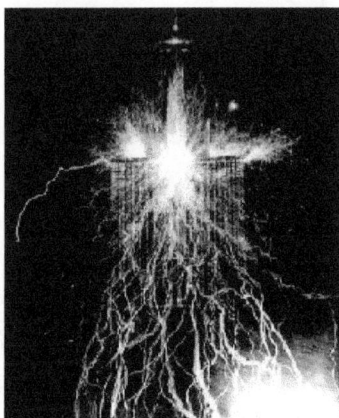

Figure 10 : « Expérimentation illustrant l'effet d'un oscillateur électrique produisant une énergie de 75 000 CV. » La décharge qui crée un grand courant d'air, à cause du réchauffement de l'air, est entraînée vers le haut à travers l'ouverture dans le toit du bâtiment. Sa largeur atteint jusqu'à plus de 21 m. La tension est de plus de 12 millions de volts et le courant alterne à raison de 130 000 fois par seconde.

Il est inutile de démontrer que la communication sans fil peut se faire vers tout point du globe avec un tel dispositif et j'en ai eu la certitude absolue par une de mes découvertes. En voici une analogie : lorsque nous parlons très fort et que nous entendons un écho de notre voix, nous savons que les sons de la voix ont atteint un mur à distance, ou une frontière, d'où ils ont été réfléchis. Une onde électrique est réfléchie de la même manière qu'un son et le même signe que transmet l'écho est transmis par un phénomène électrique appelé onde « stationnaire », c'est-à-dire une onde dont les ventres et nœuds sont fixes. Au lieu d'envoyer des ondes sonores vers un mur à distance, j'ai envoyé des vibrations électriques vers un lointain obstacle sur la Terre et, au lieu que ce soit le mur, c'est la Terre qui a répondu. À la place de l'écho, j'ai obtenu une onde électrique stationnaire, une onde réfléchie par un point éloigné.

Les ondes stationnaires dans la terre autorisent non seulement la télégraphie sans fil à toutes distances, mais elles nous permettront également d'obtenir des résultats spécifiques très importants, qu'il serait impossible d'atteindre d'une autre manière. Grâce à elles par exemple, nous pourrons produire à volonté, à partir d'une station émettrice, un effet électrique dans toute région particulière du globe ; nous pourrons déterminer la position relative ou le parcours d'un objet en déplacement, comme ceux d'un bateau sur l'océan, la distance qu'il a parcourue ou sa vitesse ; ou nous pourrons encore envoyer une onde électrique par-dessus la Terre à la vitesse voulue, de celle d'une tortue à celle de la lumière.

Grâce à ces développements, nous avons toutes les raisons de penser que, dans un futur relativement proche, la plupart des messages télégraphiques transocéaniques seront transmis sans câbles. Pour des distances plus courtes, un téléphone « sans fil » permettra de communiquer sans l'intervention de spécialistes. Plus la distance à franchir sera grande, plus la communication sans fil deviendra rationnelle. Le câble est non seulement un outil fragile et coûteux, mais il nous limite également dans la vitesse des transmissions, à cause d'un certain facteur électrique inhérent à sa physique. Une centrale destinée aux communications sans fil soigneusement conçue, doit pouvoir effectuer plusieurs fois la quantité de travail d'un câble, et parallèlement, elle sera bien moins coûteuse. Je pense que d'ici quelque temps, la communication par câbles deviendra obsolète, car cette nouvelle méthode permettra non seulement d'envoyer des messages plus vite et à un moindre coût, mais elle sera aussi beaucoup plus sûre. Si l'on utilise certains moyens que j'ai inventés pour encoder les messages, les transmissions pourront s'effectuer dans une intimité presque parfaite.

Jusqu'à ce jour, j'ai observé les effets ci-dessus sur une distance limitée à quelque 1000 km, mais dans la mesure où la puissance des vibrations productibles avec un oscillateur de ce type est quasi illimitée, je suis plutôt confiant quant à la réussite d'une telle centrale à effectuer des communications transocéaniques. Et ce n'est pas tout. Mes mesures et calculs ont montré, qu'en utilisant ces principes, il est parfaitement possible de produire, sur ce globe, un «mouvement «électrique d'une telle ampleur, qu'il ne fait aucun doute qu'il puisse être perceptible sur quelques-unes des planètes les plus proches de nous, comme Mars ou Vénus. Cela signifie que les communications interplanétaires sont passées du stade de la possibilité à celui de la probabilité. En fait, il ne fait aucun doute que nous puissions produire un effet précis sur une de ces planètes avec cette nouvelle méthode, c'est-à-dire en perturbant les conditions électriques de la Terre. Ce moyen pour effectuer de telles communications est toutefois fondamentalement différent de tous les autres qui ont déjà été avancés par les scientifiques. Dans tous les cas antérieurs, l'observateur ne pouvait utiliser dans son instrument qu'une infime partie de toute l'énergie qui arrive sur la planète, c'est-à-dire la quantité qu'il est possible de concentrer dans un réflecteur. Toutefois, grâce à la méthode que j'ai développée, il pourra concentrer dans son instrument la majeure partie de toute l'énergie transmise à la planète et les chances de pouvoir établir une communication seront alors multipliée des millions de fois.

En plus des machines pour produire les vibrations de la puissance voulue, nous avons besoin de moyens sensibles, capables de révéler les effets des faibles influences exercées au-dessus de la Terre. C'est dans ce but que j'ai inventé de nouvelles méthodes. Elles vont, entre autres, nous permettre de détecter la présence d'un iceberg ou d'un autre objet sur la mer à une distance considérable. Elles m'ont également permis de découvrir un phénomène terrestre jusque là inexpliqué. Il est certain que nous pouvons envoyer un message vers une planète et il est probable que nous obtenions une réponse, car l'homme n'est pas la seule créature dans l'Infini, possédant un cerveau.

La transmission sans fil de l'électricité à toutes distances entre dans le domaine de la faisabilité—Les meilleurs moyens pour accroître la force d'accélération de la masse humaine.

L'observation la plus importante que j'ai faite au cours de mes recherches, était celle du comportement extraordinaire de l'atmosphère relatif aux impulsions électriques de force électromotrice excessive. Les expériences montrèrent que l'air à la pression ordinaire devenait nettement conducteur, ce qui permettait d'envisager le projet séduisant de pouvoir envoyer, sans fil et à de grandes distances, de grosses quantités d'électricité à des fins industrielles ; un rêve scientifique allait donc se réaliser. D'autres études révélèrent le fait important que la conductivité de l'air, obtenue par ces impulsions électriques de plusieurs millions de volts, augmentait très vite à mesure que l'air se raréfiait, ce qui veut dire que les couches d'air aux altitudes modérées, donc facilement accessibles, sont une région parfaitement conductrice—surpassant le cuivre—pour toutes sortes d'expérimentations avec des courants de ce type.

La découverte de ces nouvelles propriétés de l'atmosphère permettait non seulement d'envisager la transmission de grandes quantités d'énergie sans fil, mais aussi, et c'est encore plus important, elle donnait la certitude que l'énergie pouvait être transmise de cette manière plus économiquement. Avec ce nouveau système, il importe peu—voire pas du tout—que la transmission se fasse sur quelques kilomètres ou sur plusieurs milliers de kilomètres.

Jusqu'ici, je n'ai pas encore effectué de transmission d'une quantité considérable d'énergie, —soit significative d'un point de vue industriel—à une distance éloignée avec cette nouvelle méthode, cependant, j'ai fait fonctionner plusieurs maquettes de centrales dans, précisément, les mêmes conditions que celles qui existent dans une grande centrale de ce type, et la faisabilité du système est parfaitement prouvée. En fin de compte, les expériences ont montré qu'avec deux terminaux placés à pas plus de 9000 à 10 600 mètres d'altitude, ayant une tension électrique entre 15 et 20 millions de volts, il est possible d'envoyer des milliers de CV d'énergie à des centaines et, au besoin, à des milliers de kilomètres. Toutefois, j'espère pouvoir réduire considérablement la hauteur des terminaux qui est aujourd'hui indispensable et, pour ce faire, j'ai un plan qui est très prometteur. Il existe évidemment un préjudice pour la population si l'on utilise une tension électrique de millions de volts, car des étincelles pourraient voler jusqu'à des centaines de mètres, mais, paradoxalement, le système, tel que je l'ai décrit dans une de mes publications techniques, est beaucoup moins dangereux pour la population que la plupart des circuits de distribution courants utilisés dans nos villes. Cela est en partie confirmé par le fait que je n'ai jamais été blessé et aucun de mes assistants non plus, bien que je mène ce type d'expériences depuis plusieurs années.

Avant de procéder à une introduction pratique du système, il est nécessaire de répondre à un certain nombre d'exigences essentielles. Il ne suffit pas de construire des dispositifs capables d'effectuer ces transmissions. Les machines doivent être telles que la transformation et la transmission de l'énergie puissent se faire dans des conditions très économiques et pratiques. En outre, il faut encourager les personnes qui s'engagent dans l'exploitation industrielle des sources d'énergie naturelles, comme l'énergie hydraulique, en leur garantissant un bénéfice sur le capital qu'ils investissent, plus grand que celui qu'ils toucheraient en le plaçant dans l'immobilier local.

À partir du moment où l'on s'est aperçu que, contrairement aux idées reçues, les couches facilement accessibles de l'atmosphère pouvaient être conductrices d'électricité, la transmission d'électricité sans fil a commencé à être étudiée rationnellement par les ingénieurs ; les travaux dans ce domaine ont, pour eux, une importance capitale. Sa mise en pratique signifierait que l'énergie sera disponible pour l'homme en tout point du globe, non en petites quantités comme celles que l'on pourrait extraire du milieu environnant avec les dispositifs adéquats, mais en quantités quasi illimitées, à partir des chutes d'eau. L'exportation de l'énergie pourrait alors devenir la principale source de revenus de nombreux pays bien situés comme les États-Unis, le Canada, l'Amérique centrale et du Sud, la Suisse et la Suède. Les gens pourraient aller habiter n'importe où, fertiliser et irriguer la terre sans difficultés, convertir des déserts stériles en jardins, et tout le globe pourrait ainsi être transformé et devenir un lieu plus adapté à l'humanité. S'il existe des créatures intelligentes sur Mars, il est fort probable qu'elles ont mis cette idée en pratique depuis longtemps, ce qui pourrait expliquer les changements à la surface de la planète que les astronomes ont relevés. Comme l'atmosphère de cette planète est de densité nettement inférieure à la nôtre, les travaux sont bien plus faciles.

Il est probable que nous aurons bientôt un moteur thermique automatique susceptible de tirer des quantités d'énergie modérées du milieu environnant. Et la possibilité existe — quoique faible — que nous puissions obtenir de l'énergie électrique directement du soleil. Ce serait le cas si la théorie de Maxwell était exacte et selon laquelle des vibrations électriques de toutes les fréquences seraient émises par le soleil. Je n'ai pas terminé mes investigations à ce sujet. Sir William Crookes a démontré avec sa belle invention, connue sous le nom de « radiomètre », que l'impact des rayons produirait un effet mécanique, et cela pourrait conduire à quelques révélations importantes quant à l'utilisation des rayons solaires par de nouveaux moyens. On est susceptible de découvrir de nouvelles sources d'énergie et de nouvelles techniques pour puiser l'énergie solaire, mais aucune d'elles, ni aucun développement similaire, n'auraient autant d'importance que la transmission d'énergie à toutes distances à travers le milieu. Je n'arrive pas à imaginer une autre avancée technique capable de réunir les éléments variés de l'humanité de manière plus efficace que celle-ci, ou quelque chose qui apporterait plus à l'énergie humaine ou qui pourrait faire qu'elle soit mieux employée. Ce serait le meilleur moyen d'augmenter la force d'accélération de l'humanité. La seule influence morale d'un changement aussi radical serait inestimable. Néanmoins, si en tout point du globe il devient possible de puiser de l'énergie en quantités limitées dans le milieu environnant avec un moteur thermique automatique ou autre, les conditions ne changeront pas. Les performances humaines seront amplifiées, mais les hommes resteront des étrangers les uns pour les autres, comme aujourd'hui.

Je m'attends à ce que beaucoup de gens qui n'auront pas été préparés à concevoir ces possibilités, pensent qu'elles sont loin de pouvoir être mises en pratique, bien que, pour moi, ce soit simple et évident, parce que cela fait longtemps qu'elles me sont familières. La réserve, voire le rejet, de certains est aussi utile et nécessaire pour le progrès humain que la sensibilisation trop rapide ou l'enthousiasme d'autres. Une masse qui se montre d'abord résistante à une force, une fois mise en mouvement, contribue à accroître son énergie. Le scientifique ne cherche pas à obtenir un résultat immédiat. Il ne s'attend pas à ce que ses idées avancées soient acceptées facilement. Son travail est comparable à celui du jardinier : il œuvre pour l'avenir. Sa mission est de poser les fondations pour ceux qui lui succèderont et de montrer la voie. Il vit, il travaille et il espère, comme ce poète qui a dit :

Mes mains, sans relâche, font leur travail quotidien, Pouvoir l'accomplir, quel grand bonheur que le mien ! Oh, pourvu que jamais mon énergie ne sombre !

Non, ce ne sont pas seulement des rêves creux : Si aujourd'hui ces arbres ne sont que des pieux, Ils donneront un jour des fruits et de l'ombre !

« Espoir » de Goethe

Nikola Tesla

GALERIE PHOTOS

Изводъ

25 kr 25 kr

Le certificat de naissance de Nikola Tesla.

PUTOVNICA
ZA
INOZEMSTVO.

REISE-PASS
FÜR DAS
AUSLAND.

VERLAG „AKADEMIE KNJIGE." ZAGREB.

Le passeport de Nikola Tesla.

Kr. hrv.-slav.-dalm.

Kön. kroat.-slav.-dalm.

zemaljska vlada.

Landes-Regierung.

U I M E

Nj. ces. i kralj. apoštolskog Veličanstva

FRANJE JOSIPA I.

cesara austrijanskoga, kralja ugarskoga,

dalmatinskoga, hrvatskoga i slavonskoga

i t. d.

Putovnica. Reisepass.

Br.
Nr. } *1079.*

5130 / Pr.

za
für } *Nikolaus Tesla.*

Tesla en 1879 à 23 ans.

Tesla, Nikola

April ?, 88.

The Edison Machine Works,

Schenectady, N. Y.

Dear Sirs:-

Have you not five more arc lamps of the Munic pattern? Mr. Marco informs me that he sent ten, but we only received from you five or six. If you have them, please send them down, and I would ask you to have them packed very carefully, as all the other ones that were sent to us were broken either in transit or during our moving.

Yours truly,

Thos. A. Edison.

M.

Lettre de Edison. 04/12/1888.

Tesla en 1885, à 29 ans, peu de temps après
son arrivé aux États-Unis.

Nikola Tesla, âgé de 38 ans, à l'apogée de sa carrière. 1894.

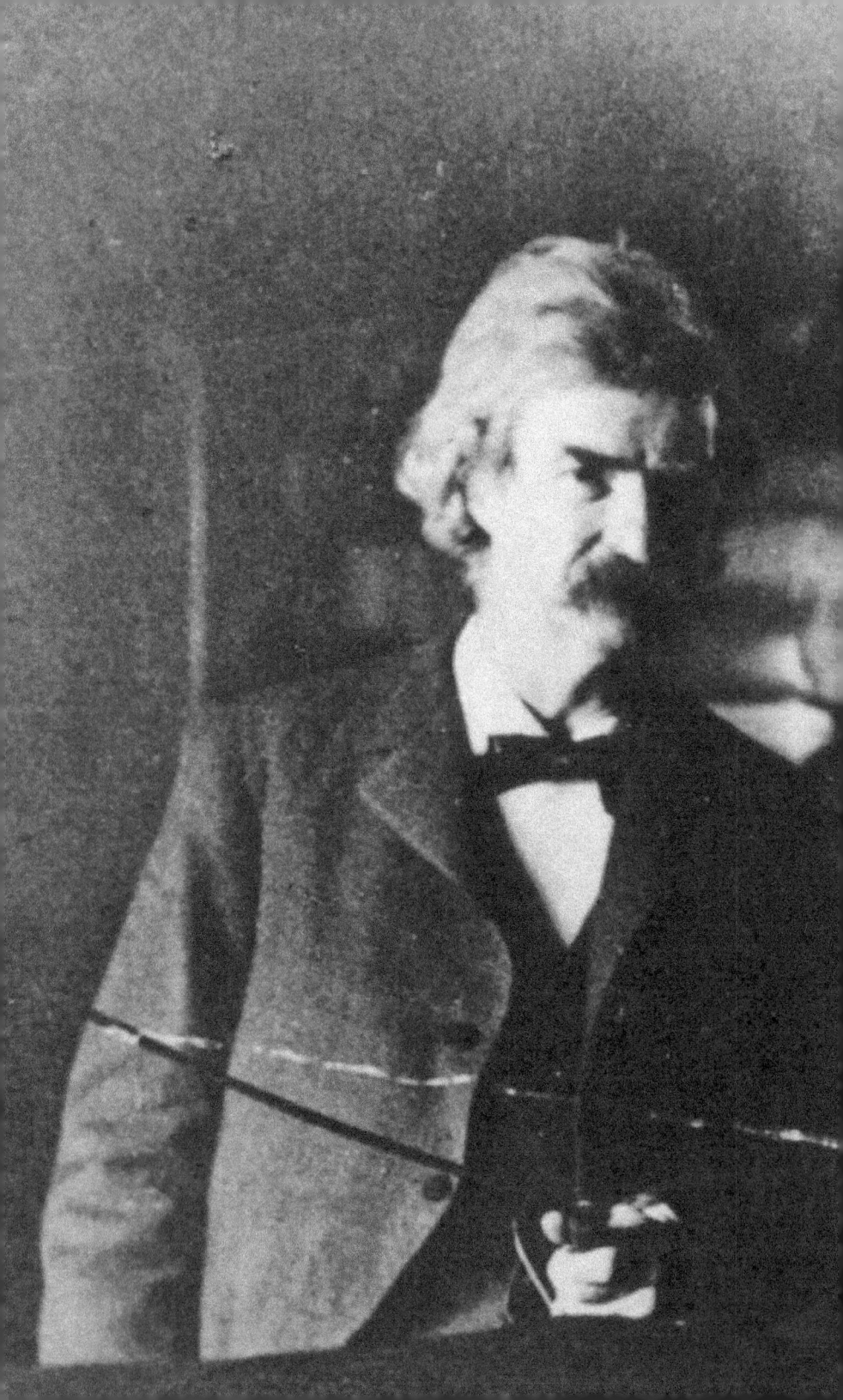

Mark Twain et Joseph Jefferson au laboratoire de Tesla dans le sud de la Cinquième Avenue, en 1894, avec une image floue de Tesla entre les deux.

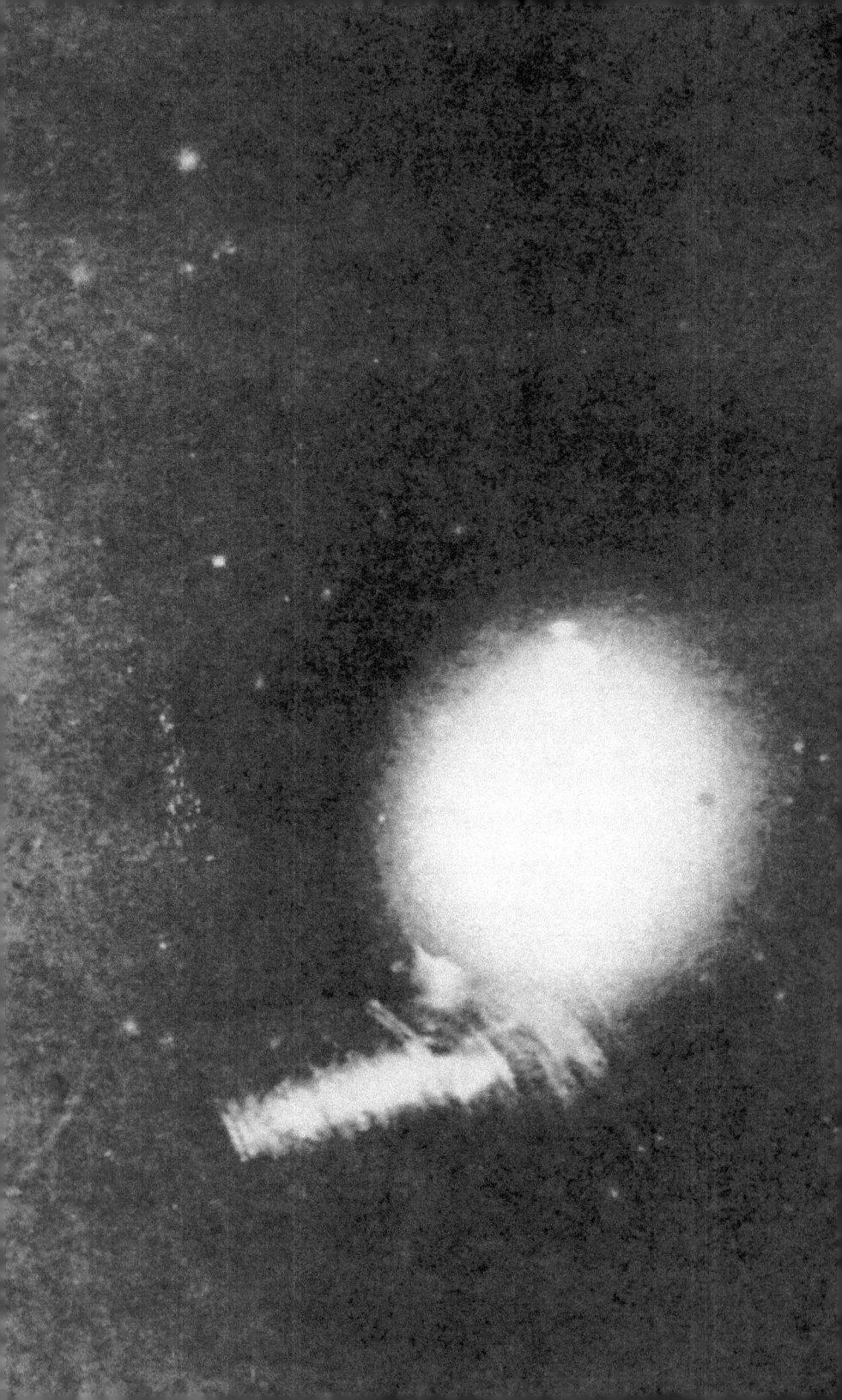

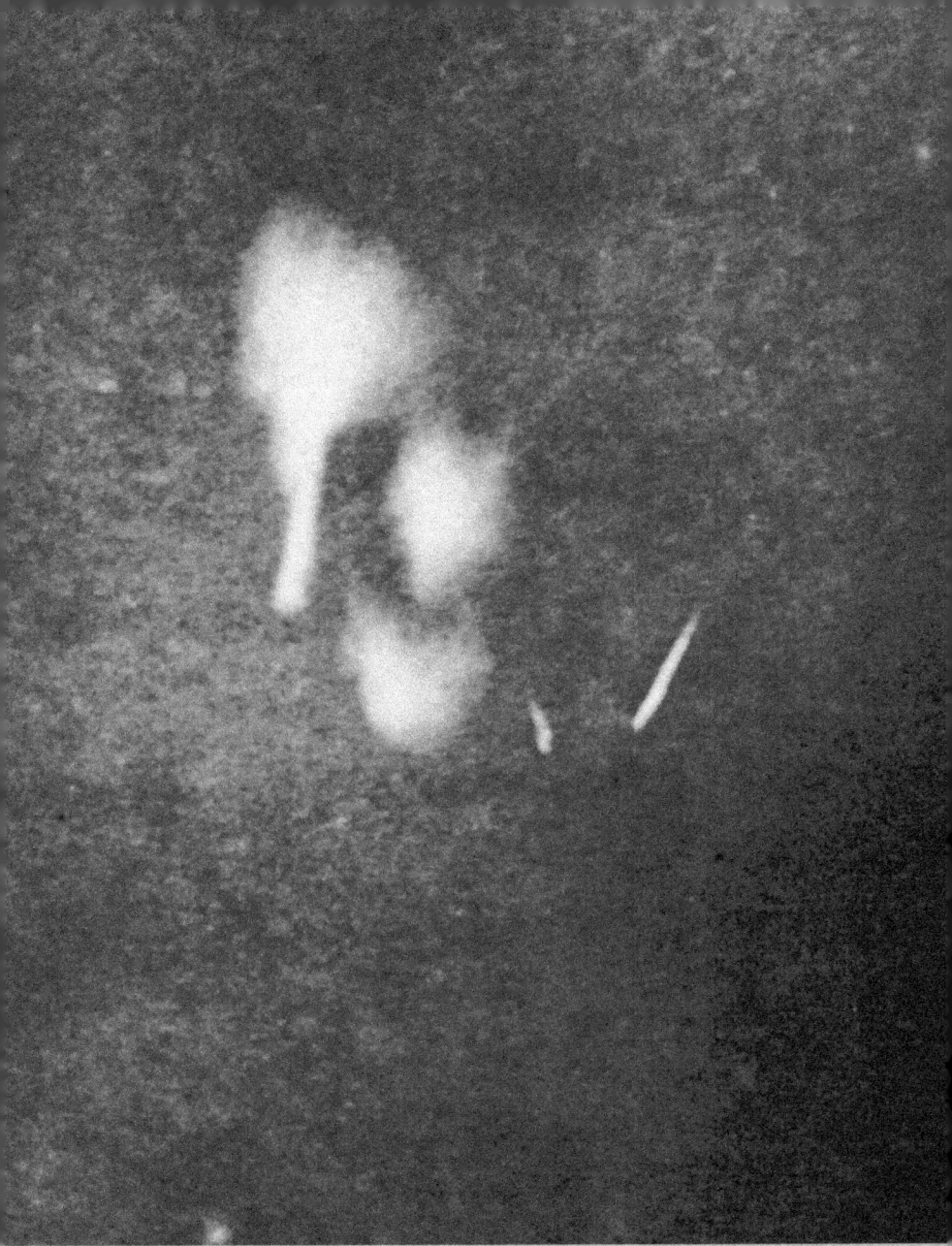

Première photo prise avec de la lumière phosphorescente. Le visage est celui de Tesla; la source de lumière est d'une de ses ampoules phosphorescentes. Le temps d'exposition est de 8 minutes. Date de la photographie: janvier, 1894.

Robert Underwood Johnson tenant une boucle avec une lampe à incandescence. Tesla est en arrière-plan opérant l'interrupteur. 1895.

Le courant haute fréquence à haute tension est transmis à travers le corps humain pour allumer la lampe à incandescence. M. Samuel Clemens (Mark Twain) tient la boucle de la bobine à résonance. Tesla est en arrière-plan opérant l'interrupteur. (Photographie avec flash.) Avril, 1895.

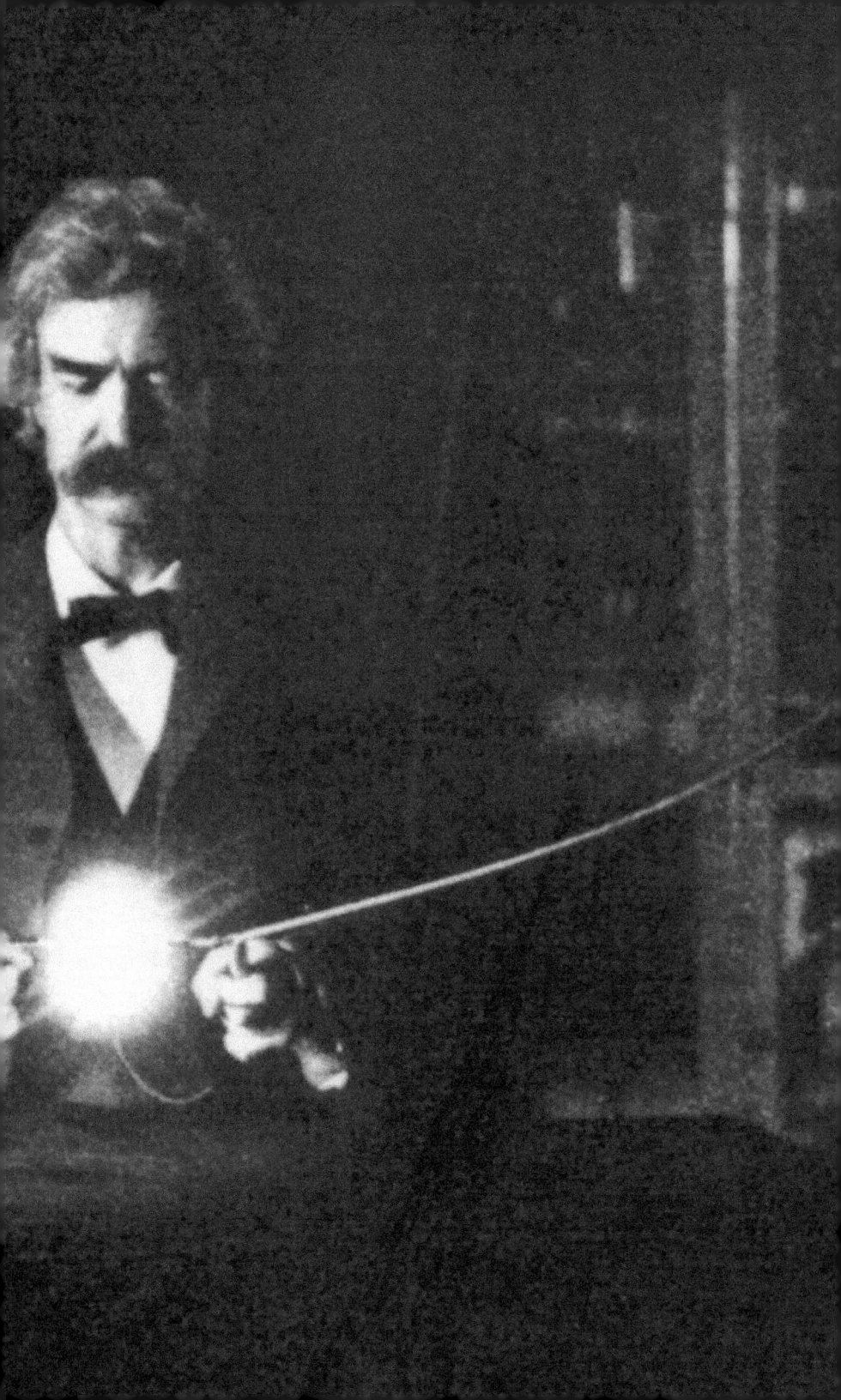

MANUFACTURED FOR
THE NIAGARA FALLS POWER CO.
BY
WESTINGHOUSE ELECTRIC AND MFG. CO.

PATENTED   PITTSBURG, PA, U.S.A.
Nº 381.968 TESLA MAY 1 1888   Nº 342.292 TESLA MAY 1 1888
Nº 381.969 TESLA MAY 1 1888   ·1897·   Nº 390.413 TESLA OCT 2 1888
Nº 381.970 TESLA MAY 1 1888   Nº 390.414 TESLA OCT 2 1888
Nº 342.229 TESLA MAY 1 1888   Nº 408.776 SCHMID JULY 9 1889
Nº 382.280 TESLA MAY 1 1888   Nº 424.840 SCHMID MAY 20 1890
Nº 382.281 TESLA MAY 1 1888   Nº 410.031 KENNY SEP 24 1889
                                     Nº 463.879 STANLEY MAR 1 1892

[HAUT A GAUCHE] premiers alternateurs-générateurs hydroélectriques commercials pour la production à deux phases d'énergie électrique à la station de Dean Adams Edward, Chutes du Niagara. Ces générateurs (trois sur dix sont représentés) ont été construits par la *Westinghouse Electric Corporation* d'après les brevets de Nikola Tesla ; mesurés à 4000 kilowatts chacun.

[BAS A GAUCHE] La plaque signalétique sur l'un des générateurs de courant alternatif Westinghouse installés à la station de Dean Adams Edward, Chutes du Niagara.

[DROITE] Le laboratoire de Tesla à 46 et 48 East Houston Street à New York. Ici exposés sont divers appareils de laboratoire (notez le dispositif de démonstration au centre). Le laboratoire est éclairé avec des lampes à haute fréquence. Circa 1901.

[HAUT A GAUCHE] Le laboratoire de Tesla à 46 et 48 East Houston Street à New York, à quelques rues au sud de Washington Square. L'oscillateur de New York est montré en fonctionnement. Une boucle primaire autonome et condensateurs primaires sont à la gauche et à l'arrière avec le secondaire dans le fond à droite. Circa 1899.

[BAS A GAUCHE] Le laboratoire de Tesla à 46 et 48 East Houston Street à New York. Démonstration de son système de transmission d'énergie électrique à travers les médias naturels ; une vue de son transformateur d'oscillation loupe est en action. La largeur réelle de l'espace parcouru par les jets lumineux issus de la borne circulaire unique de résiliation de la bobine supplémentaire et de plus de 16 pieds ; la zone couverte est d'environ 200 pieds carrés. La pression estimée est de 2,5 millions de volts ; la limite de sécurité pour ce laboratoire. C'est là que Tesla a découvert les propriétés conductrices extraordinaires de l'atmosphère, et poursuivi ses investigations plus loin ; il a cherché à établir une station expérimentale à un endroit éloigné où il ne serait pas limité pour produire des plus hautes tensions. Circa 1896-1898.

[DROITE] Conférence « Les Expériences De Nikola Tesla Avec Des Courants Alternatifs De Très Haute Fréquence Et Leur Application Aux Méthodes D'éclairage Artificiel ». Cette conférence sur l'éclairage à haute fréquence a été présenté devant l'*American Institute of Electrical Engineers au Columbia College* en 1891.

Nikola Tesla, avec le livre de Roger Boskovich, « Theoria Philosophiae Naturalis, » en face de la bobine de son transformateur haute fréquence à East Houston St. 46, New York. Mai 1896.

Tesla tenant une ampoule phosphore remplie de gaz, sans fil, qu'il a développée dans les années 1890, un demi-siècle avant que les lampes fluorescentes viennent en usage. (Photo publiée sur la couverture de l'Expérimentateur Electrique en 1919.) 1898.

Une des expériences marquantes de Tesla. Une lumière produite dans une ampoule à filament transmis sans fil à partir d'une boucle de transport oscillant à quatre vingt millions de fois par seconde. 1898.

Tesla tient un tube rempli de gaz sous vide alimenté par un oscillateur à haute fréquence. Le tube de l'amplificateur fonctionne sans connexion (« énergie sans fil ») sur des distances appréciables, qui auraient pu être considérablement étendues avec plus de puissance. Temps d'exposition: 2s avec une lampe de 250 candelas. 1898.

Expérience dans le laboratoire de Tesla avec des courants à haute fréquence. L'ampoule sous vide est alimentée avec une courant de 1500 C.P. Photo prise à la lumière de l'ampoule. Temps d'exposition: environ 2s. 1898.

Tesla avec ses moteurs à induction. 1898.

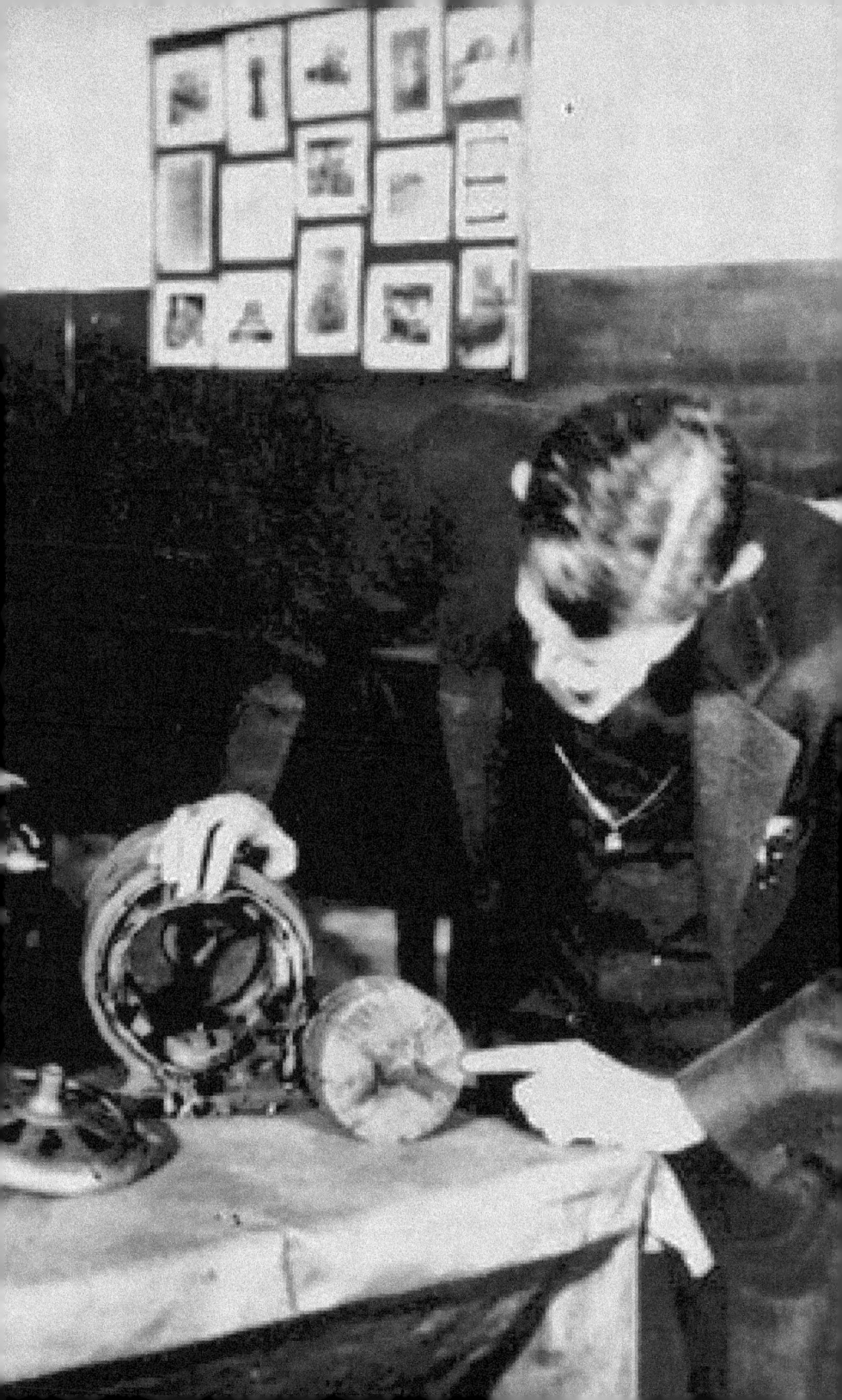

Tesla démontre la transmission de puissance «sans fil» dans son laboratoire de Houston Street. Mars, 1899.

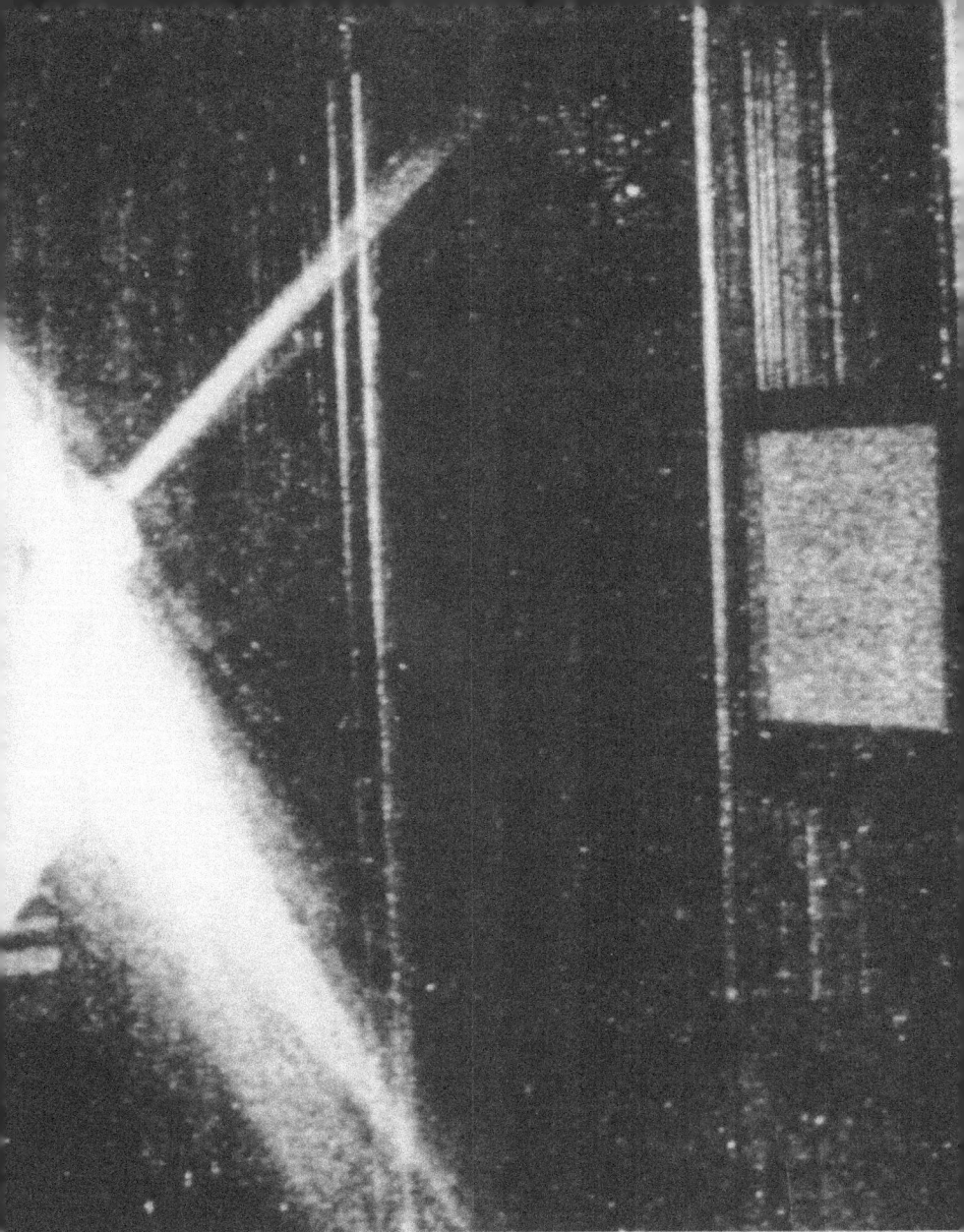

Dans cette expérience, le corps de Tesla est chargé avec
un haut potentiel au moyen d'une bobine, en réponse à des
ondes émises par un oscillateur. Un long tube de verre ondulé
dans la main est allumé par les charges électriques qui
passent à travers le corps de Tesla. 5 mai 1899.

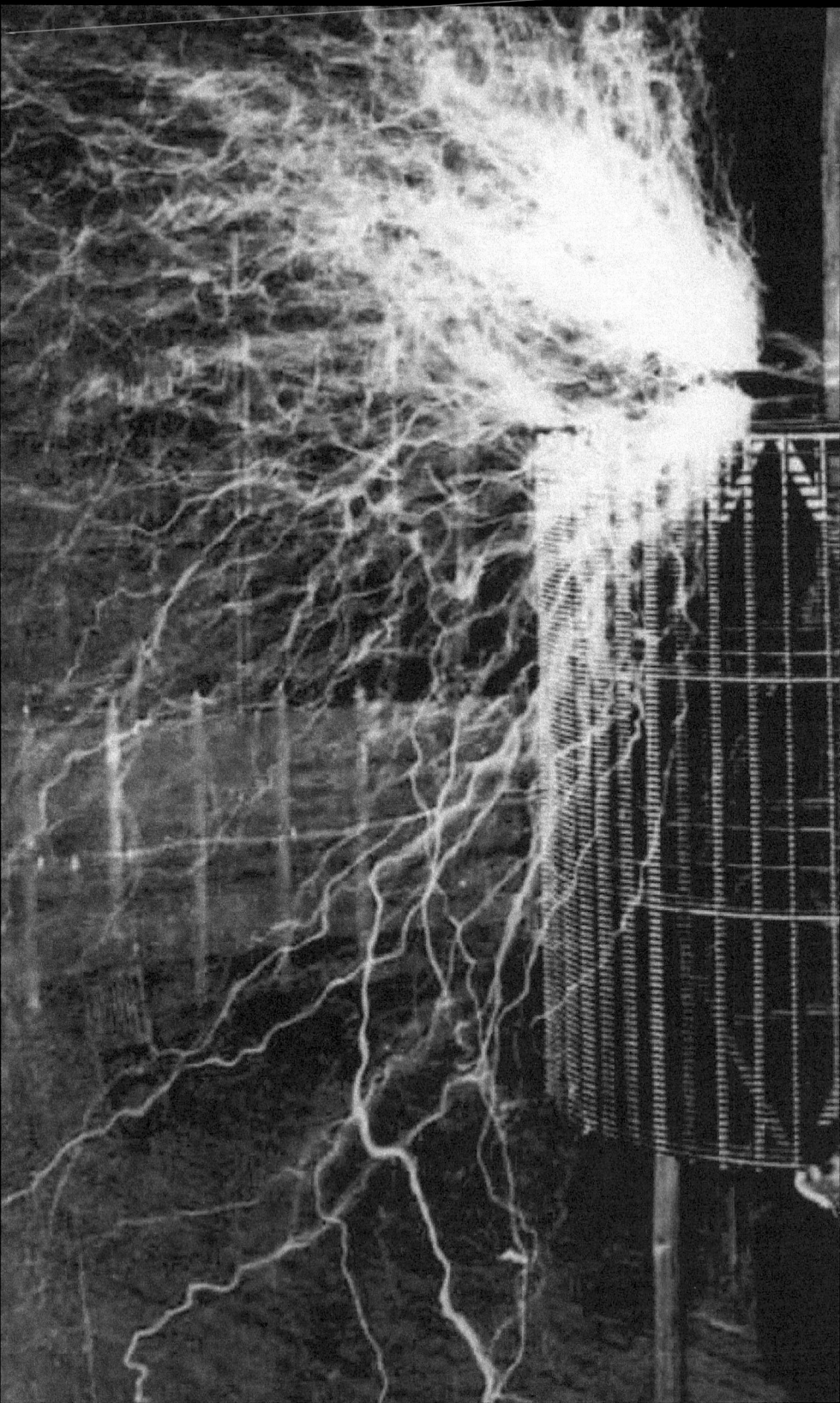

Ce résultat est obtenu par la décharge d'un oscillateur électrique donnant 12 millions de volts. La pression électrique, qui alterne une centaine de milliers de fois par seconde, excite l'azote, l'amenant à se combiner avec l'oxygène. La décharge de la flamme mesure 65 pieds de diamètre. Tesla se trouve en face de l'oscillateur dans une seconde exposition. 1899.

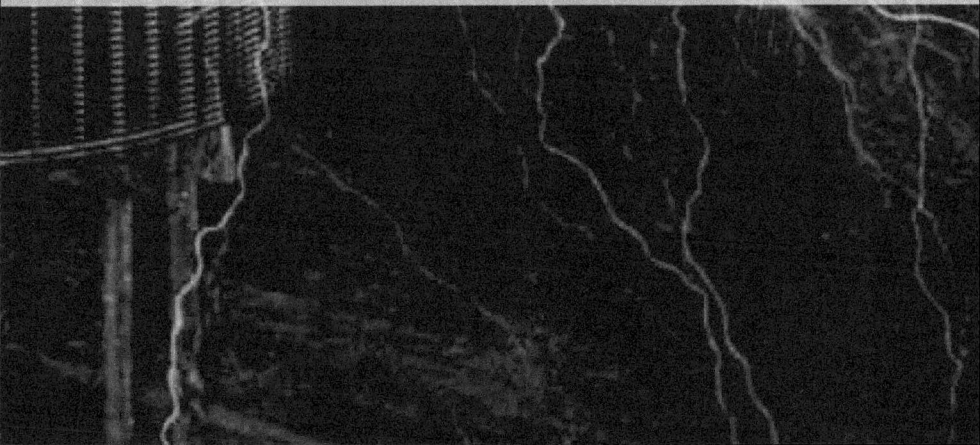

Vue de face de la station expérimentale de Colorado Springs, avec l'*Union Printer Home* en arrière-plan. Une bobine spéciale pour l'étude de l'influence de l'élévation de la capacité d'un conducteur est visible en face du laboratoire. 1899

[DROITE] Nikola Tesla à l'intérieur d'un cadre circulaire de 51 pieds de diamètre, qui soutient des conducteurs primaires et secondaires de la plus grande bobine Tesla jamais construite, à sa station expérimentale de Colorado Springs en 1899. L'oscillateur fonctionne à 100 kHz, et les rejets se produisent avec un bruit assourdissant. L'activité de l'oscillateur créée des courants d'une telle ampleur qu'un pouce de long pourrait être tirée d'une conduite principale d'eau à une distance de 300 pieds de la gare. La bobine spéciale, de 8 pieds de longueur et 14 pouces de diamètre, enroulée pour l'étude sur l'influence de l'élévation de la capacité d'un conducteur élevé, apparaît à droite de cette vue, à l'intérieur du laboratoire de Tesla.

Station expérimentale de Tesla à Colorado Springs. Demonstration de la décharge d'une bobine supplémentaire d'un anneau en laiton à son sommet auquel des fils minces, pointant vers le haut. Les étincelles passent vers le haut à travers un capot métallique fixé sur la base de la tour. Lors de l'utilisation, la bobine produit l'effet d'un four chaud, en créant un fort courant d'air à travers l'ouverture du toit. 1899

Une photographie prise à Colorado Springs montrant la manière générale dont Tesla obtient des oscillations. La photo montre une grosse boule qui forme la borne du circuit de transmission enroulé sur un cadre en cours de l'exécution dans le laboratoire ; vue dans le fond, utilisée comme un élément de l'émetteur. Comme pour l'autre élément, il utilisait une deuxième bobine avec laquelle il avait un nombre considérable de spires ; l'une d'elles est représentée sur la photo à gauche de l'observateur, à une distance de 20 ou 25 mètres de la boule.

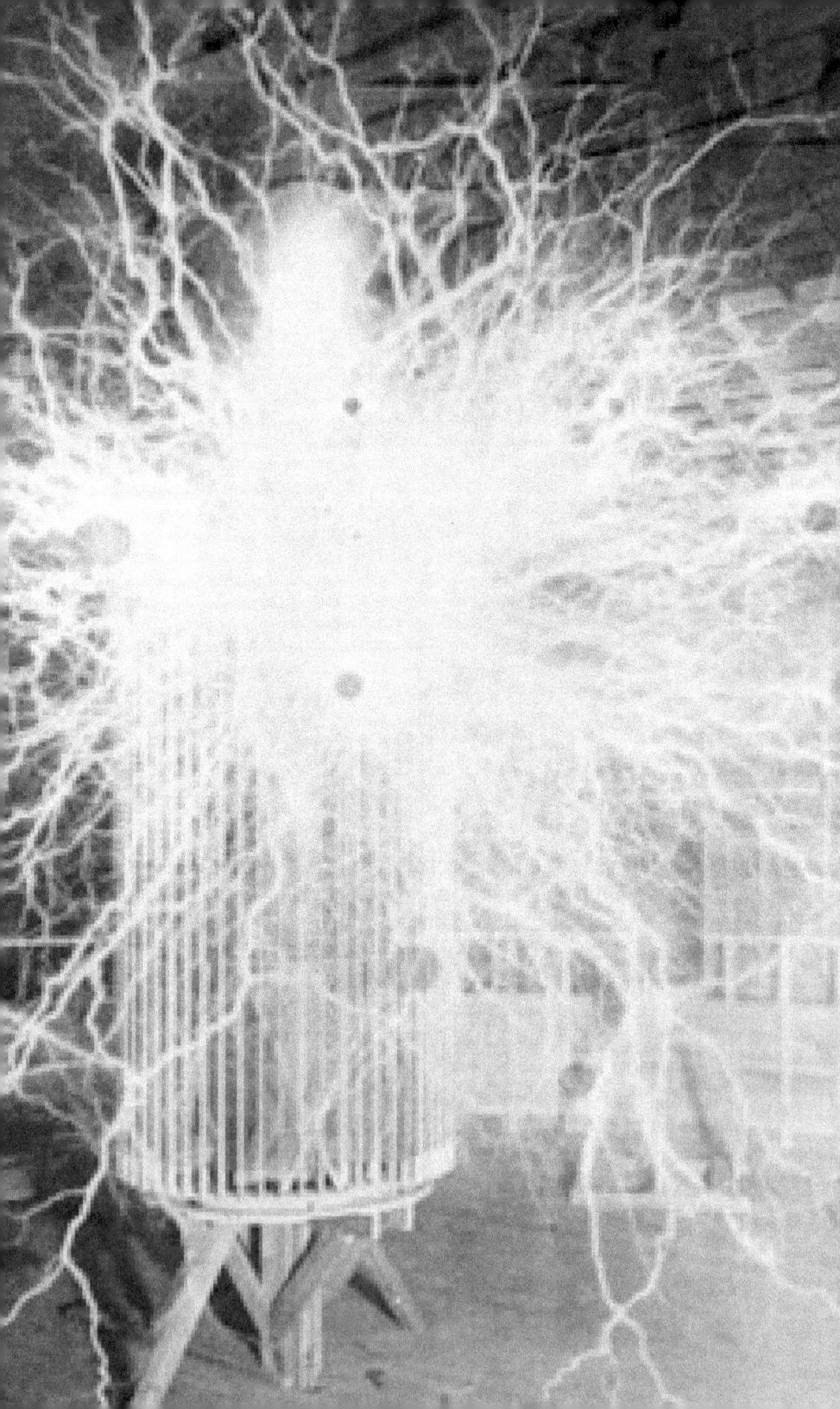

[DROITE] Station expérimentale de Tesla à Colorado Springs. Vue de l'intérieur montrant les composants de l'oscillateur, y compris les condensateurs, moteur et régulation de la bobine dans le circuit primaire Westinghouse, transformateurs de haute tension, transformateurs d'alimentation et des parafoudres en arrière-plan. Décembre 1899.

[GAUCHE] Une rare photo du deuxième grand oscillateur de Colorado Springs à un stade précoce de développement.

Station expérimentale de Tesla à Colorado Springs. Gros plan intérieur des composants de l'oscillateur dont les condensateurs, les bobines de régulation, et le transformateur Westinghouse haute tension. Décembre 1899.

Un des assistants de Tesla pose près de la manivelle à inductance variable dans le circuit primaire de l'oscillateur de la station de Colorado Springs (1899). L'enroulement primaire était un lourd cable multi-brins de 50 pieds de diamètre enroulé sur deux tours. Notez la longue poignée isolée sur la manivelle. Photo de Carl Duffner.

Station expérimentale de Tesla à Colorado Springs. Une antichambre de la zone principale d'expérimentation. Un appareil X-Ray peut être observé sur la table. Sous la table était placé un radiateur électrique. Il convient de souligner que cela était la seule source de chaleur lors des jours froids d'hiver d'Octobre à Janvier 1900, quand Tesla est retourné à New York City. 1899.

L'usine Wardenclyffe de Tesla.

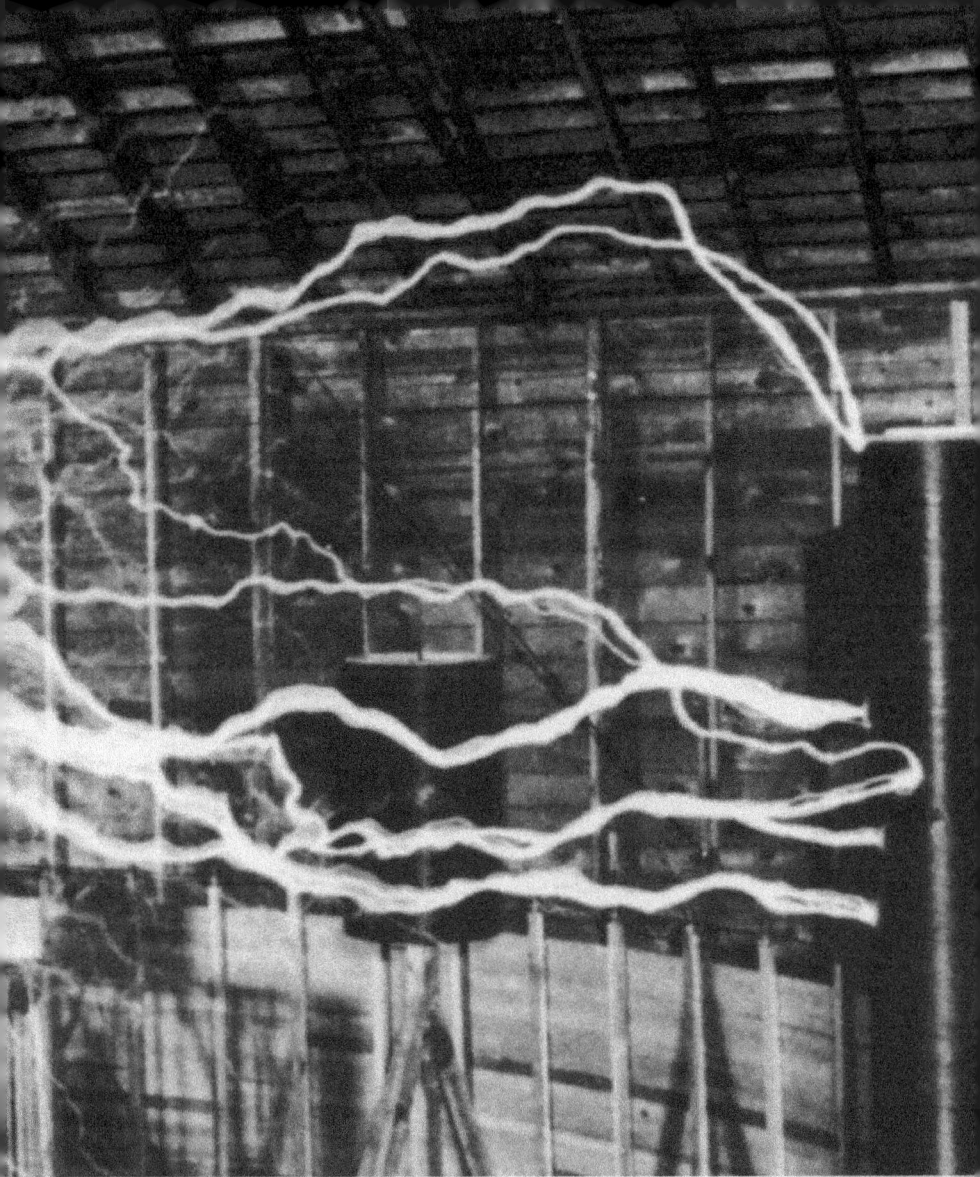

Cette photo, prise à Colorado Springs, est une double exposition. Tesla pose avec son «émetteur loupe», capable de produire des millions de volts. La décharge est ici de 22 pieds de longueur. L'inscription sur la photographie est adressée à Sir William Crookes et se lit: «Pour mon illustre ami Sir William Crookes à qui je pense toujours et dont les lettres auxquelles je ne réponds jamais. 17 juin 1901. Nikola Tesla.»

GREAT DANGER

Tesla à la porte du laboratoire de Colorado Springs.
Début de l'été 1899.

Nikola Tesla dans la quarantaine. 8 mai 1904.

La tour géante de Tesla, utilisée pour les communications sans fil transatlantique et la démonstration de transmission d'énergie sans fil, a été érigé en 1901 à Wardenclyffe (maintenant Shoreham) sur Long Island. Construit presque entièrement en bois, avec une sphére d'acier de 55 tonnes au sommet; elle a été conçue de sorte que chaque longeron pouvait être remplacé à tout moment si nécessaire. Photo de Lillian McChesney, Circa 1916.

L'usine Wardenclyffe de Tesla sur Long Island dans une étape partielle d'achèvement. Les travaux sur la coupole n'avait pas encore commencé. Remarquez ce qui semble être un wagon à charbon stationné à côté du bâtiment. Avec cette installation, Tesla espèrait démontrer la transmission d'énergie électrique sans fil en France. Circa 1902.

[HAUT] Station expérimentale de Tesla à Colorado Springs. Gros plan intérieur des composants de l'oscillateur, dont les condensateurs, bobines de régulation, et le Westinghouse transformateur haute tension. Décembre 1899.

[BAS] Vue de l'intérieur de l'usine de Tesla Wardenclyffe montrant divers appareils électriques, y compris le grand telautomaton, «Oeuf de Colombe», et divers transformateurs. Circa 1902.

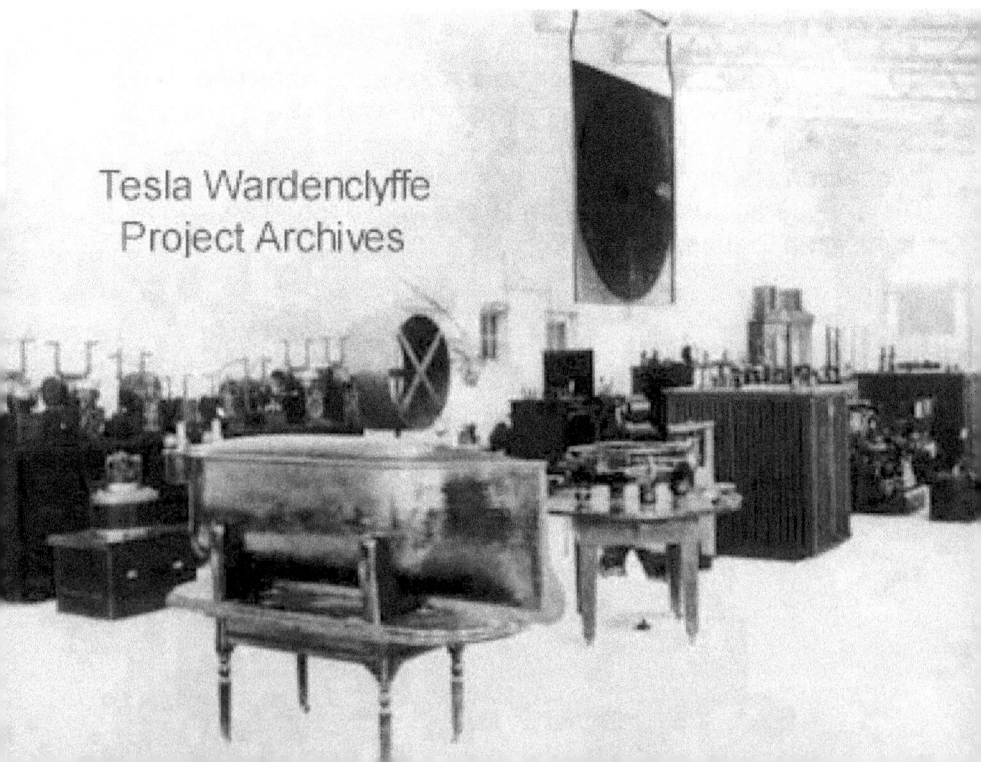

Tesla Wardenclyffe
Project Archives

[HAUT] Vue de l'intérieur de l'usine de Tesla Wardenclyffe montrant divers appareils électriques, y compris un tableau de réglage, deux-phases dynamo, divers transformateurs à grande bobine. Le telautomaton et «Oeuf de Colombe» sont en arrière-plan. Circa 1902.

[BAS] L'usine Wardenclyffe, côté zone d'expérimentations. 1905.

[HAUT] Vue de l'intérieur du laboratoire Wardenclyffe de Tesla. Circa 1912.

[BAS] Vue de l'intérieur de l'usine Wardenclyffe de Tesla sur Long Island. La zone d'atelier est en premier plan. Circa 1903.

[HAUT] Une photographie prise dans l'usine, salle du générateur, Wardenclyffe montrant un générateur de courant alternatif de 200 kilowatts a 3 phases reliant Westinghouse. Il est entraîné par le moteur No.1497 Westinghouse; 16 x 27 x 16 pieds.

[BAS] Base de la tour de l'usine Wardenclyffe de Tesla sur Long Island après le retrait de celle-ci. Notez l'ouverture du grand conduit qui reliait le bâtiment au laboratoire à la tour; l'un d'eux sert pour le réseau électrique et hydraulique.

[HAUT] Vestiges de la tour de Tesla sans fil à l'usine Wardenclyffe sur Long Island après le retrait de celle-ci. Sur cette photo la partie creusée de la fondation en béton est en train de s'effondrer.

[BAS] Vestiges de la de tour de Tesla sans fil à l'usine Wardenclyffe sur Long Island après le retrait de celle-ci.

[HAUT] Un émetteur de bord fabriqué par la Société Radio Lowenstein, avec six des brevets de Nikola Tesla. Cet ensemble de 5 kilowatts, capable de transmission sur 1500 miles, a été utilisé pendant la 1ère guerre mondiale.

Eliminator Static de Tesla - un couplage radiofréquence à transformateur variable

Eliminator Static de Tesla - un couplage radiofréquence à transformateur variable

[HAUT] Soufflerie conçue par Tesla, fabriquée par les Américains et une société britannique, vendue à *Corliss Steam Engine Works Foundry in Providence*, R.I., mise en service en Novembre 1909. «Le ventilateur est entraîné par un 'HF' 75 CV # 8-B cadre moteur, en trois phases, 220 volts, 60 cycles, 2 pôles, avec démarreur «. (lettre datant du 28 Juin, Westinghouse 1909.) La machine fonctionnait à environ 3400 tours/minute.

[BAS] Modèle d'une pompe utilisée par Tesla pour démontrer son invention d'un nouveau principe mécanique pour le transfert d'énergie des fluides. La pompe, avec un diamètre de circuit de travail de 3 pouces, est entraînée par un moteur électrique de 1/12 CV et pouvait debiter 40 gallons d'eau par minute à une hauteur de 9 pieds.

[HAUT] Une des expériences de turbines-alternateurs de Tesla.

[BAS] « Turbo-générateur de Tesla » -- Musée Tesla, Belgrade, Serbie.

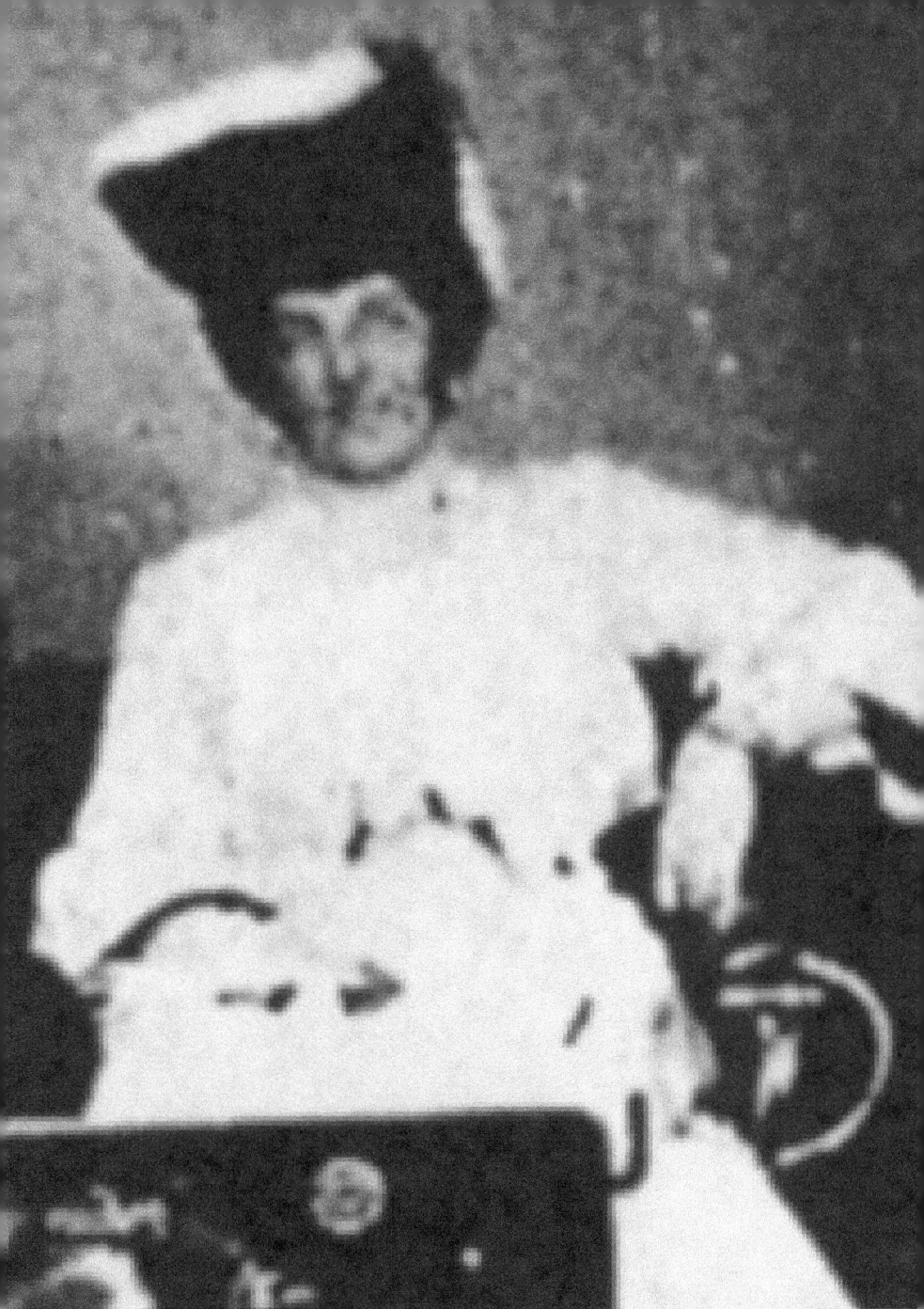
Tesla avec une femme (non identifiée.) 1900.

A un banquet en l'honneur de M. Henry Clews, nouvellement élu président de l'Alliance Civique Américaine, avec le Conseil des Gouverneurs. Tesla est le deuxième sur la droite. Février 1910.

Deuxième réunion de banquet de l'*Institute of Radio Engineers*
(maintenant l'*Institute of Electrical and Electronics Engineers*)
à New York, le 24 Avril, 1915. Nikola Tesla est debout à
l'arrière, septième sur la droite. 24 avril 1915.

Tesla en 1915, à 59 ans.

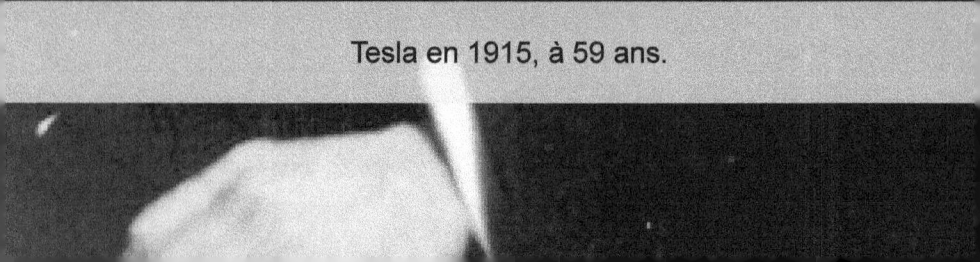

Tesla en 1920, à 64 ans.

Tesla en 1916, montrant une décharge sur une photographie prise à Colorado Springs en 1899.

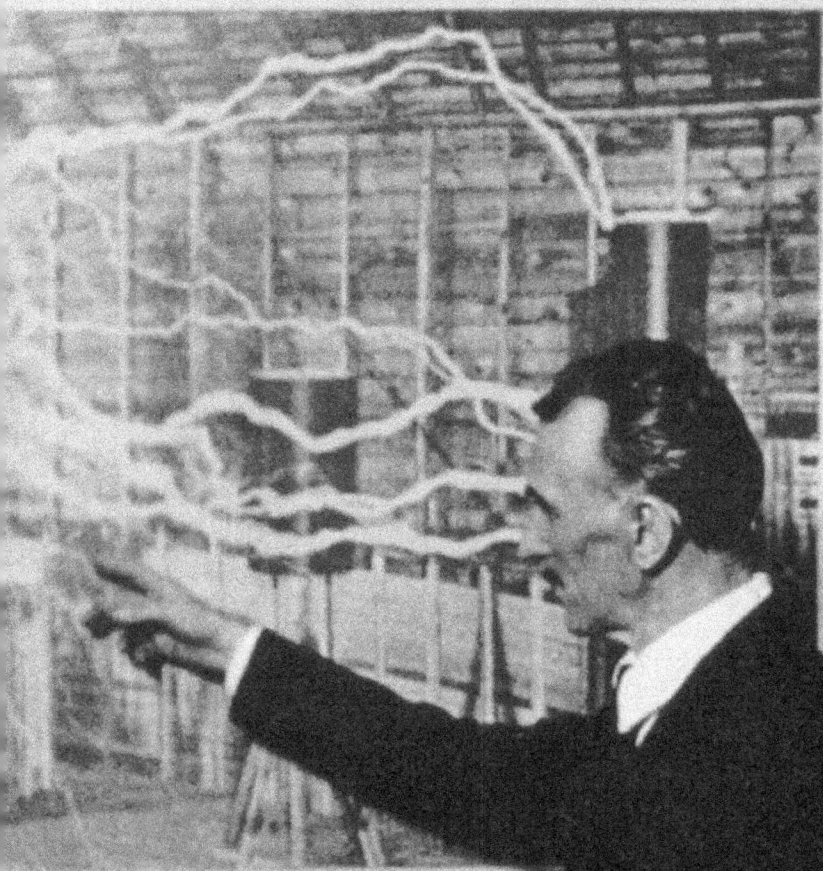

Tesla dans son bureau en 1916,
opérant un appareil électrique.

Tesla dans son bureau en 1916, opérant
un appareil électrique.

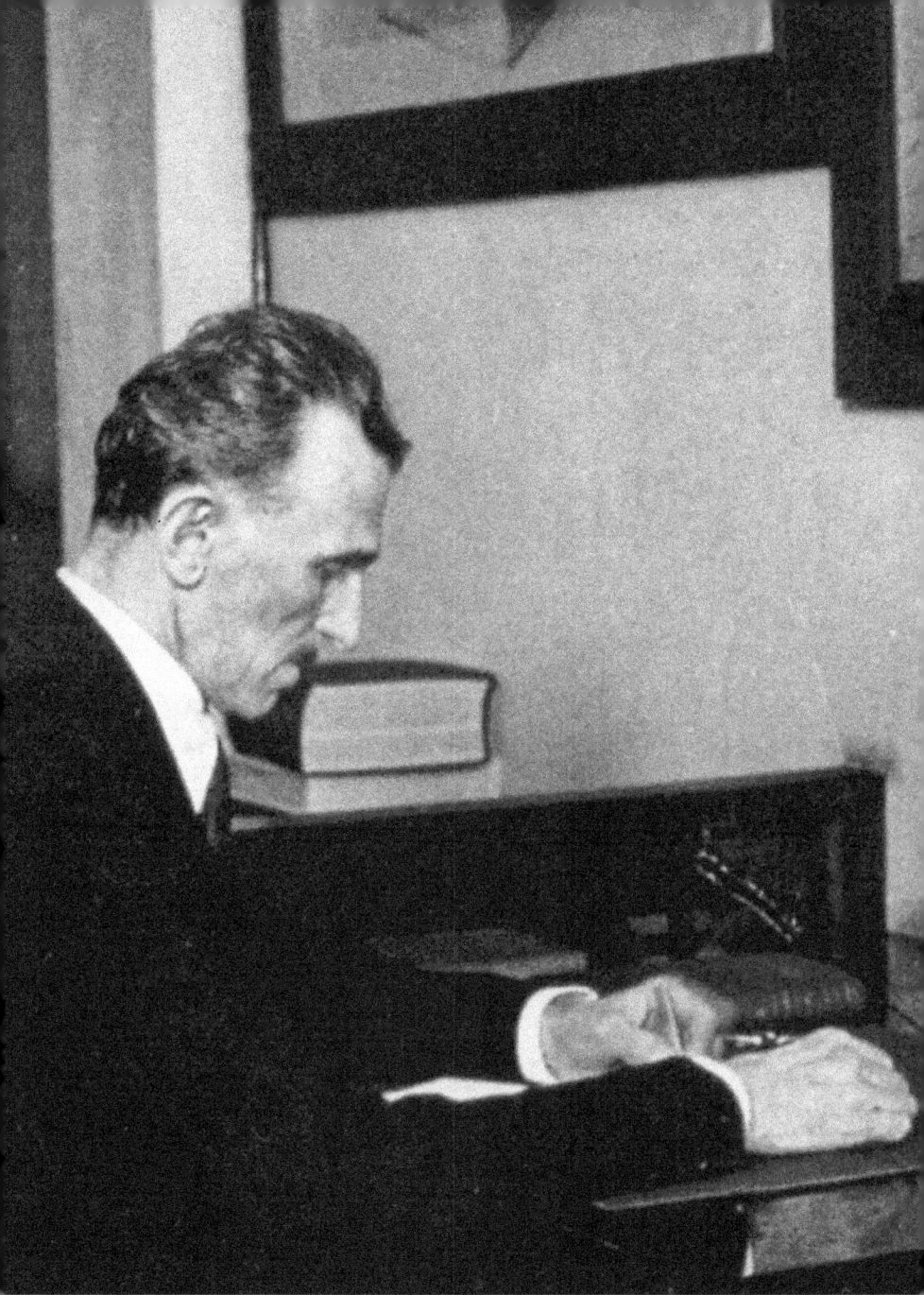

Tesla dans son bureau à 8 West 40th Street. 1916.

Tesla, le 13 Octobre 1933.

Tesla après avoir annoncé sa nouvelle «Arme à Faisceau» dans de nombreuses interviews de journaux lors de son 78eme anniversaire. Cet article est tiré du New York Times, le 11 Juillet 1934.

Tesla, le 23 juillet 1934.

Tesla, dans sa chambre d'hôtel vers la fin des années 1930.
Après son accident, il marchait avec une canne. 1934.

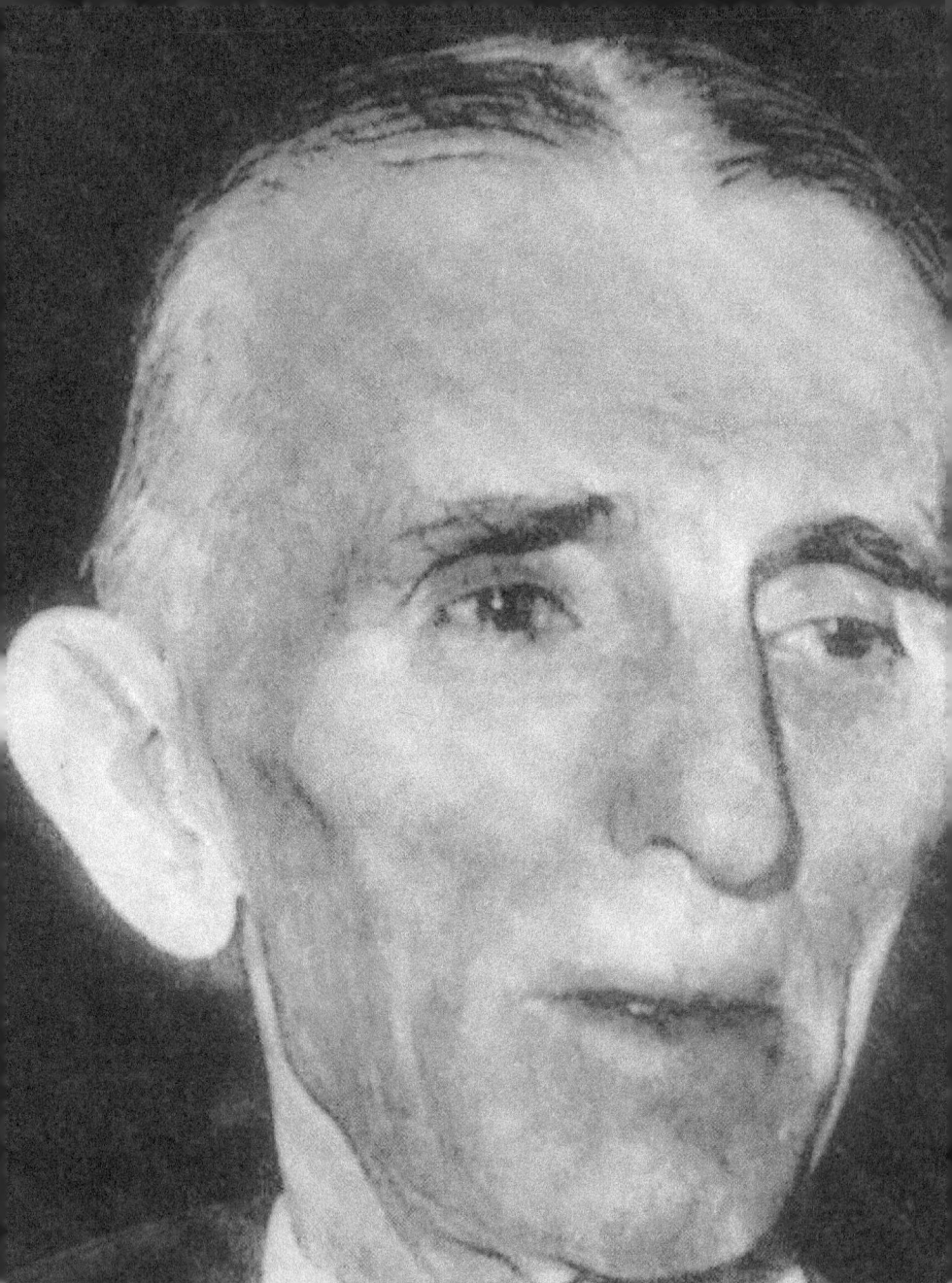

Photo prise de Tesla par un journaliste lors de sa conférence de presse annuelle lors de son anniversaire. Le 28 juillet 1934.

Photo prise de Tesla par un journaliste lors de sa conférence de presse annuelle lors de son anniversaire. 1935.

Tesla interviewé par des journalistes, le 10 Janvier 1935.

Tesla, lors d'une conférence de presse à l'Hôtel New Yorker 10 Juillet 1935, lors de ses 79 ans.

Tesla reçoit l'Ordre du Lion Blanc du gouvernement Tchécoslovaque. 11 juillet, 1937.

Tesla dans le bureau de Victor Beam (à gauche), l'avocat des brevets, Westinghouse Electric & Manufacturing Company. L'objet de cette visite était concernait l'alternateur qui avaient échappé à la destruction du laboratoire de Tesla en 1895. La Société Westinghouse avait emprunté l'alternateur, mais Tesla avait été tellement absorbé par l'incendie que cette machine avait été oublié. Le 10 mai 1938.

Tesla et John T. Morris de la Westinghouse Electric & Manufacturing Company examinent l'alternateur *retrouvé*. Le 10 mai 1938.

John T. Morris, Victor Beam et Tesla posent avec l'alternateur *retrouvé*. Le 10 mai 1938.

Tesla s'entretient avec un journaliste (non identifié) lors d'une de ses fête d'anniversaire ; conférence de presse annuelle. 1939.

Tesla divertit Fritzie Zivic, l'un des frères Zivic de la Défense de Pittsburgh, lors d'un déjeuner dans la suite de l'inventeur à l'Hôtel New Yorker, le 17 Janvier 1941. Tesla a parrainé Fritzie et l'a assisté dans ses combats au Madison Square Garden.

Tesla rencontre le roi Pierre II de Yougoslavie le 15 Juillet. Le neveu de 1942 Tesla, Sava Kosanović, est le troisième à gauche.

Tesla dans sa chambre à l'Hôtel New Yorker. 1940.

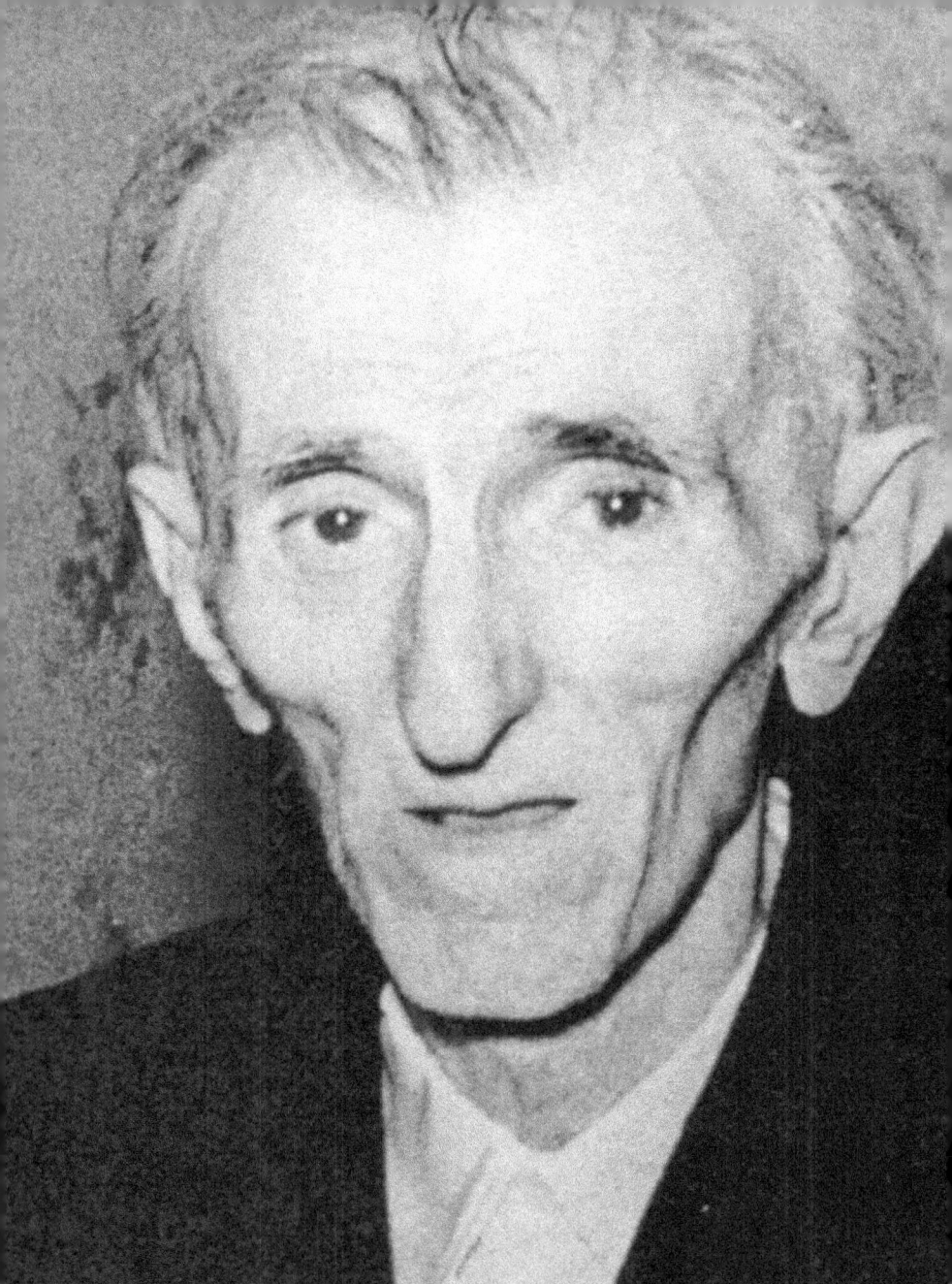

Selon le livre « *Tesla - Master of Lightning* », cette photo est probablement la dernière photo prise de Tesla avant sa mort, en 1943.

DISCOVERY PUBLISHER

www.ingramcontent.com/pod-product-compliance
Lightning Source LLC
Chambersburg PA
CBHW031237090426
42742CB00007B/236